O QUE ESTÃO FALANDO SOBRE
PROPOSTAS DE
VALOR

> "Conheço o professor Malcolm McDonald há mais de 25 anos e ele deu notável contribuição à profissão de marketing. Tanto na gestão estratégica de contas como no marketing estratégico, expandiu as fronteiras das melhores práticas. As estruturas baseadas em pesquisa do professor McDonald são atemporais, universais e têm sido incrivelmente úteis tanto para acadêmicos quanto para praticantes ao redor do mundo. Este último livro sobre propostas de valor financeiramente quantificáveis continua a explorar novos territórios."
>
> **PHILIP KOTLER,**
> autor, consultor e professor de marketing internacional da
> Kellogg School of Management, Northwestern University

"Este livro é acessível e rigoroso. É uma ótima leitura para todos os que estão envolvidos em comprar ou vender. Explorar como quantificar propostas de valor é um esforço ao mesmo tempo estimulante e altamente benéfico. McDonald, Oliver e seus coautores oferecem verdadeiras joias ao leitor. Esta é uma oportuna contribuição para a compreensão de como criar diferenciação e desenvolver sólida colaboração em cadeias de valor em rápida mudança."

HERVÉ LEGENVRE,
PhD, diretor, Observatório da Criação de Valor,
The European Institute of Purchasing Management

"Elaborar uma proposta de valor que, em primeiro lugar, seja direta e capture a atenção do alvo pretendido e, em segundo lugar, move a pessoa a querer saber mais é realmente o Santo Graal de todo o marketing, porque, se falhamos nessa missão, então toda outra estratégia, técnica ou método de marketing que possamos empregar não fará outra coisa a não ser desperdiçar tempo e dinheiro. Acredito firmemente que não há nada mais importante no amplo espectro de disciplinas às quais nos referimos como marketing do que a criação de uma efetiva proposta de valor. E este é o primeiro livro que li que oferece uma fórmula comprovada e testada no tempo para criar uma proposta de valor. Está redigido em termos que tanto o profissional de marketing experiente como o leigo podem entender e, mais importante, podem implementar e, portanto, obter substanciais benefícios."

TOM POLAND,
Chief Leadsologist, Leadsology

"Propostas de valor são simultaneamente uma das ideias mais poderosas nos negócios e uma das menos compreendidas e mais mal executadas. Neste livro, dois autores importantes mostram como desenvolver, usar e tirar proveito delas."

DRA. DIANA WOODBURN, PRESIDENTE,
Chairman, The Association for *Key Account* Management

"É muito revigorante ver um livro focado no impacto que o bom marketing pode ter no lucro, já que boa parte da discussão atual sobre marketing gira ao redor de ferramentas digitas, *leads* e fluxos de alimentação. Ancorado em técnicas testadas e aprovadas, como a segmentação baseada em necessidades, o livro de McDonald e Oliver é orientado para a ação. Suas ferramentas e modelos ajudarão profissionais de marketing a criar real valor para sua empresa e seus clientes."

BEV BURGESS,
vice-presidente sênior e líder de práticas ABM, ITSMA

Finalmente, um livro que explica claramente qual é o conceito e como criar uma proposta de valor financeiramente quantificável! Você pode agora comunicar aos seus clientes ideais por que eles devem comprar de você (diferencial único), como você irá melhorar a situação deles (relevância) e como eles se beneficiarão financeiramente, tudo numa linguagem que eles entendem. Este livro moldará o seu planejamento estratégico de marketing."

STEWART BARNES,
diretor administrativo, QuoLux Ltd

O valor é hoje uma das ideias mais discutidas e menos compreendidas nos negócios. Este excelente livro fornece uma revisão abrangente dos principais conceitos e também oferece uma série de estudos de caso para dar vida a essas ideias. Malcolm McDonald e Grant Oliver juntam seu extenso conhecimento de negócios e sua experiência para trazer clareza, ajudando a definir o que valor significa para nós, para o nosso negócio e, mais importante, para os nossos clientes."

RICHARD ILSLEY,
parceiro de gestão, *Key Account* Management Group

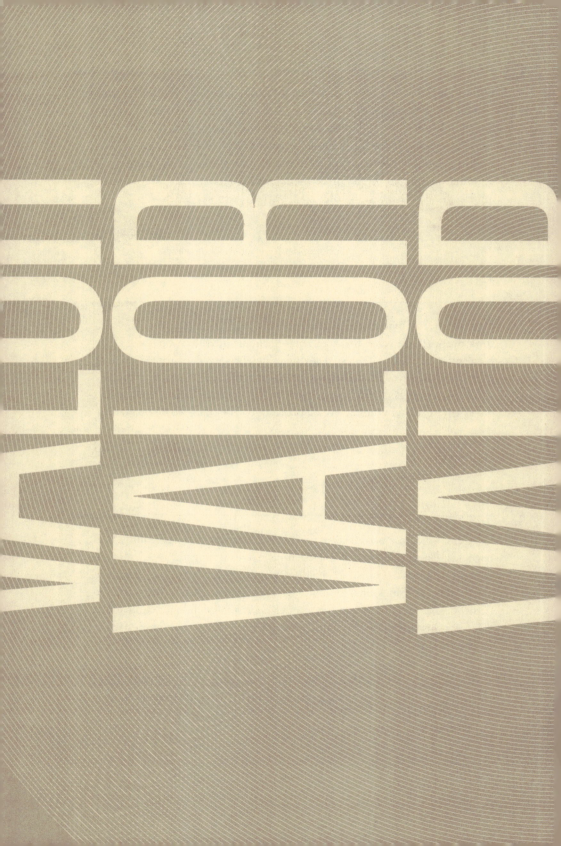

Copyright © 2019 Malcolm McDonald
Copyright © 2019 Grant Oliver
Copyright desta edição © 2025 Autêntica Business

Tradução publicada mediante acordo com Kogan Page.

Título original: *Malcolm McDonald on Value Propositions: How to Develop them, How to Quantify them*

Todos os direitos reservados pela Autêntica Editora Ltda. Nenhuma parte desta publicação poderá ser reproduzida, seja por meios mecânicos, eletrônicos, seja via cópia xerográfica, sem autorização prévia da Editora.

EDITOR
Marcelo Amaral de Moraes

ASSISTENTE EDITORIAL
Julia Sousa

PREPARAÇÃO DE TEXTO
Marcelo Barbão

REVISÃO TÉCNICA
Marcelo Amaral de Moraes

REVISÃO
Luiza Cordiviola

CAPA
Diogo Droschi

PROJETO GRÁFICO
Christiane S. Costa
Diogo Droschi

DIAGRAMAÇÃO
Christiane S. Costa

**Dados Internacionais de Catalogação na Publicação (CIP)
(Câmara Brasileira do Livro, SP, Brasil)**

McDonald, Malcolm
   Propostas de valor : como elaborar propostas de valor vendedoras para seus clientes e fechar mais negócios / Malcolm McDonald e Grant Oliver ; tradução Luis Reyes Gil. -- 1. ed. -- São Paulo : Autêntica Business, 2025.

   Título original: Malcolm McDonald on Value Propositions: How to Develop them, How to Quantify them
   Bibliografia.
   ISBN 978-65-5928-569-3

   1. Vendas 2. Gestão de Vendas 3. Propostas de Valor 4. Key Account 5. KAM 6. Gestão de Contas. I. Oliver, Grant. II. Título.

25-263226   CDD-659.2

Índices para catálogo sistemático:
1. Propostas de valor : Relações públicas 659.2

Cibele Maria Dias - Bibliotecária - CRB-8/9427

A **AUTÊNTICA BUSINESS** É UMA EDITORA DO **GRUPO AUTÊNTICA**

São Paulo
Av. Paulista, 2.073 . Conjunto Nacional
Horsa I . Salas 404-406 . Bela Vista
01311-940 . São Paulo . SP
Tel.: (55 11) 3034 4468

www.grupoautentica.com.br
SAC: atendimentoleitor@grupoautentica.com.br

Belo Horizonte
Rua Carlos Turner, 420
Silveira . 31140-520
Belo Horizonte . MG
Tel.: (55 31) 3465-4500

Malcolm **McDonald** | Grant **Oliver**

PROPOSTAS DE

VALOR

Como elaborar
propostas de valor
vendedoras para
seus clientes e fechar
mais negócios

TRADUÇÃO:
LUIS REYES GIL

autêntica
B U S I N E S S

SUMÁRIO

Os autores . 14

Os colaboradores . 18

**Uma introdução importante:
como obter o melhor da sua proposta de valor** . 22
 23 Sobre este livro

CAPÍTULO 1
**Como propostas de valor financeiramente
quantificadas o tornarão mais rico** . 26
 27 Introdução
 28 A temida revisão do site
 30 Os problemas enfrentados pela maioria das empresas hoje
 31 Vamos tirar da frente a temida questão do preço
 35 Velocidade das vendas
 38 Colocando em prática
 38 Referências

CAPÍTULO 2
Quantificando os elementos emocionais das propostas de valor . 40

- 41 Introdução
- 41 Não existe cliente "racional"
- 44 O que é uma marca e por que ela é tão importante?
- 46 Avaliação da marca
- 47 Segmentação de mercado: a base do crescimento lucrativo
- 53 Resumo até aqui
- 54 Colocando em ação
- 61 Finalmente
- 61 Colocando em prática
- 61 Referências

CAPÍTULO 3
O que é exatamente uma proposta de valor quantificada financeiramente? . 64

- 65 Introdução
- 67 Compreendendo o real sentido de valor do cliente
- 70 Proposta de valor
- 77 A contribuição emocional das propostas de valor
- 77 Conclusão
- 77 Colocando em prática
- 77 Referências

CAPÍTULO 4
Visão geral do processo da proposta de valor: por onde começar . 78

- 79 Introdução
- 79 Planejamento estratégico de marketing
- 81 Análise SWOT
- 82 Colocando o processo da proposta de valor no contexto do processo de planejamento de marketing e das *key accounts* (KAS)
- 83 Defina o mercado-alvo
- 91 Colocando em prática

CAPÍTULO 5

Por que é crucial entender como são tomadas as principais decisões de compra . 92

93 Como os principais clientes compram

106 Colocando em prática

107 Como outros clientes compram

108 Colocando em prática

108 Referências

CAPÍTULO 6

Para quais *key accounts* [contas-chave] você deve desenvolver propostas de valor? . 110

111 Introdução

111 Quais *key accounts* são "estratégicas"? Como selecioná-las e defini-las

114 Classificando as *key accounts*: como entender suas diferenças

117 KAM interdependente

119 KAM integrado

121 Desintegrando o KAM

123 Seja realista a respeito de relacionamentos com as *key accounts*

135 A relevância disso para o desenvolvimento das propostas de valor

136 Colocando em prática

136 Referências

CAPÍTULO 7

Para quais segmentos você deve desenvolver propostas de valor? . 138

139 Introdução

139 Mirando clientes B2B de porte médio pelo potencial de sucesso deles

146 Outros refinamentos e foco

146 Colocando em prática

146 Referências

CAPÍTULO 8
Compreender as *key accounts* e as necessidades do segmento antes de elaborar uma proposta de valor . 148

149 Introdução
150 Análise de *key accounts*
150 Passo 3: análise das forças propulsoras do segmento
154 Passo 4: análise dos objetivos do cliente
155 Passo 5: relatório anual do cliente e análise financeira
157 Passo 6: análise da cadeia de valor interna do cliente
163 Passo 7: o processo de compra do cliente
171 Passo 8: seu histórico de vendas no cliente
171 Passo 9: comparação competitiva e estratégia da concorrência
176 Próximos passos
179 Resumo
179 Colocando em prática
179 Referências

CAPÍTULO 9
Compreendendo a própria base de ativos e capacidades . 180

181 Introdução
183 Um estudo de caso de uma proposta de valor de um fornecedor de *commodities*
186 Compreendendo nossas próprias capacidades
190 Análise competitiva
193 Colocando em prática
193 Referências

CAPÍTULO 10
Desenvolvendo propostas de valor . 194

195 Introdução
195 Seção 1: propostas de valor para segmentos
204 Seção 2: propostas de valor para *key accounts*
205 A peça final

205 Conclusão
208 Referências

CAPÍTULO 11
Criando e quantificando financeiramente propostas de valor . 210
Des Evans, ex-CEO da MAN Truck and Bus UK Ltd.

212 Contribuição de um estudo de caso sobre a MAN Truck and Bus UK Ltd.: entregando valor e comunicando valor
214 Respondendo à pergunta 1: quem são os mercados-alvo?
215 Respondendo à pergunta 2: qual é a sua vantagem diferencial?
223 Conclusões e lições aprendidas
224 Comentários finais

CAPÍTULO 12
Desenvolvendo e apresentando propostas de valor vendedoras para os clientes . 226
Todd Snelgrove, ex-vice-presidente global de valor, SKF

228 Quantificando seu valor para que os clientes se disponham e possam pagar por ele
231 Por que gastar tempo e esforço para quantificar o valor da sua empresa?
233 O componente "capacidade de vender valor"
240 O componente "querer vender valor"
250 Manter o programa vivo e florescendo
251 Referências
252 Biografia do autor

CAPÍTULO 13
Células de valor: como maximizar a criação de valor em cadeias de suprimentos . 254
Mark Davies, diretor administrativo da Segment Pulse Limited e professor visitante da Escola de Administração de Cranfield

255 Sobre o que trata este capítulo?
256 Introdução

258 A história da cadeia de suprimentos
262 Valor em marketing de negócios
267 Aliviando as tensões de valor na cadeia de suprimentos
269 Dez passos para construir a capacidade da cadeia de suprimentos
274 Dez dicas para ajudá-lo a criar valor na sua cadeia de suprimentos
279 Referências

CAPÍTULO 14
Análise financeira, ferramentas de quantificação de valor e *dashboards* financeiros . 280

286 Modelo de cadeia de valor
290 Definindo os números para melhorar vendas e marketing e a construção de cenários
293 Uma contribuição de ROI do setor
300 Colocando em prática
300 Referências

CAPÍTULO 15
Resumo do processo da proposta de valor . 302

303 Passo 1: defina o mercado-alvo
304 Passo 2: identifique os compradores
305 Passo 3: analise o valor agregado
305 Passo 4: categorize
306 Passo 5: quantifique financeiramente
306 Passo 6: comunique aos clientes/mercados-alvo
307 Resumo
307 Referências

Índice remissivo. 308

OS AUTORES

PROFESSOR EMÉRITO MALCOLM H. B. MCDONALD

Mestre em Artes pela Oxford University (MA), mestre e doutor em Ciências (MSc, PhD) e doutor em Letras (DLitt).

Até 2003, Malcolm foi professor de marketing e vice-diretor da Escola de Administração da Universidade Cranfield, com especial responsabilidade por *e-business*. É graduado em Língua e Literatura Inglesa pela Universidade de Oxford, em Estudos de Negócios pelo Centro de Administração da Universidade Bradford e PhD pela Universidade Cranfield. Também tem doutorado pela Universidade Bradford e pela Universidade de Economia Plekhanov de Moscou. Tem extensa experiência empresarial, que inclui vários anos como diretor de marketing e vendas da Canada Dry. Até o final de 2012, foi por sete anos presidente da Brand Finance plc.

Passa muito de seu tempo trabalhando com as diretorias operacionais de grandes multinacionais, como IBM, Xerox, BP e outras similares, em vários países e regiões, como Japão, EUA, Europa, América do Sul, ASEAN (Associação dos Países do Sudeste Asiático) e Australásia.

Escreveu 46 livros, entre eles o best-seller *Marketing Plans: How to prepare them, how to use them* ["Planos de marketing: como prepará-los, como usá-los"], que vendeu mais de meio milhão de exemplares ao redor do mundo. Já publicou centenas de artigos.

Seus atuais interesses, além da segmentação de mercado, têm se concentrado no impacto financeiro dos gastos de marketing e nas melhores práticas globais de *Key Account Management* [ou Gestão de Contas-Chave]. É professor emérito em Cranfield e professor visitante nas escolas de negócios de Henley, Warwick, Aston e Bradford.

Em 2006, foi incluído pelo *The Times* entre os Dez Principais Consultores de Negócios do Reino Unido. E-mail: m.mcdonald@cranfield.ac.uk

GRANT OLIVER

Grant está envolvido nos setores de serviços de software e TI há mais de 20 anos, na Europa, EUA, Índia, Oriente Médio e Austrália. Trabalhou como CEO, diretor administrativo, diretor de vendas e de marketing e como diretor não executivo. Sua experiência abrange uma gama de empresas, de startups a empresas de software com ações listadas na bolsa de valores.

Grant assessorou empresas de software e de consultoria nos setores de serviços financeiros, utilidade pública e assistência médica em questões relacionadas a aquisições. A experiência de Grant estende-se também à/ao:

- recuperação de empresas, tanto de capital aberto quanto fechado;

- investimento, fusões e aquisições e finanças corporativas;

- aconselhamento em levantamento de fundos para empresas de software por meio de capital de risco e de indivíduos privados;

- atuação como diretor não executivo de uma associação do ramo habitacional e de uma empresa de energia solar.

Grant atualmente atua como mentor no programa DigitalHealth. London Accelerator, na função de *coach* de saúde digital para empresas.

OS COLABORADORES

ALAN CREAN

Alan Crean é especialista em ciclo de vida de *quote-to-cash* para empresas de serviços e consultoria. Atualmente é executivo de Unidade de Negócios da Changepoint PSC e PPM na EMEA [*person with significant control*, PSC e gerente de portfólio de projetos, PPM, na EMEA, isto é, Europa, Oriente Médio e África].

MARK DAVIES

Mark é o diretor administrativo da Segment Pulse Limited – uma empresa de consultoria que ajuda organizações a criar, vender e entregar propostas de valor inovadoras. É autor de *Infinite Value*, publicado pela Bloomsbury em 2017, e coautor de *Implementing Key Account Management*, publicado pela Kogan Page em 2018.

Mark dirige o Clube de Pesquisa de Melhores Práticas de Gestão de *Key Accounts* da Escola de Administração da Universidade Cranfield desde 2008 (antes era membro delegado, quando trabalhava para a BP). Por meio dessa comunidade, teve o privilégio de trabalhar com alguns dos mais destacados pesquisadores, pensadores e profissionais da esfera da KAM [gestão de *key accounts*] e das vendas estratégicas por cerca de 15 anos. É engenheiro, profissional de marketing e membro do Chartered Institute of Marketing.

DES EVANS

Des Evans recebeu um título de OBE [Oficial da Ordem do Império Britânico] na Lista de Honra do Aniversário da Rainha de 2016, por serviços à indústria automobilística. Em julho de 2014, Evans deixou o cargo de executivo-chefe da MAN Truck & Bus UK, após quase 40 anos de serviço em vendas e marketing de veículos no Reino Unido.

Evans entrou na MAN como diretor de vendas em 1993 e, nos 21 anos seguintes, desenvolveu a MAN e sua rede de revendedoras no Reino Unido, levando-a a ser líder no suprimento de caminhões e ônibus, com uma consistente fatia de 11% do mercado de caminhões do Reino Unido. Foi nomeado executivo-chefe em 2004, e durante seu tempo na MAN envolveu-se no desenvolvimento de finanças inovadoras e pacotes de reparos. Grande defensor da telemática, Evans há muito tempo enfatiza a importância de que o motorista obtenha o melhor dos modernos caminhões.

Em julho de 2014, obteve o Motor Transport, Service to Industry Award. A comissão julgadora afirmou que Evans era "provavelmente o CEO e diretor administrativo mais experiente e acessível do setor de caminhões do Reino Unido". Também foi destacado seu apoio ao lançamento dos Everywoman Transport and Logistics Awards e ao programa de credenciamento técnico do IRTE [Institute of Road Transport Engineers] para técnicos de oficina, e seu compromisso a longo prazo com o desenvolvimento da caridade no exterior, a Transaid.

Além de suas responsabilidades no setor de caminhões, Evans supervisionou a entrega de mais de 7 mil caminhões MAN para as forças armadas britânicas – o maior pedido isolado já feito na Europa nos últimos 25 anos. Foi nomeado professor honorário da Aston Business School em outubro de 2014 e está envolvido no desenvolvimento do Aston Centre for Servitisation Research and Practice.

TODD SNELGROVE

Todd Snelgrove foi vice-presidente global de Valor na SKF. Foi grande difusor do valor nos últimos 20 anos dentro da SKF, uma empresa global de engenharia industrial. Trabalhou incansavelmente para ajudar sua empresa a compreender e criar, precificar e vender produtos e serviços que de fato criassem valor ao cliente. Desenvolveu uma ferramenta e metodologia sistemáticas, as melhores em sua categoria, para quantificar o valor ao cliente com o Programa de Soluções Documentadas da SKF, que tem mais de 100 mil casos de valor ao cliente aprovados, avaliados em mais de 7 bilhões de dólares. Snelgrove é um importante especialista em vendas, precificação e valor de compra, e agora tem a própria consultoria, a Experts In Value, focada em ajudar empresas que criam valor a serem pagas por esse valor. Apresenta sua mensagem de valor em numerosas conferências globais, e tem se apresentado em escolas como a London Business School, Cranfield, Kellogg, Macquarie, ESADE e numerosas outras. Coescreveu e editou o livro *Value First Then Price: Quantifying value in business to business markets from the perspective of both the buyer and seller* ["Primeiro valor, depois preço: quantificando valor em mercados *business to business* da perspectiva tanto do comprador quanto do vendedor"].

UMA INTRODUÇÃO IMPORTANTE: COMO OBTER O MELHOR DA SUA PROPOSTA DE VALOR

SOBRE ESTE LIVRO

Sob certos aspectos, este é um livro incomum, pois lida detalhadamente com dois domínios, como mostrado na Figura 0.1. Essa figura será reapresentada em várias ocasiões ao longo deste livro, como uma importante representação contextual das propostas de valor. O principal foco deste livro é preparar propostas de valor para as maiores contas, mostradas no canto superior direito da Figura 0.1.

FIGURA 0.1 O portfólio do cliente

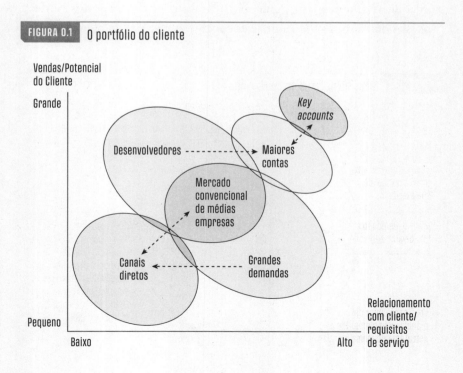

Muitos profissionais de marketing costumam ficar na linha de fogo de seus colegas de vendas por falharem em preparar propostas de valor eficazes para os principais mercados, mostrados no meio da figura.

Num mundo ideal, profissionais de marketing seriam responsáveis pelo "mapa" inteiro mostrado na Figura 0.1. Era esse o caso, por exemplo, quando Malcolm trabalhava como diretor de marketing e vendas da Canada Dry. Mas, em contato com a realidade dos negócios dos dias atuais, mostramos como é possível preparar propostas de valor para todas as partes do mapa. Aqueles que precisam desenvolver propostas de valor para grandes clientes devem, portanto, concentrar-se nessas seções do livro. E os que estão num papel de marketing e precisam saber como desenvolver propostas de valor para mercados, setores ou segmentos provavelmente acharão as outras partes mais úteis.

Desse modo, nosso intuito foi criar um livro no qual você possa selecionar e escolher as seções relevantes ao se mover pelos diversos desafios de sua vida profissional, embora, é claro, nossa recomendação é que leia e atue no livro como um todo, para obter os melhores resultados.

Também é interessante considerar onde este livro se situa no domínio do marketing em geral. No Capítulo 4, descrevemos onde o processo de proposta de valor se encaixa no processo de planejamento

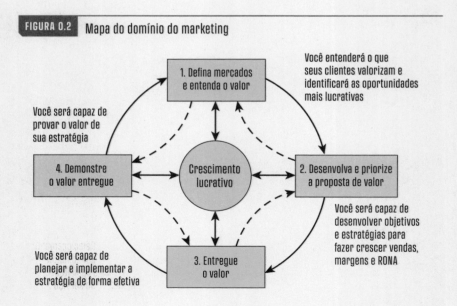

FIGURA 0.2 Mapa do domínio do marketing

estratégico de marketing. Acima disso, porém, está a necessidade de saber onde este livro se encaixa no marketing como disciplina e como processo. A Figura 0.2 é um "mapa" do processo de marketing total. Ele mostra onde o desenvolvimento de propostas de valor se situa, e cabe ressaltar que esses aspectos são – ou deveriam ser – a culminação de uma análise considerável, concluída previamente no processo de marketing. Infelizmente, na maioria dos casos, o desenvolvimento de propostas de valor está ausente, mas é para isso que estamos aqui. Este livro busca preencher essa lacuna de conhecimento e de ação.

Saudações dos autores,
Malcolm McDonald e *Grant Oliver*,
e boa leitura

CAPÍTULO 1

COMO PROPOSTAS DE VALOR FINANCEIRAMENTE QUANTIFICADAS O TORNARÃO MAIS RICO

INTRODUÇÃO

Definiremos mais especificamente o que significa valor no Capítulo 3.
Em primeiro lugar, você é visto como alguém igual à maioria de seus concorrentes? Bem, certamente não será mais depois de ler e implementar o conteúdo deste livro. Como autores, trabalhamos principalmente no âmbito de diretoria nas empresas, e podemos sempre dizer quando uma empresa já está ou encontra-se bem perto de entrar em sérias dificuldades financeiras.

Isso realmente é muito simples e direto. Fazemos a eles duas perguntas simples:

1. Quais são seus mercados-alvo principais, por ordem de prioridade?

2. Em cada um, quais são as fontes de vantagem diferencial de sua empresa?

A primeira pergunta é quase sempre respondida pelos diretores, focando imediatamente seus *produtos*.

Você se lembra da IBM na década de 1980, que quase foi à falência por ter definido seu mercado como "mainframes"?[1] Tenho discutido isso amplamente ao longo das séries, particularmente em *Malcolm McDonald on Marketing Planning*. Empresas como Gestetner, Kodak e Nokia fizeram algo similar, restringindo seus mercados a "copiadoras", "filmes e câmeras" e "telefones". Mesmo hoje há editoras que definem seu mercado como "livros", quando na realidade as editoras de livros de negócios estão no mercado de conhecimento de negócios. O exemplo de aposentadorias é outra grande representação: não existe algo como um mercado de "aposentadoria". Na realidade, o que existe é o mercado de "renda de aposentadoria", no qual elas são apenas uma maneira de satisfazer as necessidades desse mercado, de modo similar aos livros, que são só uma maneira de satisfazer a necessidade de conhecimento sobre negócios. Especialmente com a influência do digital e de novos canais ao consumidor, existem múltiplas maneiras de saciar essa sede de conhecimento, tanto as que vão além dos livros quanto as que os complementam.

Somando-se a isso, considere, por exemplo, institutos de pesquisa, jornalistas, consultores, empresas de software, relatórios de conferências, livrarias online, bancos de dados online, faculdades e muitos outros. Examinar isso e traçar um mapa de mercado quantificado sobre como esse mercado funciona de ponta a ponta, identificar onde os livros, telefones ou câmeras se encaixam, é o primeiro passo para desenvolver uma robusta estratégia de marketing. Discutiremos isso melhor no Capítulo 6.

O cemitério das corporações falecidas ao longo dos últimos 20 anos indica que isso não é uma noção estranha, acadêmica, teórica. Hoje, *todos* os produtos e serviços são excelentes – no sentido de que funcionam perfeitamente bem, e, portanto, ter um bom produto não lhe trará mais as riquezas que você deseja. Não; hoje a única maneira de ficar rico é se diferenciar de uma maneira que exerça apelo nos seus clientes. Em muitos setores, uma grande parte desse apelo aos clientes é o *dinheiro*. Se um cliente sabe que negociar com você o tornará mais rico, ele negociará com você. Realmente é simples assim. O problema é que eles precisam saber *como* ficarão mais ricos, e o seu trabalho é demonstrar isso a eles.

A TEMIDA REVISÃO DO SITE

Passamos uma parte incrivelmente grande de nossa vida olhando sites e sendo inundados pelo mesmo palavreado genérico: inovação, qualidade, reputação estabelecida, bons resultados segundo a avaliação dos clientes, o melhor fornecedor de..., e a lista continua.

Com a concorrência aumentando e consumidores mais ativos, com maior controle sobre suas pesquisas e suas tomadas de decisões, qual é o seu diferencial na linguagem com o cliente? Que problema você está resolvendo que outros não conseguem resolver? Qual solução poderá apresentar se entregarem o tempo e o dinheiro deles a você? A qualidade dos serviços que você está anunciando deve ser inerente a essa solução.

Malcolm Frank, vice-presidente sênior de Estratégia e Marketing da Cognizant, apresentou a seguinte lista de exemplos no Fórum de Liderança de Marketing da ITSMA. Quantos fatores diferenciais você pode extrair do que esses fornecedores de TI e sistemas de informação estão oferecendo?[2]

➤ Consultoria de gestão global, empresa de terceirização de serviços de tecnologia. Comprometida em entregar inovação, colabora com seus clientes para ajudá-los a se tornarem empresas e governos de alto desempenho.

➤ Serviços de TI abrangentes integrados a insights de negócios para reduzir custos, melhorar produtividade e assegurar vantagem competitiva.

➤ Oferece consultoria e serviços de TI a clientes globalmente – como parceira para conceber e realizar iniciativas de negócios movidas por tecnologia.

➤ Oferece amplo portfólio de soluções de negócios e tecnologia para ajudar seus clientes ao redor do mundo a melhorar o desempenho de negócios. Nosso portfólio essencial compreende tecnologia da informação, aplicativos e serviços de processos de negócios, assim como serviços transformacionais de tecnologia da informação.

➤ Fornecedor número 1 de soluções integradas de negócios, tecnologia e soluções em uma plataforma de entrega global.

➤ Organização líder mundial de terceirização de consultoria, serviços e processos de negócios em tecnologia da informação, concebeu e foi pioneira na atenção às práticas flexíveis de negócios globais que hoje permitem às empresas operarem de forma mais eficiente e produzir mais valor.

Você a essa altura já deve ter entendido que a segunda parte da pergunta feita a uma diretoria não pode ser respondida. Relembrando, tratava-se de responder: "quais são na sua empresa as fontes de vantagem diferencial para cada um de seus principais mercados-alvo?".

Este livro é dedicado a responder a essa pergunta.

A título de resumo, vamos declarar enfaticamente que nenhuma diretoria operacional que não consiga responder a essas duas perguntas simples deve ser reempossada, porque uma empresa só consegue sobreviver ao visar seus mercados-alvo principais, compreender as necessidades deles e atender a essas necessidades melhor que outra empresa que ofereça algo similar.

Repetindo, as duas perguntas são:

1 Por ordem de prioridade, quais são seus mercados-alvo principais?

2 Em cada mercado-alvo principal, quais são suas fontes de vantagem diferencial?

OS PROBLEMAS ENFRENTADOS PELA MAIORIA DAS EMPRESAS HOJE

Para qualquer empresa hoje, a diferenciação que o cliente procura é mais desafiadora do que já foi em qualquer época da história, mas continua na esfera de um marketing bem-sucedido. Se você está num mercado saturado, no qual sua empresa não se distingue, tudo o que a decisão de baixar preços consegue é reduzir suas margens. Dê uma olhada no seguinte exemplo, muito simples:

Preço: £10,00
Lucro: £2,00
Venda: 100 un.
Lucro total: £200,00

Dar 5% de desconto apenas para não perder o negócio resulta no seguinte:

Preço £9,50
Lucro £1,50
Venda 133,3 un.
Lucro total: £200,00

Em outras palavras, você precisa vender um terço a mais (33,3%) para obter o mesmo lucro.

Dar 10% de desconto apenas para não perder o negócio resulta no seguinte:

Preço 9,00
Lucro £1,00
Venda 200 un.
Lucro total: £200,00

Em outras palavras, você precisa vender o *dobro* para simplesmente obter a mesma margem de lucro. Portanto, por que raios uma pessoa em sã consciência negociaria o preço? No entanto, nossa pesquisa mostrou claramente que a única razão pela qual os clientes compram com base no preço é porque avaliam todos os fornecedores como sendo mais ou menos a mesma coisa.

VAMOS TIRAR DA FRENTE A TEMIDA QUESTÃO DO PREÇO

Para começar, aí vai mais um exemplo do efeito do preço. Na Tabela 1.1, podemos ver que, sendo todas as coisas iguais, o preço tem o maior impacto no resultado final, seguido em segundo lugar pelo custo e em terceiro por vendas. O que isso mostra é que o preço sempre tem – e sempre terá – o maior impacto nos lucros.

Para sermos úteis e pragmáticos, fornecemos também na Tabela 1.2 uma "cola" para ajudá-lo a calcular o impacto dos descontos no preço nas margens estipuladas.

Como propostas de valor financeiramente quantificadas o tornarão mais rico

Existe, porém, outro ponto importante a destacar, desta vez sobre os sistemas de contabilidade típicos das empresas.

Um de nós foi diretor de marketing de uma empresa de bens de consumo de alto giro. Vendia 3 milhões de itens a dois grandes varejistas, aproximadamente pelo mesmo preço:

TABELA 1.1   O impacto do preço no lucro

	PONTO DE PARTIDA	VOL +1%	CUSTOS -1%	PREÇO +1%
Volume	1.000	1.010	1.000	1.010
Custos fixos	400	400	396	400
Custos variáveis	500	505	495	500
Lucro	100	105	109	110
Faturamento	1.000	1.010	1.000	1.010
Aumento do lucro	0%	5%	9%	10%

➤ O Cliente A insistia numa entrega diária, *just-in-time*, loja a loja, com grande custo para o fornecedor. Também insistia que a força de vendas cuidasse do merchandising na loja. O pior de tudo, porém, é que o Cliente A demorava 145 dias para pagar suas contas.

➤ O Cliente B, por outro lado, pedia uma entrega central (portanto, um só pedido). Não exigia que a força de vendas fizesse merchandising na loja. Além disso, pagava em 45 dias.

Porém, o sistema de contabilidade da empresa, como a maioria dos sistemas de contabilidade empresarial, media apenas a lucratividade do produto, com os custos gerais sendo alocados com base no volume. Consequentemente, tanto o Cliente A quanto o Cliente B pareciam ser igualmente lucrativos. A realidade era que o fornecedor estava recompensando o Cliente A por ser um mau cliente e penalizando o Cliente B por ser um bom cliente.

O ponto dessa história real é que não é só a lucratividade do produto que deve ser calculada, mas também o custo de lidar com o cliente depois que o produto saiu da "fábrica", ou seja, a lucratividade do cliente.

Claramente, num livro sobre propostas de valor, considerações como essa devem ser ponderadas.

Vejamos um último ponto sobre os perigos de cortar custos, examinando um caso breve, numa visão geral. Alguns supermercados no Reino Unido passaram a cortar mais custos logo depois que a recessão de 2008 começou a fazer sentir mais seus efeitos. Era comum ver lojas com uma aparência malcuidada; com o pessoal desmotivado e a receita caindo. E começaram a emergir alguns escândalos de contabilidade que em alguns casos geraram processos judiciais. No entanto, talvez o episódio que mais se sobrepôs a tudo isso aos olhos do público foi a detecção de carne de cavalo em vários produtos de carne bovina em 2013.[3] Um grupo de supermercados e restaurantes bem conhecidos foi pego no escândalo, comprometendo sua marca de qualidade, ao reduzir os preços de seus fornecedores. O setor foi abalado pelo escândalo, pela realização de testes de âmbito nacional e pela remoção dos produtos das prateleiras, por medida de precaução. A lição aqui é sobre a necessidade de ter muita atenção para não incorrer num excessivo corte de custos, seja qual for o porte de sua empresa; o impacto pode ser inesperado e a confiança é algo extremamente difícil de recuperar depois de perdida.

TABELA 1.2 Como calcular o impacto dos descontos no preço via margens estipuladas

Se você corta seu preço	e seu atual lucro bruto é..........							
	5%	10%	15%	20%	25%	30%	35%	40%
	Você precisa vender esse tanto a mais para atingir o *break-even* (ponto de equilíbrio)..........							
	%	%	%	%	%	%	%	%
1%	25,0	11,1	7,1	5,3	4,2	3,4	2,9	2,6
2%	66,6	25,0	15,4	11,1	8,7	7,1	6,1	5,3
3%	150,0	42,0	25,0	17,6	13,6	11,1	9,4	8,1
4%	400,0	66,6	36,4	25,0	19,0	15,4	12,6	11,1
5%	–	100,0	50,0	33,3	25,0	20,0	16,7	14,3
6%	–	150,0	66,7	42,9	31,6	25,0	20,7	17,6

Se você corta seu preço	e seu atual lucro bruto é..........							
	5%	10%	15%	20%	25%	30%	35%	40%
	Você precisa vender esse tanto a mais para atingir o *break-even* (ponto de equilíbrio)..........							
	%	%	%	%	%	%	%	%
7%	–	233,3	87,5	53,8	38,9	30,4	25,0	21,2
8%	–	400,0	114,3	66,7	47,1	36,4	29,6	25,0
9%	–	1.000,0	150,0	81,8	56,3	42,9	34,6	29,0
10%	–	–	200,0	100,0	66,7	50,0	40,0	33,3
11%	–	–	275,0	122,2	78,6	57,9	45,8	37,9
12%	–	–	400,0	150,0	92,3	66,7	52,2	42,9
13%	–	–	650,0	185,7	108,3	76,5	59,1	48,1
14%	–	–	1.400,0	233,3	127,3	87,5	66,7	53,8
15%	–	–	–	300,0	150,0	100,0	75,0	60,0
16%	–	–	–	400,0	177,8	114,3	84,2	66,7
17%	–	–	–	566,7	212,5	130,8	94,4	73,9
18%	–	–	–	900,0	257,1	150,0	105,9	81,8
19%	–	–	–	1.900,0	316,7	172,7	118,8	90,5
20%	–	–	–	–	400,0	200,0	133,3	100,0
21%	–	–	–	–	525,0	233,0	150,0	110,0
22%	–	–	–	–	733,0	275,0	169,2	122,2
23%	–	–	–	–	1.115,0	328,6	191,7	135,3
24%	–	–	–	–	2.400,0	400,0	218,2	150,0
25%	–	–	–	–	–	500,0	250,0	166,7

Exemplo: Sua atual margem bruta é 25% e você corta seu preço de venda em 10%. Localize 10% na coluna da esquerda. Depois, siga a coluna de 25%. Você vai encontrar que precisa vender 66,7% MAIS unidades.

De momento, vamos concordar que é preciso haver uma melhor maneira de fazer negócios e que uma chave para avançar é desenvolver propostas de valor financeiramente quantificadas (detalhadas no Capítulo 3).

VELOCIDADE DAS VENDAS

Há quatro fatores que impactam o quanto você vende. Isso é uma função de:

1 número de *leads*;

2 taxas de fechamento;

3 *ticket* médio do negócio;

4 ciclo de vendas.

O marketing exerce maior influência no item 1 e o time de vendas influi mais nos itens 2 a 4.

FIGURA 1.1 Equação da velocidade das vendas

$$\text{Velocidade das vendas} = \frac{\text{(1) N.º de } \textit{leads} \times \text{(2) Taxa de conversão (\%)} \times \text{(3) } \textit{Ticket} \text{ médio do negócio (\$)}}{\text{4) Ciclo de vendas (meses)}}$$

FONTE: Baseado na Equação da Velocidade das Vendas, reproduzido com a gentil permissão de Donal Daly, presidente executivo da Altify (ex-The TAS Group).

FIGURA 1.2 Exemplo de velocidade das vendas

$$\text{Velocidade das vendas} = \frac{(125 \times 20\% \times \$\,120.000)}{3 \text{ meses}}$$

$$= \$\,1.000.000 \text{ por mês}$$

Aumentando a taxa de conversão, o *ticket* médio dos negócios e reduzindo o ciclo de vendas em 10%

$$\text{Velocidade das vendas} = \frac{(125 \times 22\% \times \$\,132.000)}{2{,}7 \text{ meses}}$$

$$= \$\,1.344.000 \text{ por mês}$$

Aumento de 34%

FIGURA 1.3 Justificativa para propostas de valor

Medida	Cifra
Receita anual de vendas	£ 15.000.000
Novas vendas	£ 12.000.000
Número de acordos anuais	100
Desconto médio %	10%
Número de *leads* anualmente	500
Taxa de conversão	20%
Ticket médio do negócio	£ 120.000
Ciclo de vendas (dias)	90
Margem de lucro	10%

#		
1	**Número de *leads* anualmente**	
	Isso em geral é responsabilidade do marketing. Pode ser aumentado? E em que porcentagem?	0%
2	**Taxa de conversão**	
	Uma proposta de valor típica aumenta essa taxa em 2%–10%; aumento estimado	10%
3	***Ticket* médio do negócio**	
	Uma proposta de valor típica reduz os descontos em 20%–30%, estime o aumento de preço	10%
4	**Ciclo de vendas**	
	Uma proposta de valor típica reduz o ciclo de vendas em 10%–25%, estime a redução	10%

Adicionalmente, 90% do ciclo de compras hoje é realizado por compradores *antes* de falar com fornecedores – tal é o poder da internet. Os compradores de hoje podem facilmente pesquisar um mercado inteiro em questão de minutos. Eles certamente não precisam mais de alguém para conectá-los a produtos; precisam de um conselho honesto a respeito de como fazer crescer a lucratividade de seu negócio e podem facilmente perceber quando alguém está apenas tentando vender produtos. Em resumo, querem ser engajados, surpreendidos e deleitados.

Existem, em suma, apenas três rotas para um fornecedor gerar crescimento em seus lucros:

1 Reduzir ou evitar custos.

2 Fazer negócios lucrativos – oportunidades limitadas.

3 Aumentar a demanda de clientes criando valor para eles – o único futuro sustentável.

Este livro mostrará como quantificar financeiramente tudo isso e como acondicioná-lo numa proposta de valor.

Existe, no entanto, uma enorme diferença entre apenas ajudar seu cliente a evitar desvantagens e criar de fato vantagem para ele.

A maioria dos produtos e serviços preenche funções das quais os clientes precisam, no sentido de não conseguirem seguir sem eles. Por exemplo, um restaurante precisa de mesas e cadeiras, uma companhia aérea precisa de aviões; um escritório precisa de capacidade de computação e assim por diante. O problema, porém, é que tais empresas sempre têm vários fornecedores à escolha, e como a maioria dos produtos hoje funciona perfeitamente bem, comprarão principalmente com base no preço, a não ser que um fornecedor consiga provar que criará vantagens para eles. O Quadro 1.3 mostra uma classificação simples desse conceito.

QUADRO 1.3 Resumo das propostas de valor

	ESTRATÉGICAS	DE ALTO POTENCIAL
Criar vantagem		
Evitar desvantagem		
	Principais operações	Suporte

Legenda:
Estratégicas: questões que asseguram o sucesso a longo prazo do cliente.
De alto potencial: questões que, embora não sejam cruciais no momento, têm potencial de levar a uma vantagem "diferenciada" para o cliente.
Principais operações: questões que, se não forem resolvidas logo, podem criar desvantagem para o cliente.
Suporte: questões que, embora não sejam de natureza urgente, como a disponibilidade de informações, precisam ser resolvidas para evitar desvantagem para o cliente.

Já explicamos que é possível ter sucesso ao quantificar financeiramente benefícios-padrão quando outros concorrentes não o fazem, mas é improvável que isso leve a um sucesso sustentável. O processo de criar vantagem para o cliente, no entanto, produzirá um sucesso sustentável.

COLOCANDO EM PRÁTICA

Esperamos tê-lo convencido da necessidade de diferenciação. Sugerimos que você comece examinando o seu site. Ele está montado com base no problema que o cliente enfrenta ou com base no que você oferece? Se for a última opção, você precisa pensar em promover uma reformulação completa de seu site.

REFERÊNCIAS

[1] Denning, S (2011) Why did IBM survive? *Forbes*. Disponível em: https://www.forbes.com/sites/stevedenning/2011/07/10/why-did-ibm-survive/#1c4d795f1cac [6 de junho de 2017].

[2] Malcolm Frank, Vice-presidente sênior, Estratégia e Marketing, Cognizant, como apresentado no Fórum de Liderança de Marketing da ITSMA, abril de 2006.

[3] BBC News Reino Unido (2013) Horsemeat scandal: Withdrawn products and test results. *BBC*. Disponível em: http://www.bbc.co.uk/news/world-21412590 [último acesso em 23 de novembro de 2017].

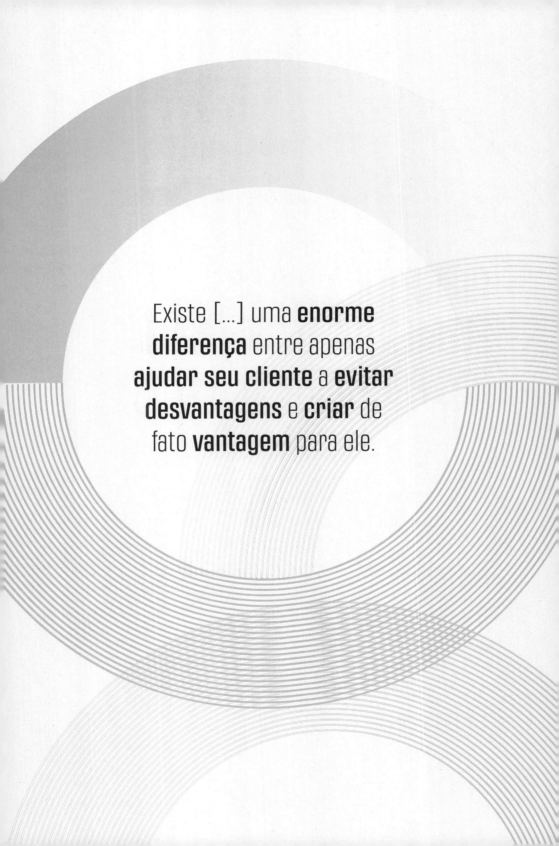

Existe [...] uma **enorme diferença** entre apenas **ajudar seu cliente** a **evitar desvantagens** e **criar** de fato **vantagem** para ele.

CAPÍTULO 2

QUANTIFICANDO OS ELEMENTOS EMOCIONAIS DAS PROPOSTAS DE VALOR

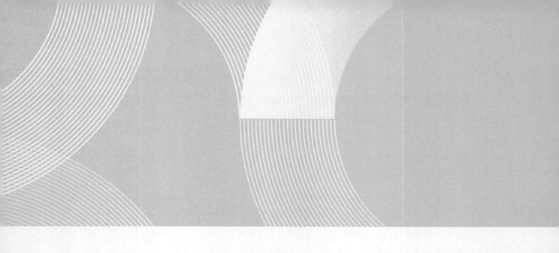

Este livro trata principalmente dos primeiros três componentes de uma proposta de valor, descritos no início do próximo capítulo. O quarto componente diz respeito aos elementos "emocionais", e este capítulo é dedicado a isso. Por favor, leia este capítulo – ele é importante! A razão de sua importância é que, mesmo que as propostas de valor sejam mais ou menos as mesmas, com frequência é a marca ou a reputação do fornecedor que permite conquistar o negócio.

INTRODUÇÃO

Temos dois objetivos ao escrever este capítulo: primeiro, ele precisa ser agradável e interessante de ler; segundo, você deve ser capaz de fazer algumas mudanças significativas na maneira de lidar com seus mercados e clientes – mudanças que definitivamente vão melhorar sua lucratividade.

Mas vamos confessar já de cara que esse elemento emocional/de confiança das propostas de valor é extremamente difícil de quantificar, a não ser num nível bem geral da empresa, como demonstraremos a seguir.

De qualquer modo, este capítulo é de leitura *obrigatória* para todos que se esforçam para aumentar receita e lucros em mercados difíceis e saturados. Se você implementar o conselho que damos neste capítulo, definitivamente se tornará muito mais lucrativo!

NÃO EXISTE CLIENTE "RACIONAL"

Os economistas têm muitas respostas a dar. A economia do século XX baseou-se na insensata noção de que os seres humanos são racionais. Nos termos dos economistas, eles calculam sua máxima utilidade usando informações perfeitas para chegarem a decisões perfeitas, isto é, a um ponto preciso num gráfico preciso. Como autores, porém, nós nunca nos deparamos com alguém assim...

Conhecemos um milionário, com fama de ser incrivelmente racional, que analisou 20 diferentes iates antes de investir, usando uma planilha para fazer avaliações e comparações. Ele acabou comprando a décima nona opção de sua lista. Ficou claro, porém, que a sua escolha preferida se baseou na imagem, não no fato de ser o melhor iate. Uma breve reflexão sobre as marcas mais famosas do mundo irá, com raras exceções, indicar que aspectos puramente funcionais não são os que fazem diferença. Mais sobre isso ao longo deste capítulo.

A verdade, obviamente, é que emoção e atitude sempre tiveram um grande papel na vida e continuarão tendo.

Alguns leitores já devem ter ouvido falar dos testes de degustação de Coca-Cola/Pepsi, repetidos em intervalos regulares. Estudos como o de Koenigs e Tranel em 2008 provaram que, sem os rótulos, uma grande maioria prefere o gosto da Pepsi. Mas, ao repetir o experimento com os rótulos à mostra, uma grande maioria prefere o gosto da Coca-Cola, que também é a líder de marca. Experimentos desse tipo foram realizados por neurologistas, comparando com respondentes que têm um dano ventromedial no córtex pré-frontal – a parte do cérebro vinculada à emoção. Esse segundo conjunto aboliu o "Paradoxo Pepsi", preferindo Pepsi mesmo quando os rótulos eram visíveis. A conclusão foi que a emoção desempenha um papel principal na tomada de decisões.[1] Portanto, mesmo o mundo da medicina provou que a emoção é um grande fator na tomada de decisão.

Mais importante, esse elemento emocional na compra tem tido grande impacto nos negócios e em como eles são avaliados. Pegue, por exemplo, os balanços patrimoniais. O que eles mostram é que, apesar de os contadores não medirem os ativos intangíveis, a discrepância entre mercado e valores nos livros contábeis indica que estes são levados em conta pelos investidores.

Ao longo das últimas décadas, aquisições de muitas organizações bem conhecidas, como a Rowntree pela Nestlé, resultaram em pagamentos altos, de até cinco vezes o valor do balanço patrimonial, e em alguns casos ainda mais elevados. Pegue o exemplo da Procter & Gamble (P&G), que pagou 53,4 bilhões pela Gillette em 1º de outubro de 2005. No entanto, apenas uma pequena proporção desse montante vinha de ativos tangíveis. A P&G foi mais tarde capaz de anunciar seu sucesso num relatório anual de 2008, ao relatar que a Gillette Fusion havia alcançado, a partir do lançamento, um patamar de bilhão de dólares em apenas dois anos, o mais rápido da história da P&G.[2]

O problema agora, claramente, é que o novo balanço patrimonial não "bate" mais, portanto o erro é corrigido acrescentando no lado dos ativos uma cifra para equilibrar, que é rotulada de "boa vontade". Apesar de compreendermos plenamente as regras de contabilidade internacionais relacionadas a relatórios financeiros, o ponto que queremos ressaltar é que nem sempre são os ativos tangíveis que conquistam clientes; são também a imagem, a reputação, as marcas e a maneira com que um fornecedor lida com seus clientes.

Afinal, quando a Nestlé comprou a Rowntree, a última coisa em que estavam interessados era numa fábrica em York – eles podiam muito bem construir uma. O que queriam, e pagaram um prêmio por isso, eram as marcas, como KitKat, pois era o que havia gerado lucros que superavam a média do mercado. Olhando para essa questão de um ponto de vista global, podemos ver na Figura 2.1 que, nos EUA, ativos tangíveis respondem por apenas 27% do valor corporativo total, enquanto, no Reino Unido, essa cifra é de 36%.

Isso indica o quanto é importante ter ofertas pelas quais você possa cobrar um prêmio. O nome que aparece em suas ofertas é extremamente importante. Na realidade, tudo o que uma empresa faz, de P&D a serviços pós-venda, converge para a proposta de valor que é oferecida ao cliente e que é representada pela marca.

Quantificando os elementos emocionais das propostas de valor

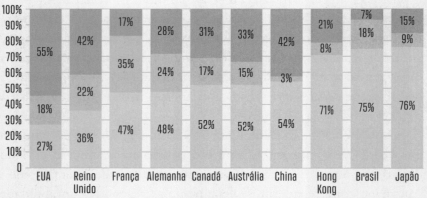

FIGURA 2.1 Detalhamento de ativos para os dez principais países por valor de empresa (em milhões de dólares, 2015)

FONTE: Brand Finance plc.

O QUE É UMA MARCA E POR QUE ELA É TÃO IMPORTANTE?

Sem entrar em definições técnicas, vamos simplificar dizendo que existem três camadas de *branding*:

1. A primeira é o logo e os elementos visuais associados. Mas a não ser que esse logo tenha boa vontade associada, ele é apenas um nome num produto ou serviço. Isso se aplica à maioria dos produtos e serviços.

2. A segunda é um pacote mais amplo associado a direitos de propriedade intelectual, como direitos sobre design de produto, elementos visuais de publicidade, embalagem e similares. O design da Mercedes e a receita e processo de produção da Guinness são bons exemplos disso.

3. Uma marca holística de empresa e organização que, no conjunto, cria propostas de valor específicas e relacionamentos mais fortes com clientes.

Portanto, "marca" significa uma das seguintes coisas:

➤ "marca comercial" [*trademark*];

➤ "marca"[*brand*];

➤ "negócio de marca" [*branded business*].

Um exemplo brilhante de um negócio de marca e do valor agregado que ele pode criar é mostrado na Figura 2.2. Desconsidere a gasolina ao consumidor, já que essa é uma parte extremamente pequena do negócio da Shell. Na maior parte desse comércio *business-to-business* com a maioria dos países do mundo, a Shell é número um e pode cobrar preços *premium* por seus produtos. Esse é o valor de um grande nome de marca.

FIGURA 2.2 Shell: marcas cada vez mais ditam resultados de negócios

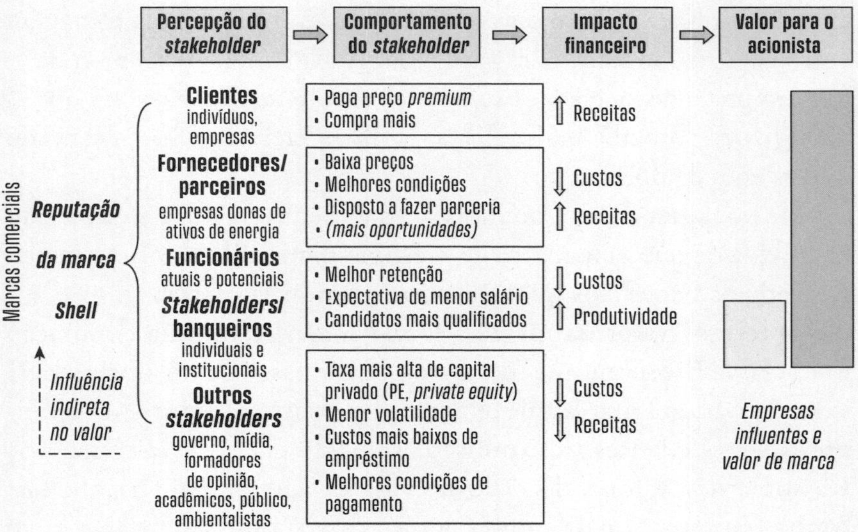

Marcas afetam o valor de negócios ao influenciarem o comportamento de uma ampla gama de *stakeholders* da Shell, e algumas delas

impactam diretamente as perdas e os lucros (L&P) da Shell (e, portanto, o valor).

Uma das maneiras mais rápidas de se tornar indistinguível de seus concorrentes quando os tempos estão difíceis é recorrer ao corte de custos, como vimos no Capítulo 1 ao tratar dos desastres de corte de custos dos supermercados em 2013. O corte de custos excessivo afasta os clientes, diminui os lucros e cria ainda maior pressão sobre os custos.

Basta olhar de novo o que as marcas malsucedidas fazem. Em certo sentido, é como passar batom nos lábios de um gorila na esperança de que pareça mais atraente! Mas não é tão fácil enganar clientes e consumidores. É extremamente importante ter uma marca que crie preços *premium* e margens sustentáveis. Embora marcas como Coca-Cola, IBM, Microsoft, GE, Google e McDonald sejam todas multinacionais, elas dão uma noção do poder dos ativos intangíveis.

AVALIAÇÃO DA MARCA

As somas de bilhões de dólares que constam em relatórios parecem exatas e, embora possam ser corretas de forma aproximada, ninguém entrou em acordo sobre como avaliar uma marca, a não ser ao vendê-la por um preço de mercado. Em 2014, a *Marketing Week* avaliou que as "100 marcas BrandZ mais valiosas" tinham crescido 7% e alcançado 2,6 trilhões de dólares.[3]

De qualquer modo, quando se trata de propostas de valor, não há dúvida de que uma marca de prestígio tem muito valor intrínseco e excede os benefícios quantificados da própria oferta.

O termo "valor da marca" [*brand equity*] tem uma conotação financeira. É o conjunto de ativos (e de passivos ou obrigações) inerentes a uma marca que agregue (ou subtraia) valor a uma empresa e seus clientes. A expressão "valor do cliente" [*client equity*] é a soma dos valores do ciclo de vida do cliente para a empresa. Ambos representam diferentes pontos de vista sobre o mesmo ativo intangível, já que o valor financeiro em ambos os casos é estimado tomando os valores líquidos atuais dos próprios fluxos de caixa futuros. Ambos criam valor quando criam fluxos de caixa que, quando descontados usando os métodos de valor presente líquido [*net present value*, NPV], são maiores que o investimento. O fluxo de caixa descontado e métodos NPV são usados há mais de meio século para avaliar investimentos e são agora amplamente usados para avaliar investimentos de marketing como marcas. Empresas de avaliação de marcas, como a Brand Finance e a Interbrand, conceberam métodos sofisticados para avaliar marcas, mas, dependendo do método de avaliação escolhido, elas com frequência dão como resultado somas que diferem muito.

No entanto, embora a avaliação de marca e de cliente ainda tenha um longo caminho a percorrer até se tornar uma ciência exata, o fato é que investir em marcas pode ter particularmente um grande impacto no elemento emocional da decisão de compra e quase sempre lhe dará uma vantagem.

Mas o que permanece como problema é que, ao quantificar propostas de valor, é extremamente difícil atribuir um valor financeiro preciso ao elemento emocional/*branding*.

O principal a ser lembrado é que tudo o que uma empresa faz é projetado para o cliente por meio do nome de marca, e o problema de não dispor de uma marca poderosa é que o preço quase certamente será o único fator determinante da escolha do cliente, já que hoje a maioria dos produtos tem desempenho equivalente.

Antes, porém, de entrarmos no importante assunto de explicar como quantificar financeiramente propostas de valor, cabe ressaltar que existe outro grande fator determinante do sucesso comercial. Incentivamos você a ler a seção a seguir, porque trata de algo que sem dúvida tem forte impacto na diferenciação de marca e no crescimento lucrativo. Estamos nos referindo à segmentação de mercado.

SEGMENTAÇÃO DE MERCADO: A BASE DO CRESCIMENTO LUCRATIVO

Vamos começar com uma citação de um artigo da *Harvard Business Review* publicado em 2005: "dos 30 mil novos produtos lançados todo ano, 90% fracassam em razão da precária segmentação de mercado".[4] Nossa própria pesquisa não publicada mostra níveis extremamente baixos de competência em segmentação de mercado. Ao longo de 30 anos, examinamos 3 mil planos de marketing, dos quais apenas 500 tinham segmentação baseada em necessidades (16%). As razões são claras para nós.

◢ Desfazendo alguns mitos populares

Primeiro, a maior parte das pessoas acha que a segmentação de mercado se preocupa com demografia socioeconômica, geodemografia e tópicos semelhantes. Mas, além de sua utilidade como um nível muito elevado de agregação – no sentido de que, claramente, certos grupos etários e certos grupos socioeconômicos serão maiores usuários de alguns tipos de bens e serviços –, eles não ajudam muito os fornecedores. Pegue o grupo socioeconômico A. Nem todos se comportam do mesmo jeito. Assim como nem todos os homens entre 15 e 18 anos de idade se comportam de modo similar, o mesmo vale para os que moram na mesma rua (geodemografia).

Portanto, devemos ir além dessa noção relativamente básica de segmentação de mercado. Um segmento de mercado é um grupo de pessoas com necessidades iguais ou similares, e em qualquer mercado haverá entre cinco e dez grupos desse tipo.

Primeiro, porém, vamos entender por que a segmentação de mercado é tão importante e por que é particularmente importante em mercados maduros ou saturados. Vamos examinar de novo aquele portfólio do cliente da introdução (Figura 2.3).

Você pode ver a partir dele que o grosso da maioria dos mercados em termos de receita vem do grupo médio – o senhor e a senhora cliente médio. É claro que há exceções, mas por enquanto vamos ignorá-las. Essa parte do mercado "senhor e senhora médios" cresce rapidamente até que o mercado amadurece, quando então tende a haver um excedente de oferta em relação à demanda, e nesse ponto a maioria dos fornecedores tem poucas opções a não ser baixar seus preços, já que compete com outros fornecedores que oferecem produtos muito parecidos. Isso, como temos visto, tem um impacto devastador em seus lucros.

FIGURA 2.3 — O portfólio do cliente

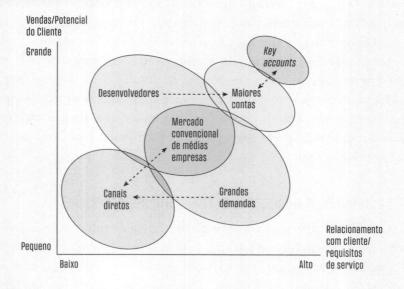

FIGURA 2.4 — Ciclo de vida produto/mercado e características do mercado

Características principais	Único	Diferenciação de produto	Diferenciação de serviço	"*Commodity*"
Mensagem de marketing	Explicar	Competitividade	Valor marca	Corporativo
Vendas	Pioneiras	Benefícios relativos	Com base em relacionamento	Com base em disponibilidade
Distribuição	Venda direta	Apoio de distribuição	Em massa	80:20
Preço	Muito alto	Alta	Médio	Baixo (controlado pelo consumidor)
Intensidade competitiva	Nenhuma	Pouca	Muita	Menor, maior, internacional
Custos	Muito alto	Médio	Médio/baixo	Muito baixo
Lucro	Médio/alto	Alto	Médio/alto	Médio/baixo
Estilo de gestão	Visionário	Estratégico	Operacional	Gestão de custos

Examine isso de outra maneira. A Figura 2.4 mostra o que acontece na maioria dos mercados e nos leva a citar um exemplo típico para ilustrar nosso ponto de vista. A marca 3M Post-it, ao ser introduzida, era única, os preços eram altos e a promoção era forte. Outros concorrentes acabaram entrando no mercado com versões mais baratas de "rótulo próprio", até que o mercado ficou saturado. O produto agora é uma "*commodity*" e as características do mercado são totalmente diferentes – ver a coluna mais à direita. O produto 3M, no entanto, ainda tem um preço *premium* em razão de segmentação inteligente.

O ponto importante a destacar aqui, porém, é que a maior parte dos fornecedores só baixa seus preços em mercados maduros porque não compreende os comportamentos e as motivações de seus clientes. Mas aqueles fornecedores que, como a 3M, entendem isso, continuam fazendo bons lucros.

◢ Segmentação adequada, baseada em necessidades

O primeiro aspecto a considerar é que os fornecedores não vendem a empresas; vendem a *pessoas* nas empresas, e essas pessoas inevitavelmente se enquadram em grupos com diferentes atitudes e comportamentos, ou seja, em diferentes segmentos.

Vamos pegar um exemplo baseado num grande *player* no mercado de suprimentos para escritórios, em particular no serviço pós-venda. As pesquisas com clientes mostraram um nível de satisfação cada vez mais baixo entre seus clientes, e então eles lançaram um adequado projeto de segmentação de mercado baseado em necessidades. Os resultados são mostrados a seguir:

URSOS COALA

Encontrados em: pequenos escritórios, 28% do mercado (tanto em pequenas quanto em grandes empresas). Tipo de personalidade: protegida. Usa uma garantia estendida para ter cobertura. Preferem procurar apoio terceirizado em vez de usar recursos internos.

URSOS DE PELÚCIA

Encontrados em: empresas maiores, 17% do mercado. Tipo de personalidade: protegida. Exigem muito amor e muita gestão de conta de um único fornecedor preferido. Pagam prêmio por treinamento e

...

atenção. Se tiverem múltiplos locais, exigem que o fornecedor cubra de fato esses locais.

URSOS POLARES

Encontrados em: empresas maiores, 29% do mercado. Tipo de personalidade: como ursos de pelúcia, mas mais frios! Pesquisam para achar o fornecedor mais barato, seja quem for. Abordagem totalmente terceirizada. Treine-me, mas não espere ser pago. Farão revisão anual. Se têm múltiplos locais, exigem que o fornecedor cubra de fato esses locais.

URSOS IOGUE

Encontrados em: empresas grandes e pequenas, 11% do mercado. Um urso de pelúcia ou polar "sábio", fazendo horas extras. Usará pessoal treinado para corrigir, se possível. Precisa de um hábil especialista de produto do outro lado do telefone, não de um balconista. Quer diferentes níveis de serviço que atendam à importância crucial que o produto tem para o seu processo de negócio.

URSOS CINZENTOS

Não são encontrados em: pequenas empresas, 6% do mercado. Mais baratos de repor do que de manter. Tão confiáveis que costumam se tornar obsoletos quando não vingam. Itens caros serão definidos na base do "pago quando puder", se valer a pena. Não pagam por treinamento.

GRANDES URSOS ANDROPOV

Não encontrados em: empresas pequenas ou muito grandes, 9% do mercado. Meu negócio depende totalmente de seus produtos. Sei mais sobre eles que você! Você será exigido e seguirá nossa orientação. Pago por cobertura extra, mas você terá que fazer XYZ.

Sem entrar em detalhes, mesmo uma rápida olhada indicará que os níveis de serviço exigidos pelos "ursos coala" são totalmente diferentes dos exigido pelos "grandes ursos Andropov". Mas, até o momento, a empresa forneceu um nível de serviço similar a todo o mercado. Com o exercício da segmentação de mercado, eles foram capazes de ajustar seu serviço às necessidades de cada segmento e consequentemente transformaram um negócio de lucro baixo num negócio altamente lucrativo.

Um exemplo adicional deverá convencê-lo. Uma rápida olhada no Quadro 2.1 revela que não há uma única definição de "médico" e qualquer empresa farmacêutica que espere ser bem-sucedida deveria reconhecer isso e se comportar de acordo.

QUADRO 2.1 Exemplo de segmentação: o que define um médico?

TIPO DE MÉDICO	CARACTERÍSTICAS
Tipo 1 Desiludido 17%	Inovador ao prescrever, pois isso agrega variedade a um trabalho comum Não tem interesse em se desenvolver na profissão – "medicina não é o que poderia ser" Pró-tecnologia Não confia no setor Gostaria de menos controles sobre remédios
Tipo 2 Pós-graduado 21%	Um médico formal Antipromoções e evita novos remédios Fortes interesses em pós-graduação, quer evoluir profissionalmente Prescritor conservador
Tipo 3 Autossatisfeito 19%	Satisfeito como médico Prescritor muito conservador Pouco interesse em instrução adicional Médico sem interesse em tecnologia
Tipo 4 Experimentalista 12%	Inovador, estaria disposto a testar novos medicamentos e "experimentar" Favorável a promoções Tem algum interesse em crescer na profissão
Tipo 5 Exaurido 12%	Tipo formal de médico Desiludido com a medicina – trabalho duro, pouca recompensa Em geral em consultórios da periferia Antitecnologia Pouco interesse em estudar mais Quer facilitar sua vida Prescritor muito conservador
Tipo 6 Progressista 19%	Tipo informal de médico Satisfeito com seu trabalho e com a medicina como profissão Forte interesse em pós-graduação Favorável à tecnologia Disposto a testar novos remédios

RESUMO ATÉ AQUI

Se você implementar segmentação baseada em necessidades em seu negócio, terá uma enorme vantagem sobre a concorrência, que continua falando sobre seus produtos e serviços, e enfatizando suas ofertas e suas comunicações pelo mercado inteiro, tentando exercer apelo ao não existente "cliente médio".

Esperamos tê-lo convencido a agir, já que a própria natureza de cada proposta de valor irá variar dependendo do segmento ao qual está voltada.

A título de resumo desta seção, examine o exemplo mostrado no box abaixo. Você imediatamente reconhecerá muitos dos elementos emocionais mostrados na coluna da página seguinte. Mas nem todos têm as mesmas necessidades emocionais, e é nisso que a segmentação se torna tão importante. Você também notará que raramente são as características físicas de um produto que determinam quem escolherá comprá-lo e por que razão.

EXEMPLO DE NECESSIDADES DO CONSUMIDOR AO COMPRAR CERVEJA

Necessidades físicas:

- teor alcoólico;
- aparência;
- satisfação ao servir;
- aparência da embalagem;
- formato e tamanho;
- gosto;
- cor;
- relaxamento;
- estimulação.

Necessidades emocionais:

➤ autoexibição;

➤ prestígio;

➤ aspiração;

➤ identificação com grupo social;

➤ segurança;

➤ reafirmação;

➤ sucesso;

➤ moda;

➤ estilo;

➤ masculinidade/feminilidade;

➤ companheirismo;

➤ distinção.

COLOCANDO EM AÇÃO

Então vamos agora iniciá-lo na segmentação de mercado baseada em necessidades – algo que já apresentei em dois de meus livros. Temos que destacar um ponto crucial, que é onde seu negócio deve fazer a segmentação de mercado. A Figura 2.5 mostra o que é comumente referido como lei de Pareto, mostrando que 20% de todos os *inputs* geralmente respondem por cerca de 80% dos *outputs*.

Veremos isso de novo no Capítulo 3.

Agora, dê uma olhada no Quadro 2.2. Tudo o que queremos que você faça é descobrir os 20% de seus produtos, serviços e mercados que respondem por 80% de suas vendas. Não deve haver mais que cinco ou seis. Pegue os mais importantes e tente o seguinte exercício de segmentação de mercado.

FIGURA 2.5 Lei de Pareto

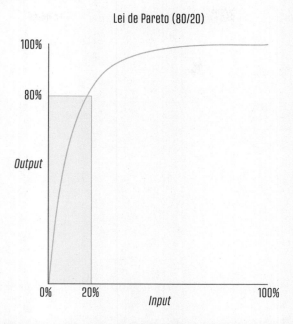

Tenho a satisfação de apresentar os seguintes modelos e trechos neste capítulo, extraídos de *Malcolm McDonald on Marketing Planning*, em razão do valor que isso pode trazer à sua empresa no contexto de construir a base de sua proposta de valor quantificável. Quando terminar, você saberá exatamente o que quero dizer!

TABELA SBU DE PRODUTO-MERCADO
[SBU = *STRATEGIC BUSINESS UNIT*, OU "UNIDADE DE NEGÓCIOS ESTRATÉGICA"]

1. Selecione uma unidade de negócios, ou parte do negócio, para a qual você deseja desenvolver uma unidade de proposta de valor:

_____

2 Ao longo do alto da tabela da página ao lado, liste os principais produtos, grupos de produtos ou serviços vendidos pela unidade de negócios, ignorando os insignificantes.

QUADRO 2.2 Tabela SBU de produto-mercado

MERCADOS: \ PRODUTOS:	1	2	3	4	5
1:					
2:					
3:					
4:					
5:					

1 À esquerda da tabela, liste os principais mercados, ou segmentos de mercado, aos quais você vende, ignorando os insignificantes.

2 Agora escolha um a dois produtos-mercados (células) para se concentrar ao longo deste livro. Para cada um deles, estime sua receita atual no box.

Você agora está pronto para iniciar seus projetos de segmentação de mercado.

Antes de tentar isso, porém, precisamos explicar que não é tão simples quanto a realização do exercício a seguir pode sugerir, e, para aqueles que sentirem a necessidade de fazê-lo com maior profundidade, por favor consultem o *Malcolm McDonald on Marketing Planning* (2016)[5] ou *Market Segmentation* (2012).[6]

EXERCÍCIO PARA GERAR SEGMENTOS DE MERCADO PRELIMINARES

Siga a sequência de atividades abaixo e você gerará alguns segmentos. Observe que, embora nossa recomendação não seja que você dê aos segmentos resultantes nomes aleatórios, mesmo assim pode ser útil que eles sejam memorizáveis e façam sentido!

EXERCÍCIO RÁPIDO DE SEGMENTAÇÃO[7]

- Anote os principais benefícios buscados pelos clientes.
- Divida-os em:
  - fatores higiênicos;
  - motivadores (aqueles que contribuem para a decisão do cliente sobre de quem devem comprar).
- Pegue os "motivadores" e selecione os dois principais.
- Estime a porcentagem de clientes em cada ponta.
- Faça uma multiplicação cruzada para criar um mapa perceptual.
- Atribua-lhes nomes.

SOLUÇÃO RÁPIDA DE SEGMENTAÇÃO DE MERCADO

- Anote os *principais* benefícios buscados pelos clientes.
- Fatores de higiene são benefícios que qualquer produto ou serviço deve oferecer para ser aceito pelo mercado. Tente ignorá-los.
- Motivadores são aqueles benefícios que contribuem para o cliente decidir que produto comprar.
- Pegue os "motivadores" e selecione os dois principais.
- Trace duas linhas horizontais e faça uma estimativa da porcentagem de clientes em cada ponta. Assim, por exemplo, se o nível de serviço é um motivador principal para o que é comprado, veja abaixo:

```
40% ─────────────────────────── 60%
Pouco serviço                Muito serviço
```

- De modo similar, se a amplitude da gama de produto é um motivador principal do que é comprado, veja abaixo:

| 40% ———————————————————— 60% |
| Pequena amplitude   Grande amplitude |

> Pegue o ponto à esquerda da primeira linha horizontal e arraste-o sobre a segunda linha horizontal para formar uma cruz, como mostrado na Figura 2.6.

> Partindo do alto e indo no sentido horário, multiplique 60% por 60% para obter 36% (veja o primeiro círculo).

> Então multiplique 60% por 40% para obter 24% (veja o segundo círculo).

> Depois multiplique 40% (a parte inferior do eixo vertical) por 40% para obter 16% (veja o quarto círculo).

> Os círculos representam segmentos do mercado.

FIGURA 2.6 Matriz resultante do exercício rápido de segmentação

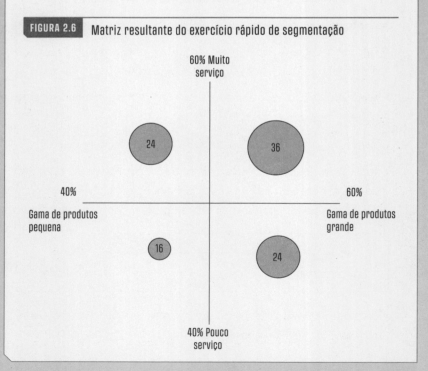

INTERPRETAÇÃO

- O primeiro segmento (36%), o maior segmento, requer tanto serviço quanto uma gama grande de produto.

- O segundo segmento (24%) prefere uma grande variedade de produtos e está menos interessado em serviço.

- O terceiro segmento (16%) não se importa muito nem com uma grande gama de produto, nem com serviço.

- O quarto segmento (24%) prefere bons serviços e se interessa menos por uma grande gama de produtos.

- Embora não seja essencial, você pode considerar dar a cada segmento um nome.

AÇÃO

Assegure que sua "oferta", incluindo o produto, o preço, o serviço e a promoção, reflita as diferentes necessidades de cada segmento.

EXEMPLO

A seguir, um exemplo de segmentação do mercado de papel A4. Por favor, note que, se, como no caso do mercado de A4, há um segmento muito grande (no caso, 56%), o exercício pode ser repetido só para esse grande segmento, resultando em sete segmentos no total.

EXEMPLO = PAPEL DE COPIADORA

- Entrega do serviço: rápida, papel sempre "na mão" – disponibilidade de produtos no ponto de entrega; níveis de serviço.

- Produto adequado ao propósito: acabamento de impressão de alta qualidade para copiadoras coloridas; qualidade consistente; papel que não fica preso na máquina; boa definição de impressão; sem desperdício.

- Fatores ambientais: reciclável.
- Nível de apoio: entrega em pequenos lotes; estoque em consignação; fácil de pedir (online); entrega em localidades de difícil acesso.

FIGURA 2.7 Exemplo de exercício rápido de segmentação: papel de copiadora

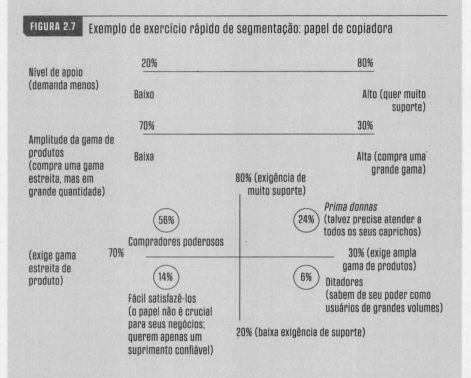

QUADRO 2.3 Um resumo dos problemas enfrentados hoje por muitas empresas e de suas respostas

PROBLEMA	DEMANDA CAI	PREÇOS CAEM	LUCRO CAI
RESPOSTA	Segmentação adequada	Valor superior Posicionamento diferente	Elevar lucro

Desse exercício você vai gerar quatro segmentos, mas geralmente um deles é muito maior que os outros, portanto pegue o maior e faça o exercício de novo desde o início, gerando dois novos conjuntos de motivadores de compra. Você agora irá gerar outros quatro segmentos, totalizando sete.

FINALMENTE

Como conclusão, queremos ressaltar dois pontos:

① Implementar uma segmentação adequada baseada em necessidades lhe dará uma significativa vantagem competitiva.

② Ao preparar propostas de valor quantificadas financeiramente, há vários níveis aos quais elas se aplicam. O nível mais alto é o da unidade de negócios estratégicos da empresa. O nível seguinte é o do grupo de produto. Depois há o nível do produto ou serviço individual.

Tudo isso deve ser considerado no contexto dos segmentos, já que cada segmento, como ilustrado acima, tem uma ênfase diferente com base em um conjunto diferente de necessidades e atitudes.

COLOCANDO EM PRÁTICA

Use o exercício de segmentação descrito acima para gerar sete segmentos.

REFERÊNCIAS

[1] Koenigs, M e Tranel, D (2008) "Prefrontal cortex damage abolishes brandcued preference", SCAN 3, p. 2-6, Escola de Medicina da Universidade de Iowa, Departamento de Neurologia. Disponível em: https://www.ncbi.nlm.nih.gov/pmc/articles/PMC2288573/.

[2] P&G (2008) *Designed to innovate: 2008 annual report*. P&G. Disponível na página 29: https://www.pg.com/annualreport2008/PG_2008_AnnualReport.pdf [último acesso em 23 de novembro de 2017].

[3] Cooper, L (2013) The top 100 most valuable global brands 2013. *Marketing Week*. Disponível em: https://www.marketingweek.com/2013/05/21/the-top-100-most-valuable-global-brands-2013/ [último acesso em 23 de novembro de 2017].

[4] Christensen, C; Cook, S e Hall, T (2005) Marketing malpractice, *Harvard Business Review*, p. 74-78.

[5] McDonald, M (2016) *Malcolm McDonald on Marketing Planning*, Kogan Page, Londres.

[6] McDonald, M e Dunbar, I (2012) *Market Segmentation*, 4ª edição, John Wiley & Sons, Chichester.

[7] Metodologia desenvolvida pelo professor Brian Smith da Pragmedic, com base na teoria dos dois fatores de motivação de Hertzberg. Usado aqui com sua gentil permissão.

[...] **fornecedores** não vendem a empresas; **vendem a pessoas nas empresas**, e essas pessoas inevitavelmente se enquadram em **grupos** com diferentes atitudes e comportamentos, ou seja, em **diferentes segmentos**.

CAPÍTULO 3

O QUE É EXATAMENTE UMA PROPOSTA DE VALOR QUANTIFICADA FINANCEIRAMENTE?

INTRODUÇÃO

A seguir, um resumo dos componentes de uma proposta de valor. Neste capítulo, vamos explicar cada um dos primeiros três elementos. O quarto elemento – a contribuição emocional – foi tratado no Capítulo 2. Primeiro, porém, precisamos esclarecer o que a palavra "valor" significa, porque há várias interpretações bem aceitas.

OS COMPONENTES DE UMA PROPOSTA DE VALOR

1. valor agregado (ex.: ganhos de receita, aumento de produtividade, melhor serviço, velocidade etc.);

2. redução de custos;

3. evitar custos;

4. contribuição emocional (ex.: confiança, fator "sentir-se bem"), segurança, autoestima, redução de risco, menos "transtorno" etc. Nesse sentido, uma marca forte é importante. Mas uma segmentação de mercado eficaz, baseada em necessidades, é mais importante ainda.

A Figura 3.1 mostra exemplos de categorias de valor agregado, e a figura seguinte lista os benefícios da cadeia de valor. Vimos os benefícios emocionais no Capítulo 2. Esses elementos emocionais de valor têm raiz na psicologia. Todos os leitores devem conhecer a psicologia das necessidades de Abraham Maslow, amplamente aceita, segundo a qual, uma vez que as necessidades funcionais básicas estejam satisfeitas, as pessoas buscam fontes de satisfação menos racionais.

FIGURA 3.1 Exemplos de categorias de valor agregado

- Linha de produtos melhorada
- Melhor mix de produtos
- Melhor mix de cliente

- Mais *calls* de vendas
- Melhores *calls* de vendas
- Aumento do preço
- Ganhos de receita
- Melhoria no serviço

- Velocidade
- Redução dos descontos
- Cobrança pelas entregas
- Redução do prazo de inadimplência

- Aumento da taxa de conversão
- Redução do ciclo de vendas
- Evitar a perda/adiamento da decisão de compra

- Indicações de clientes satisfeitos
- Relacionamentos sustentáveis com clientes

EXEMPLOS DE BENEFÍCIOS DE CUSTO DA CADEIA DE VALOR

➤ design e desenvolvimento;

➤ recursos (ex.: trabalho, ativos);

➤ custos operacionais (ex.: energia, manutenção);

➤ custos indiretos (ex.: despesas gerais, treinamento);

➤ custos de instalação e comissionamento;

➤ custos de governança (ex.: custo de gerir o relacionamento);

➤ custos de software;

➤ custos da cadeia de suprimentos;

- custos de manutenção, descarte ou depreciação;

- custos de oportunidade (ex.: reduzir tempo inativo, aumentar rendimento de produção, aumento de valor/margem de venda);

- custos transacionais (ex.: mudança de fornecedor);

- custos ambientais/sustentabilidade.

COMPREENDENDO O REAL SENTIDO DE VALOR DO CLIENTE

Uma maior compreensão das propostas de valor ajuda a elaborar planos de marketing estratégicos muito mais poderosos. Primeiro, porém, é necessário definir o sentido de valor do cliente no contexto da palavra "valor". A própria palavra é altamente subjetiva, porque depende totalmente do ponto de vista assumido e do contexto no qual a palavra está sendo usada.

Análise da cadeia de valor

Uma das ferramentas mais amplamente usadas nos negócios é a análise da cadeia de valor, de Michael Porter (1980),[1] que descreve como o valor é criado por meio de todas as funções e processos das organizações. Isso é fundamental para nosso processo de criação de valor e será extensivamente usado mais tarde neste livro. Pode ser dividido entre atividades de apoio e atividades primárias, que contribuem para a margem geral.

Como atividades de apoio, temos:

- infraestrutura da empresa;

- gestão de recursos humanos;

- desenvolvimento de tecnologia;

- compras e suprimentos.

As atividades primárias incluem:

➤ logística de recebimento;

➤ operações;

➤ logística de expedição;

➤ marketing e vendas;

➤ serviços.

Outro processo amplamente usado é o que se conhece como valor agregado para o acionista [*shareholder value added*, SVA], proposto pela primeira vez por Alfred Rappaport em 1986.[2] Hoje é mais conhecido como valor econômico agregado [*economic value added*, EVA], que são os fluxos de caixa livres líquidos ajustados ao risco no contexto do custo de capital. Quando são positivos, o EVA é criado.

Sem dúvida, o EVA tem sido uma das medidas de sucesso mais amplamente aceitas e usadas nos últimos 30 anos, e recomendamos que os leitores tentem compreender os fundamentos de como ele funciona e é usado. O EVA calcula os fluxos de caixa livres líquidos, levando em conta o valor de tempo do dinheiro, o custo de capital e os riscos associados ao investimento em questão. A fórmula é:

Lucro após os impostos – [capital líquido x custo do capital (%)]

Para leitores em empresas pequenas ou médias, um simples exemplo será suficiente. Imagine que você tem 2 milhões em ativos e seu custo de capital é, digamos, de 10%. Se você tem um lucro de 150 mil, destruiu 50 mil de valor. Se você faz 250 mil, criou 50 mil de valor. Por que raios uma pessoa em sã consciência administraria uma empresa para destruir o valor para o acionista?

A razão pela qual o EVA é tão crucial e poderoso é que ele constitui a derradeira prova de sucesso comercial; portanto, se os leitores puderem dar apenas esse único passo além das propostas de valor financeiramente quantificadas, diretores e altos gestores na empresa do cliente ficarão verdadeiramente convencidos de que você sem dúvida é o melhor fornecedor para negociar. Portanto, voltaremos a isso no Capítulo 8.

Depois temos a definição de valor agregado dada pelo contador:

> valor agregado = receita com vendas − compras e serviços

Como discutido no meu livro *Marketing Planning*, isso fornecerá uma fotografia das contas anuais, mostrando como a receita de um período de vendas foi distribuída, e de quanto sobra para reinvestir depois de cobrir todos os custos, incluindo dividendos aos acionistas. Embora essa cifra possa dizer algo sobre a viabilidade passada de um negócio, ela por si só não oferece um guia para perspectivas futuras.

Parte da razão pela qual a expressão "valor agregado" passou a ser usada com menos rigor é porque esses conceitos de valor não são mutuamente excludentes, apesar de suas diferenças. Por exemplo, a análise da cadeia de valor de Porter identifica novas potenciais estratégias de mercado competitivas, enquanto a abordagem SVA de Rappaport permite aos gestores avaliar o custo de implicações financeiras a longo prazo ao perseguir estratégias competitivas. Independentemente de qual método for usado, é a percepção do cliente que agirá em todas as empresas como o principal *driver* (ou determinante) do valor contábil auditado anual.

◢ Valor do cliente

Uma terceira maneira de encarar o valor é pelos olhos do cliente. "Valor da marca" [*brand equity*] e "valor do cliente" [*customer equity*] são termos financeiros que refletem o fato de que marcas e clientes são ativos financeiros capazes de criar valor para o acionista, mas a expressão "valor do cliente" é mais difícil de definir, pois o valor é uma experiência de preferência interativa, relativa. É interativa porque sempre há uma conexão entre a oferta e o cliente. É relativa no sentido de que o cliente avalia a oferta em comparação com outras ofertas e é dependente do contexto e também pessoal, conformando-se a diferentes critérios de preferência. Por exemplo, uma oferta de um assento num jogo do Arsenal no Reino Unido será mais valorizada por um torcedor do Arsenal do que por um do Manchester United. Primeiro, o valor decorre mais da experiência de consumo de um cliente do que de algo que conste do produto. Isso costuma ser chamado de "valor em uso", e, portanto, é o cliente, não o fornecedor, que constitui o último árbitro do valor.

Antes de definir a expressão "proposta de valor", há outro conceito que precisa ser explicado – "cocriação de valor". Como a expressão deixa implícito, o valor é mais bem criado pela junção de esforços tanto do fornecedor quanto do cliente. Trata-se do grau em que o fornecedor trabalha com o cliente para elaborar uma oferta, de modo que os benefícios sejam traduzidos em termos monetários com base numa compreensão em profundidade do negócio do cliente, demonstrando com isso a sua contribuição para a lucratividade do cliente. Isso costuma envolver a identificação de necessidades e oportunidades para criação de valor.

A definição que nós damos de cocriação de valor na empresa é que ela constitui um processo de identificação de oportunidades que leva à criação de um novo valor para todas as partes participantes por meio da integração e interação de recursos. Muitos leitores imediatamente reconhecerão isso como uma das melhores práticas de gestão de *key accounts*, com os resultados incorporados a um plano de *key account*.

Infelizmente, a real proposta de valor financeiramente quantificada costuma estar ausente de tais planos. Este livro pretende sanar essa lacuna, e tudo o que resta agora é definir a expressão "proposta de valor".

PROPOSTA DE VALOR

Para os propósitos deste livro, os autores resumiram proposta de valor como "valor relativo = benefícios percebidos menos custos". Como um breve lembrete, repetimos aqui os componentes principais, prontos para lidar com os três primeiros pontos.

OS COMPONENTES DE UMA PROPOSTA DE VALOR

1 valor agregado (ex.: ganhos de receita, melhor produtividade, melhor serviço, velocidade etc.);

2 redução de custos;

3 evitar custos;

4 contribuição emocional (ex.: confiança, fator "sentir-se bem"), segurança, autoestima, redução de risco, menos "transtorno" etc. Nesse sentido, uma marca forte é importante. Mas uma segmentação de mercado eficaz, baseada em necessidades, é mais importante ainda.

1. Valor agregado

Já demos antes alguns exemplos de categorias de valor agregado, mas há muitas outras maneiras pelas quais um fornecedor pode agregar valor à empresa de seus clientes. A lista é longa e complexa demais para ser reproduzida aqui, mas a seguir esboçamos um exemplo abrangente em relação a um fornecedor de sistemas de informação/tecnologia de informação, com o uso detalhado da cadeia de valor de Porter como uma ferramenta de análise para mergulhar em cada aspecto da empresa do cliente, do início ao fim.

Atividades de suporte:

➤ Infraestrutura da empresa:

* baseada na internet, com sistemas distribuídos de finanças e de planejamento de recursos empresariais [*enterprise resource planning*, ERPs];

* relações com investidores online (ex.: disseminação de informações, teleconferências);

* sistemas de contabilidade.

➤ Gestão de recursos humanos:
- pessoal de autosserviço e gestão de benefícios;
- treinamento baseado na internet;
- relatórios eletrônicos de tempo e despesas.

➤ Desenvolvimento de tecnologia:
- design colaborativo de produtos entre localidades e entre múltiplos participantes do sistema de valores;
- diretórios de conhecimento acessíveis de todas as partes da empresa.

➤ Compras e suprimentos:
- planejamento de demanda pela internet; disponibilidade para prometer em tempo real e capacidade de prometer e cumprir;
- outros vínculos com sistemas de compras, estoque e previsão com os fornecedores;
- aquisições diretas e indiretas via mercados, intercâmbios, leilões e correspondência comprador-vendedor.

Atividades primárias:

➤ Logística de recebimento (gestão da cadeia de suprimentos distribuída pela web):
- programação integrada em tempo real, expedição, gestão de armazéns, gestão e planejamento da demanda, e programação e planejamento avançados ao longo da empresa e de seus fornecedores;
- disseminação por toda a empresa de dados de recebimento em tempo real e de dados de estoque em trânsito.

➤ Operações (gestão da cadeia de suprimentos distribuída pela web):
- intercâmbio integrado de informações, programação e tomada de decisões nas próprias fábricas, em montadoras contratadas e em fornecedores de componentes;
- disponibilidade e capacidade de prometer informações em tempo real, disponíveis para a força de vendas e canais de vendas.

➤ Logística de expedição (gestão da cadeia de suprimentos distribuída pela web):

- transação em tempo real de pedidos, quer iniciada por um consumidor final, quer por uma pessoa de vendas ou um parceiro de canal;
- automação de acordos e termos de contrato específicos do cliente;
- acesso pelo cliente e pelo canal ao desenvolvimento de produtos e ao status da entrega;
- integração colaborativa a sistemas de previsão do cliente.

➤ Marketing e vendas:

- canais de vendas online, incluindo sites e mercados;
- acesso interno e externo em tempo real a informações sobre o cliente, catálogos de produtos, preços dinâmicos, disponibilidade de estoques, envio online de cotações e entrada de pedidos;
- configuradores online de produtos;
- marketing personalizado para o cliente via perfil do cliente;
- publicidade *push*;
- acesso online personalizado.

➤ Serviço pós-venda:

- suporte online do serviço ao cliente;
- gestão de representantes por meio de respostas de e-mail, integração de faturamento;
- conavegação, *chat*, "me ligue agora", *voiceover*;
- IP e outros usos do *streaming* de vídeo.

Incluímos uma lista parcial no Capítulo 2 sobre preços, e vale a pena revisitar parte dela aqui.

2. Reduzir e evitar custos

Reduzir custos e evitar custos são talvez as partes mais fáceis de quantificar financeiramente. Voltamos à SKF, mostrada na Figura 3.2, um exemplo clássico de como cobrar um alto preço previamente, justificando uma significativa redução dos custos no ciclo de vida.

FIGURA 3.2 Exemplo de proposta de valor quantificada - SKF

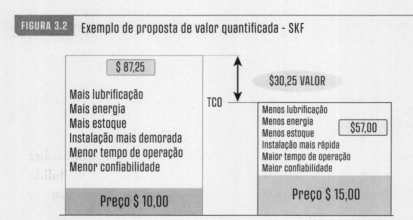

FONTE: Reproduzido com gentil permissão da SKF, que apresentou o diagrama no KAM Best Practice Research Club da Cranfield University, em janeiro de 2015.

FIGURA 3.3 Benefícios técnicos a clientes

74   PROPOSTAS DE VALOR

As Figuras 3.3 e 3.4 são exemplos do tipo de análise em profundidade que faz parte das propostas de valor financeiramente quantificadas da SKF.

Esse processo funciona igualmente bem para pequenas empresas, como pode ser visto no exemplo da empresa de rótulos a seguir:

FIGURA 3.4 SKF - Exemplo

SKF SOLUÇÕES DOCUMENTADAS

SKF Y-units linha de alimentos (Marathon)

O mercado de alimentos e bebidas tem enorme potencial de crescimento, sendo um dos maiores segmentos do setor de manufatura e distribuição na economia. O próprio mercado de comida processada cresce quase 10% ao ano, e cresceu nessa taxa nos últimos 25 anos. A razão de tal crescimento? Um aumento da renda per capita, mudanças no estilo de vida e inovações tecnológicas exigidas pelas tendências de segurança alimentar mundiais. A SKF decidiu aplicar seu know-how, padrões de qualidade e resultados de pesquisas de materiais e tecnologias para criar uma ampla gama de soluções de alta qualidade nesse mercado exigente. O resultado é uma linha de produtos que combina alta resistência, tecnologia avançada e vida útil estendida.

Valor documentado	
Descrição	Descrição
Valor agregado sobre MTBR (8,00 meses)	$ 37.657,45
ROI esperado sobre MTBR	390,23%
Break even do fluxo de caixa	2,43 meses
Percentual necessário de aumento do *break even* MTBR	142,79%
Aumento necessário do *break even* MTBR em meses	1,43 mês

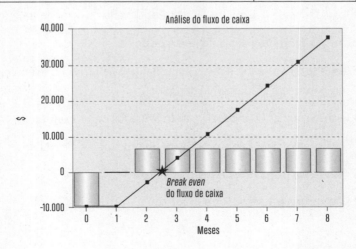

O que é exatamente uma proposta de valor quantificada financeiramente?

EXEMPLO: EMPRESA DE RÓTULOS PARA FABRICANTES DE ALIMENTOS ASSUMINDO RESPONSABILIDADE PELA QUASE ELIMINAÇÃO DE SUA MANUTENÇÃO DE ESTOQUE

Todos foram quantificados e personalizados para cada cliente:

➤ Reduz seu estoque de 6 para 12 semanas.

➤ Reduz o capital imobilizado em estoque.

➤ Reduz os problemas com ruptura de estoque.

➤ Reduz os custos pela falta de estoque (tempo de inatividade, remessa expressa, horas extras).

➤ Reduz os custos com movimentação de estoque.

➤ Reduz a obsolescência do estoque.

➤ Aumenta as vendas ao possibilitar mudanças rápidas.

➤ Elimina a necessidade de se fazer pedidos.

➤ E tudo pelo mesmo preço.

Vantagens para a empresa de rótulos:

➤ Eles respondem à pergunta: "Por que eu deveria comprar de vocês?".

➤ Eles são diferentes dos concorrentes deles.

➤ Eles reduzem o risco de perder um cliente para um concorrente ao oferecerem uma redução de preço.

➤ Eles reduzem as chances de serem trocados pelos clientes.

➤ Tornam-se melhores em processos de produção e distribuição.

➤ Então, podem conquistar novos clientes.

➤ Suas vendas e seus lucros aumentam.

A CONTRIBUIÇÃO EMOCIONAL DAS PROPOSTAS DE VALOR

Dedicamos todo o Capítulo 2 a esse tópico e esperamos que você tenha lido com atenção e agora compreenda a importância crucial que uma marca poderosa pode ter em criar percepções de valor no cliente. No mínimo, sendo todas as coisas iguais em termos de benefícios e preço, a maioria dos clientes vai preferir uma marca que conhece e na qual confia. Nós dois, como autores, acabamos de conseguir um grande contrato para um projeto de segmentação de mercado, e o cliente nos informou que todas as propostas eram praticamente equivalentes, mas o que inclinou a decisão para o cliente foi nossa reputação amplamente reconhecida de realizarmos uma segmentação de mercado de primeira linha, representada pelo nome de marca "Malcolm McDonald". Portanto, embora por quaisquer padrões sejamos uma empresa pequena, o *branding* e a reputação são cruciais para uma percepção de redução de risco na mente do cliente.

CONCLUSÃO

Esperamos ter fornecido uma compreensão abrangente do que é uma proposta de valor qualificada financeiramente. Isso era essencial antes de explicar o processo que você usará para prepará-la, que é o assunto do Capítulo 4.

COLOCANDO EM PRÁTICA

Mesmo nesse estágio preliminar, faça uma tentativa de listar e quantificar (de preferência financeiramente) os benefícios ao cliente sob os três primeiros pontos do box de abertura "Componentes de uma proposta de valor".

REFERÊNCIAS

[1] Porter, M (1980) *Competitive Strategy*, Free Press, Nova York.

[2] Rappaport, A (1986) *Creating Shareholder Value*, Free Press, Nova York.

CAPÍTULO 4

VISÃO GERAL DO PROCESSO DA PROPOSTA DE VALOR: POR ONDE COMEÇAR

INTRODUÇÃO

Você vai gostar de saber que este é um capítulo curto! Vamos primeiro apresentar o processo de proposta de valor, mostrado na Figura 4.1.

Mas antes de percorrer isso, enfatizamos que a preparação de propostas de valor precisa ser feita no contexto dos processos de planejamento da sua empresa. Em outras palavras, ela precisa se adequar a algum tipo de processo racional a fim de poder ser realmente eficaz.

Portanto, vamos deixar de momento o processo mostrado na Figura 4.1 e examinar dois processos de planejamento estratégico: o planejamento estratégico de marketing e o planejamento das *key accounts*.

PLANEJAMENTO ESTRATÉGICO DE MARKETING

A Figura 4.2 ilustra o processo de planejamento estratégico de marketing, com ênfase no resultado do processo – o plano de marketing estratégico em si (no box do canto superior direito da figura) é o documento que descreve seus mercados-alvo principais, diz por que os clientes devem comprar de você, e não de alguém com algo similar, e com que resultados financeiros.

Não é necessário aqui examinar o processo do início ao fim. O que é essencial, porém, é notar que os passos 3 e 4 dizem respeito a compreender as necessidades do mercado/segmento, especialmente o passo 4 – a análise SWOT. Portanto, em primeiro lugar, vou explicar o que é uma análise SWOT e o que não é.

FIGURA 4.1 Processo da proposta de valor

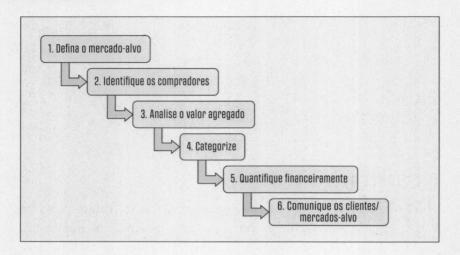

FIGURA 4.2 Os dez passos do processo de planejamento estratégico de marketing

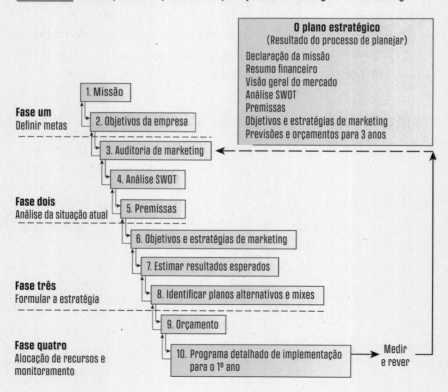

ANÁLISE SWOT

Uma análise de pontos fortes, pontos fracos, oportunidades e ameaças é um dos principais meios de resumir as necessidades dos clientes. No Capítulo 10 vamos explicar com mais detalhes como isso funciona. Por enquanto, vamos supor que foi feita uma análise SWOT adequada e que temos uma compreensão boa das necessidades dos clientes num segmento particular.

É aqui onde começam realmente os problemas de um marketing inadequado, porque o processo de planejamento encaminha-se agora diretamente para a definição dos objetivos e das estratégias de marketing, e não se importa com o passo crucial de quantificar propostas de valor para cada segmento.

O ponto principal é que é nesse estágio do processo de planejamento que as propostas de valor financeiramente quantificadas devem ser preparadas para cada segmento. Como dissemos, é crucial compreender que a preparação da proposta de valor precisa ser parte de um processo mais amplo de planejamento estratégico.

> Para uma completa explicação desses dois conceitos, ver *Malcolm McDonald on Marketing Planning* (Kogan Page, 2016) e *Malcolm McDonald on Key Account Planning* (Kogan Page, 2017).

É essa falta de foco na preparação da proposta de valor que tem levado o marketing a se isolar cada vez mais do mundo real dos clientes, gerando uma sensação crescente de que o marketing como disciplina de algum modo perdeu o rumo. Portanto, vamos nos voltar para o processo de planejamento do *key account management* (KAM) apresentado na Figura 4.3.

O mesmo problema que descrevemos acima em relação ao planejamento de marketing se aplica ao planejamento de KAM. Examinaremos isso mais de perto ao tratarmos das necessidades das *key account* (KA) no Capítulo 8, mas de momento vamos focar o penúltimo passo da Figura 4.3, "suas estratégias para KAs". Em geral, depois de todas as

FIGURA 4.3 Análise KAM e processo de desenvolvimento da estratégia

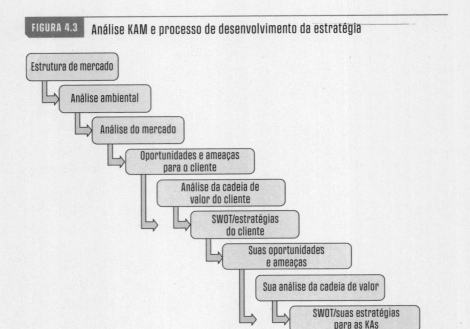

dificuldades e trabalho árduo para a análise das necessidades das KAs, ficou faltando o passo crucial de preparar para elas propostas de valor financeiramente quantificadas. É nesse ponto que este livro entra, pois, sem elas, é menos provável que o cliente acredite nesse plano.

COLOCANDO O PROCESSO DA PROPOSTA DE VALOR NO CONTEXTO DO PROCESSO DE PLANEJAMENTO DE MARKETING E DAS *KEY ACCOUNTS* (KAS)

As Figuras 4.4 e 4.5 ilustram como e onde o processo da proposta de valor se encaixa no processo de planejamento de marketing e das KAs. Podemos agora passar para o processo da proposta de valor, reproduzido na Figura 4.6.

A partir dessa figura é possível ver que há vários passos, começando com "defina o mercado-alvo". Neste capítulo, vamos discorrer sobre os passos 1 e 2 apenas, e cobrir os passos 3, 4 e 5 em capítulos posteriores.

DEFINA O MERCADO-ALVO

Este é obviamente um passo crucial, porque define o escopo do trabalho subsequente. Há vários níveis potenciais para desenvolver propostas de valor, a começar com um cliente principal. Outro é visar um segmento (ver Capítulo 2). Outro é visar um produto para um segmento. Num nível mais elevado de agregação, temos um produto ou grupo de produtos para um mercado. O último nível de agregação é o de uma unidade estratégica de negócios [*strategic business unit*, SBU] ou o da empresa inteira. Este último pode ser mais adequado a pequenas empresas.

Para o propósito deste livro, porém, vamos começar por um nível mais baixo de agregação e planejar com foco num produto para um segmento, ou num produto para um cliente principal.

CAPÍTULO 4

Visão geral do processo da proposta de valor: por onde começar   83

FIGURA 4.4 Os dez passos do processo de planejamento estratégico de marketing

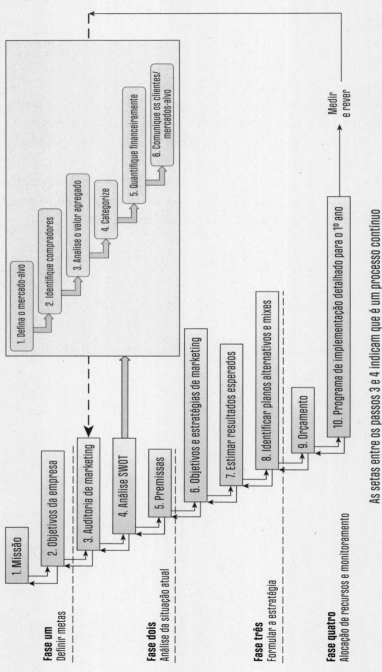

FIGURA 4.5 Análise KAM e processo de desenvolvimento da estratégia

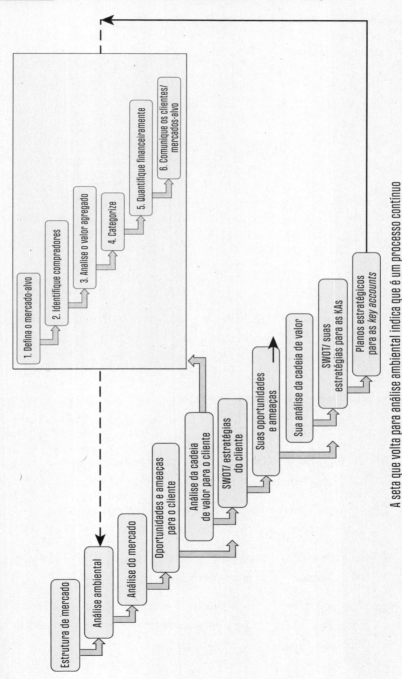

Visão geral do processo da proposta de valor: por onde começar

FIGURA 4.6 Processo da proposta de valor

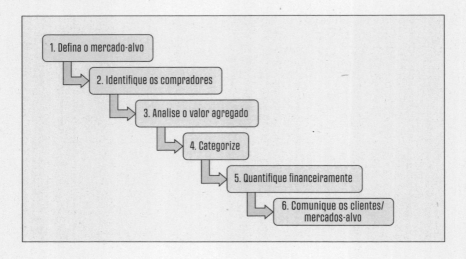

◢ Por onde começar

O primeiro passo é decidir para quem você planeja desenvolver propostas de valor. Na nossa experiência, um bom ponto de partida é mostrado na Figura 4.7.

TABELA DA SBU PRODUTO-MERCADO

① Selecione uma unidade de negócio, ou parte do negócio, para a qual vai desenvolver uma unidade de proposta de valor: _____

② No alto da Tabela 4.1, liste os principais produtos, grupos de produtos ou serviços vendidos pela unidade. Ignore os irrelevantes.

③ À esquerda da tabela, liste os principais mercados ou segmentos de mercado para os quais vende. Ignore os irrelevantes.

④ Agora escolha um ou dois produtos–mercados (células) nos quais focar ao longo deste livro. Para cada um, estime sua receita atual no box.

TABELA 4.1	Tabela produto-mercado					

PRODUTOS:						
MERCADOS:		1	2	3	4	5
1:						
2:						
3:						
4:						
5:						

Como dissemos no Capítulo 2, a primeira coisa que será revelada ao concluir o exercício é que cerca de 80% de sua receita vem de 20% de seus mercados (ou clientes). Sugerimos que você selecione uma dessas "caixas" para trabalhar nela pelo resto do livro. Para refinar isso ainda mais, sugerimos que foque ou um segmento da caixa selecionada, ou uma maior conta.

Pegando o primeiro deles – ou seja, um produto principal ou grupo de produtos para um segmento –, a primeira atividade é traçar um mapa de marketing mostrando como o mercado funciona de ponta a ponta.

A Figura 4.7 mostra um mapa de mercado completo para assentos de empresa aérea. Dele, podemos ver que 40% das decisões são tomadas por grandes empresas e 35% por chefes de departamento. Ambos os pontos de decisão, portanto, precisam que sejam desenvolvidas propostas de valor para eles. A Figura 4.8 é um modelo para você desenvolver um mapa de mercado para a sua empresa.

O propósito disso tudo, obviamente, é identificar os tomadores de decisões no mercado, porque são as necessidades dessas pessoas que devem ser compreendidas.

Com as *key accounts*, é necessário um processo diferente, porque raramente é uma pessoa – o "comprador" – que toma a decisão sobre o que comprar. A Figura 4.9 mostra os passos da tomada de decisões à esquerda, as pessoas e os departamentos de empresa que podem estar envolvidos no alto, e embaixo algumas informações de que cada uma pode precisar. Vamos explicar isso com mais detalhes nos Capítulos 5 e 8. De momento, tudo o que é necessário é compreender que, mesmo nas *key accounts*, são *pessoas* que compram e você precisará ajustar suas propostas de valor para que exerçam apelo às necessidades e interesses daqueles que tomam ou influenciam as decisões sobre o que comprar. Embora essa referência seja datada de 1967, ela tem mostrado ao longo dos anos que é um método brilhante para decidir quais são as informações que precisam ser comunicadas e a quais pessoas durante o processo de vendas.

Precisamos destacar um último ponto sobre os mapas de mercado. Muitas empresas, como a SKF, raramente negociam diretamente com os clientes. Elas chegam ao mercado por intermediários, como os distribuidores. Em alguns casos, os mapas de mercado são bastante complicados, por isso é crucial compreender onde se localizam os pontos importantes de decisão na cadeia de valor.

Vamos agora passar a explorar de que maneira os clientes compram.

FIGURA 4.7 Mapa de mercado - assentos de empresas aéreas

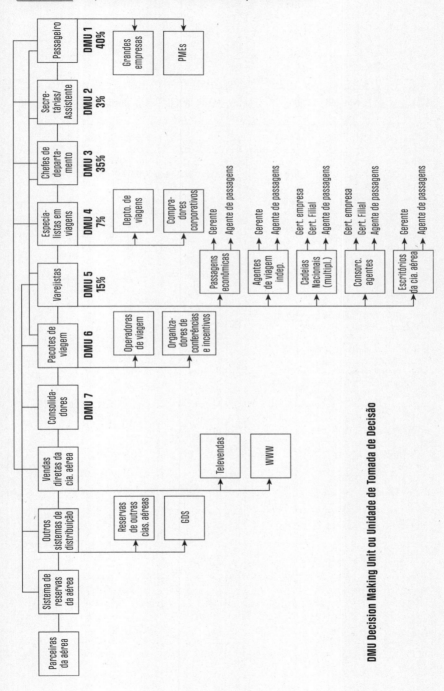

DMU Decision Making Unit ou Unidade de Tomada de Decisão

Visão geral do processo da proposta de valor: por onde começar

| FIGURA 4.8 | Mapa de mercado - complete para o seu negócio, definindo pontos de decisão |

| FIGURA 4.9 | Formulário de análise do processo de compra do cliente |

Form. de análise do cliente   Cliente _____
Vendedor _____   Endereço _____
Produtos _____   _____ Telefone _____
_____ Tipo de compra nova compra recompra dir. recompra modif.
Data de análise _____
Data das revisões _____   _____   _____   _____   _____

Membro da Unidade de Tomada de Decisão (DMU) Fase da compra Nome	Produção	Vendas e Marketing	Pesquisa e desenvolvimento	Finanças e Contabilidade	Compras	Processamento de Dados	Outro
1 Identifica necessidade ou problema e elabora uma solução geral							
2 Define características e quantidade do que é necessário							
3 Prepara especificações detalhadas							
4 Busca e localiza fontes potenciais de suprimento							
5 Analisa e avalia propostas, planos, produtos							
6 Seleciona o fornecedor							
7 Emite a ordem de compra							
8 Verifica e testa os produtos							

Fatores a   1 Preço   4 Serviço de apoio   7 Garantias formais e informais
considerar   2 Desempenho   5 Confiança no fornecedor 8 Pagamento, crédito ou desconto
                 3 Disponibilidade 6 Experiência de outros   9 Outros, p. ex.: compras anteriores,
                                             usuários   prestígio, imagem etc.

FONTE: Adaptado de J. Robinson, C.W. Farris e Y. Wind, *Industrial Buying and Creative Marketing*, Allyn e Bacon.

COLOCANDO EM PRÁTICA

1 Decida onde você irá focar seu processo de desenvolvimento de valor.

2 Complete um mapa de mercado de sua empresa para localizar onde estão os tomadores de decisão.

CAPÍTULO 5

POR QUE É CRUCIAL ENTENDER COMO SÃO TOMADAS AS PRINCIPAIS DECISÕES DE COMPRA

Este capítulo está dividido em duas seções: primeiro como os maiores clientes compram; segundo, como os demais clientes compram.

❶ COMO OS MAIORES CLIENTES COMPRAM

◢ Introdução

Por que os clientes são hoje tão poderosos? Pode-se afirmar que o mundo dos negócios nas décadas de 1950 e 1960 era relativamente complacente. Os mercados estavam crescendo e é fácil ter sucesso em mercados em crescimento. A década de 1970 trouxe o choque da crise do petróleo e a ascensão da tecnologia da informação. Em meados da década de 1980, a globalização dos negócios abriu aos profissionais de compras um novo mundo de fontes e oportunidades de suprimento que reduziam drasticamente seu custo base. Nos anos 1990 e em 2008, houve vários traumas na economia, o pior deles, a recessão global de 2007/08. Isso deu oportunidade sem precedentes aos compradores de aplicar pressão nos fornecedores. A realidade, sem dúvida, é que, se você pode comprar de vários fornecedores – e dado que a maioria não tem diferencial –, a estratégia óbvia para os compradores é escolher seus fornecedores com base apenas no preço.

A Figura 5.1 é uma ilustração simples do impacto da redução dos custos que um fornecedor pode ter no lucro líquido do cliente.

Claro que compradores têm que lidar também com o risco, e conforme foram desenvolvendo sua habilidade de assumir o novo papel estratégico das compras, precisaram de fornecedores que os acompanhassem nessa sua jornada.

FIGURA 5.1 Duplique seu dinheiro: corte gastos em compras

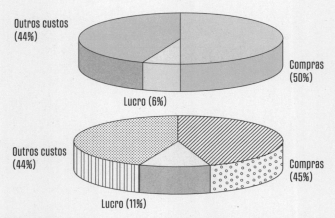

FONTE: "Purchasing: adding value to your purchasing through effective supply management", Institute of Directors, setembro de 2003.

Na realidade, tomadores de decisões de compras estavam pedindo uma mudança das vendas oportunistas desenvolvidas nas décadas precedentes. Queriam discutir suas finanças, seus processos de negócios, sua organização e sua cultura. Queriam fornecedores que pudessem oferecer vias para uma vantagem competitiva, e não apenas produtos.

FIGURA 5.2 Custos crescentes na interface com os clientes[1]

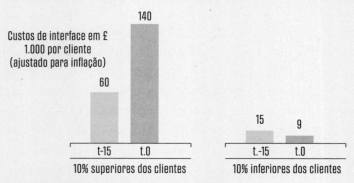

FONTE: *Profitable Clients*, de Charles Wilson.

94 PROPOSTAS DE VALOR

FIGURA 5.3 Aumento na concentração de clientes

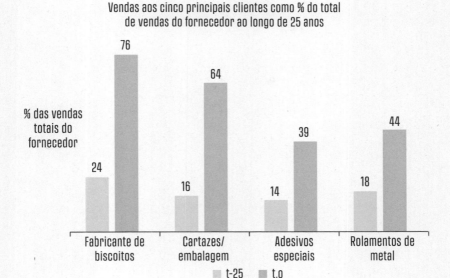

A maioria dos fornecedores foi incapaz de assumir essa nova mentalidade e outros comportamentos. O resultado foi a abordagem adotada por clientes mostrada na Figura 5.1, que por sua vez levou a margens reduzidas para os fornecedores e a um aumento dos custos, como ilustrado na Figura 5.2.

Em muitos setores, tem havido uma tendência crescente de surgimento de um pequeno número de líderes globais, e isso, por sua vez, levou ao desenvolvimento do domínio da gestão de *key accounts*.

O resultado de tudo isso tem sido uma dramática mudança no equilíbrio de poder, passando dos fornecedores para os clientes, por isso é importante compreender como os clientes compram e o que consideram importante.

A necessidade de definir quem é o cliente

O quadro a seguir ilustra a importância de compreender quem é o cliente. É um resumo de uma conversa entre os autores e um de nossos clientes.

INSIGHT DE ESTUDO DE CASO: ESCLARECENDO A IDENTIDADE DE UMA *KEY ACCOUNT*[2]

A seguir, uma hipotética discussão sobre a identidade de um cliente no início de uma oficina para seleção do cliente:

"Bem, de qual *key account* estamos falando aqui?"

"Da Nokia."

"Tudo isso é da Nokia?"

"Sim."

"Tudo da Nokia, incluindo televisores, celular e quaisquer outras divisões?"

"Não, não todas, essa é a divisão de celulares. Nossas empresas irmãs lidam com o resto."

"Então é tudo da divisão de celulares da Nokia, ao redor do mundo?"

"Não, porque a gente só lida com Europa Ocidental. Temos as SBUs na Ásia Pacífico e nas Américas, que lidam com aquelas áreas."

"Certo, então o cliente no que lhes diz respeito é na realidade formado por todas as SBUs da Nokia celulares que compram na Europa Ocidental?"

"Sim."

A Figura 5.4 ilustra outro mal-entendido comum da parte dos fornecedores a respeito de seu poder. Mostra a crença errônea de que eles têm 100% da carteira disponível, sendo que o cliente encara o fornecedor de outra maneira e sabe que esse fornecedor em particular tem apenas 17% da carteira disponível, ou, no máximo, 29%.

A necessidade de compreender quem é "o comprador"

As Figuras 5.5 e 5.6 ilustram a complexidade de um fornecedor, com

FIGURA 5.4 — Definir a "carteira" do cliente

De que modo o cliente vê o gasto?

Compras	Parcela da carteira
Absorventes para incontinência £100 mil	100%
Produtos para incontinência sem receita (OTC) £250 mil	40%
Todos os produtos para incontinência (OTC e éticos) £350 mil	29%
Todos os produtos para idosos £600 mil	17%

Verifique o grupo do orçamento de compra

FIGURA 5.5 — Considerando a estrutura do cliente[3]

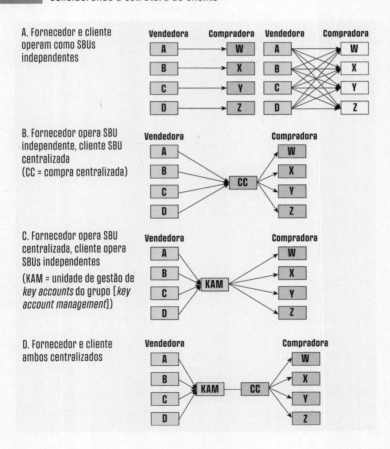

A. Fornecedor e cliente operam como SBUs independentes

B. Fornecedor opera SBU independente, cliente SBU centralizada
(CC = compra centralizada)

C. Fornecedor opera SBU centralizada, cliente opera SBUs independentes
(KAM = unidade de gestão de *key accounts* do grupo [*key account management*])

D. Fornecedor e cliente ambos centralizados

muitos grupos de produtos separados ou grupos de negócios lidando com um cliente com muitos grupos de produtos ou grupos de empresas. Claramente, a maneira mais eficaz de fazer negócios é a estrutura na parte de baixo de cada figura. A empresa fornecedora, porém, precisa estar ciente do poder adicional que o cliente tem se ele centraliza sua compra, enquanto o fornecedor continua a vender de maneira descentralizada.

A ideia de "o comprador", porém, também é muito enganosa. Mais adiante neste capítulo lidaremos com compradores profissionais, já que são extremamente importantes e com frequência são quem toma a decisão final. Não obstante, são profissionais de compras, ou "compradores", como passamos a chamá-los neste capítulo, que têm sido treinados para levar em conta as visões das pessoas na empresa deles que usarão os produtos e serviços comprados ou que serão impactadas por eles.

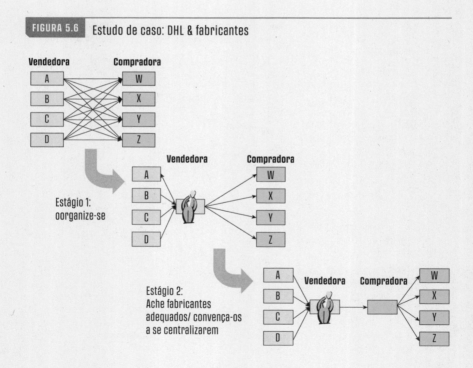

FIGURA 5.6 Estudo de caso: DHL & fabricantes

A esta altura, podemos revisitar o modelo da Figura 5.7, um método estabelecido para compreender quem são esses outros influenciadores e compreender suas decisões de negócios. Ela mostra no lado esquerdo

FIGURA 5.7 — Formulário de análise do cliente

Form. de análise do cliente	Cliente _____
Vendedor _____	Endereço _____
Produtos _____	Telefone _____

_____ Tipo de compra nova compra recompra dir. recompra modif.

Data de análise _____
Data das revisões _____   _____   _____   _____   _____

Membro da Unidade de Tomada de Decisão (DMU) Fase da compra Nome	Produção	Vendas e marketing	Pesquisa e desenvolvimento	Finanças e contabilidade	Compras	Processamento de dados	Outro
1 Identifica necessidade ou problema e elabora uma solução geral							
2 Define características e quantidade do que é necessário							
3 Prepara especificações detalhadas							
4 Busca e localiza fontes potenciais de suprimento							
5 Analisa e avalia propostas, planos, produtos							
6 Seleciona o fornecedor							
7 Emite a ordem de compra							
8 Verifica e testa os produtos							

Fatores a considerar
1 Preço
2 Desempenho
3 Disponibilidade
4 Serviço de apoio
5 Confiança no fornecedor
6 Experiência de outros usuários
7 Garantias formais e informais
8 Pagamento, crédito ou desconto
9 Outros, p. ex.: compras anteriores, prestígio, imagem etc.

um respeitado processo de oito passos seguido por muitas organizações quando estão comprando bens e serviços que exigem gastos elevados. Os passos são mais simples quando se trata de uma recompra modificada ou de uma recompra direta.

É agora possível para a empresa fornecedora, tendo identificado os influenciadores relevantes e suas necessidades, garantir que levem as informações certas às pessoas certas *antes* que o comprador tome a decisão a respeito de com qual fornecedor fará negócios.

Isso nos faz lembrar de uma oficina de vendas que conduzimos para um fabricante de componentes da Austrália. Eles haviam enviado proposta a uma licitação – mas não conseguiram ganhar – para um negócio de vários milhões de dólares com uma fábrica de automóveis japonesa. Pedimos que eles completassem os dados na Figura 5.7 e depois que fizeram isso admitiram que haviam conseguido levar apenas 30% das informações certas às pessoas certas. Consequentemente, concordaram que no futuro tratariam de fazer essa análise para todas as vendas principais.

Um dos maiores benefícios em potencial desse tipo de abordagem pode ser visto na Figura 5.9. Nela, observa-se que qualquer fornecedor que seja bem-sucedido em entrar em contato cedo no ciclo de vendas terá uma grande vantagem à medida que o processo de vendas se aproxima da sua conclusão, pois é nesse estágio que a maior parte dos custos de licitação etc. incidem para os licitantes que entram muito mais tarde.

◢ Há dois tipos de profissionais de compras

A Figura 5.9 ilustra o interesse do novo comprador na cadeia de valor. Mostra que a maioria dos compradores hoje está interessada em comprar bens e serviços que ajudem suas empresas a reduzir custos, evitar custos ou agregar valor às suas ofertas aos próprios clientes. Não temos dados que apoiem essa afirmação de que a maioria dos compradores profissionais seja assim, e ainda vemos diversas evidências de que são muitos os compradores à moda antiga, cuja única meta é reduzir os custos com o fornecedor. De fato, em uma conferência que demos a compradores profissionais em Genebra, constatamos que menos de 50% eram pagos para trazer valor adicional para suas empresas, sendo, em vez disso, pagos para baixar os preços. Mas o fato encorajador que emergiu foi que uma grande maioria sabia que comprar por valor em uso [*value-in-use*] seria sua maneira preferida de comprar.

As desastrosas consequências de comprar apenas em função do preço podem ser vistas em muitos contratos grandes do governo, a maioria dos quais tem efeitos desastrosos e subsequentemente custam muito caro àqueles que pagam impostos.

FIGURA 5.8 Vantagem ao fornecedor de fazer contato cedo no ciclo de vendas

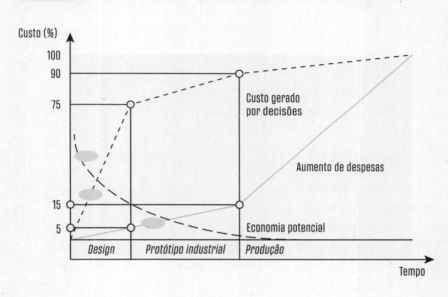

FIGURA 5.9 A cadeia de suprimentos - o novo interesse do comprador

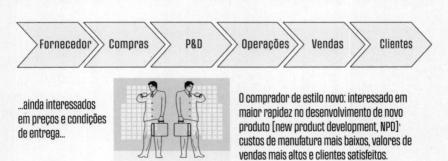

Fornecedor » Compras » P&D » Operações » Vendas » Clientes

...ainda interessados em preços e condições de entrega...

O comprador de estilo novo: interessado em maior rapidez no desenvolvimento de novo produto (new product development, NPD)' custos de manufatura mais baixos, valores de vendas mais altos e clientes satisfeitos.

FIGURA 5.10 Mapeamento de gastos 1

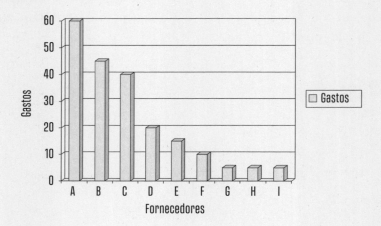

Estudo de caso curto do pior tipo de comprador

A Figura 5.10 ilustra a situação que um diretor de compras de uma *key account* pode herdar ao assumir a função. Esse estudo de caso se baseia numa apresentação que esse comprador particular fez a uma grande plateia de gestores de *key accounts*. Da Figura 5.10, pode ser visto que havia nove fornecedores, sendo o maior deles o fornecedor A. O primeiro movimento do comprador foi se livrar dos fornecedores E, F, G, H e I.

FIGURA 5.11 Mapa de gastos 2

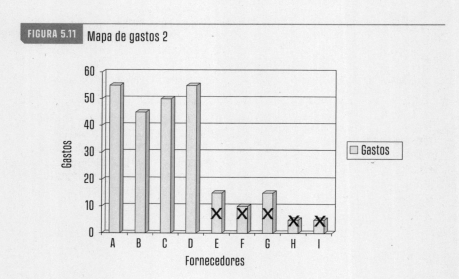

FIGURA 5.12 Mapa de gastos 3

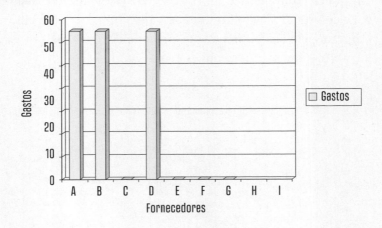

FIGURA 5.13 Mapa de gastos 4

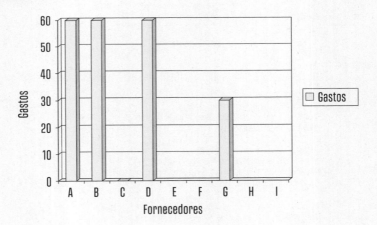

No processo, é claro, ele conseguiu descontos maiores dos fornecedores B, C e D e reduziu o poder do fornecedor A. Isso é mostrado na Figura 5.11.

Ele então se livrou do fornecedor C, dando o negócio aos fornecedores A, B e D – com um desconto maior, é claro (mostrado na Figura 5.12). Ele então trouxe de volta o fornecedor G e ameaçou os fornecedores A, B e D, dizendo que se não lhe dessem descontos maiores, a maior parte do seu negócio seria dada ao fornecedor G!

A esta altura, já deve estar claro aos leitores que compradores como este têm pouca compreensão do conceito de valor; mesmo assim, segundo o vice-presidente da Proposta de Valor Global da SKF, empresas que compram pelo custo total de propriedade são 35% mais lucrativas que as empresas que não o fazem.

FIGURA 5.14 Relacionamentos com o fornecedor como fonte de vantagem nos negócios

Tipo	Critérios de contribuição nos negócios	Critérios do processo de negócios
Fornecedores e estratégicos	• Vantagem de "pioneiro" • Canais para o mercado • Geração de receita reversa	• VP lead • Impulsionado pela estratégia de negócios • "Time A" em ambos os lados
Fornecedores preferidos	• Solução ponto a ponto • Acesso a tecnologia • Vantagem operacional	• Gestor de relacionamento • Estratégia de Catman • Scorecard SLA
Fornecedores de *commodities*	• Melhoria dos custos • Níveis de serviço superiores • Facilidade de transação	• Gerido localmente • Desempenho monitorado • *E-enabled*

Pirâmide:
- 10 / 10 — <1% dos fornecedores
- 20 / 600 — C. 20% de todos os fornecedores
- 1.350 / 3.000 — C. 80% de todos os fornecedores

FIGURA 5.15 Critérios "obrigatórios" impulsionam medidas rígidas e flexíveis

1. Visão
- Compartilhar visão e orientação de longo prazo.
- Foco global e compromisso com serviço e capacidade de apoio.
- Limites definidos, mas flexíveis.

2. Cultura
- Valores similares ou complementares.
- Compreensão do processo para lidar com diferenças.
- Flexibilidade de abordagem já que as circunstâncias podem mudar com o tempo.
- É preciso existir uma rota de saída.

3. Impacto
- Máxima alavancagem econômica e estratégica, isto é, diferenciação produto/mercado.
- Alcançar tempo para o mercado, objetivos de qualidade e produtividade.
- Criação de valor para o acionista.
- Fundir competências essenciais, capacidades de liderança e pontos fortes complementares (permitir terceirizar capacidades não essenciais).
- Agregar produtividade e valor reais (significativa economia de custos e potencial de receita).
- Foco global, vínculos com oportunidades de novos negócios e capacidade de complementar o foco do negócio.
- Alcançar alto desempenho, baixo custo e objetivos estratégicos (produzir design único, integração e capacidades de marketing).

4. Intimidade
- Prontidão para compartilhar ideias e informações.
- Não ficar preso demais a um concorrente.

5. Equilíbrio
- Um elemento de compromisso demonstrado de ambos os lados.
- Prontidão a assumir riscos e compartilhar custos.
- Construir confiança e, com isso, fomentar intimidade.

FIGURA 5.16 Compra estratégica[4]

O segundo tipo de comprador profissional – o buscador de valor

As Figuras 5.14 e 5.15 mostram os critérios usados por uma empresa imobiliária multinacional. Mesmo uma rápida olhada nesses critérios o convencerá de que essa empresa faz uma abordagem altamente profissional para selecionar seus principais fornecedores e, a não ser que atendam a esses critérios, será quase impossível tornar-se um fornecedor importante para esse cliente. Nossa experiência de mais de 20 anos no Clube de Pesquisa de Melhores Práticas da Universidade Cranfield nos indica que a maioria dos clientes está desenvolvendo critérios sofisticados como esses.

A essa altura, vale a pena destacar que a maioria dos diretores de compras profissionais usa uma versão da matriz mostrada na Figura 5.16. É uma triste constatação, mas a maioria das empresas reside ou no canto inferior esquerdo ou direito, e, portanto, negociam principalmente em função do preço.

No entanto, aqueles fornecedores que entendem bem os negócios de seus clientes e os problemas que eles enfrentam, e que desenvolvem propostas de valor financeiramente quantificadas com base nas necessidades de seus clientes, são aqueles que avançam, prosperam e criam valor agregado sustentável ao acionista. No Capítulo 6, mostramos como analisar as necessidades de clientes principais.

COLOCANDO EM PRÁTICA

 Escolha um cliente principal e coloque na Figura 5.7 as informações relevantes.

FIGURA 5.17 Que parte do mercado estamos descrevendo?

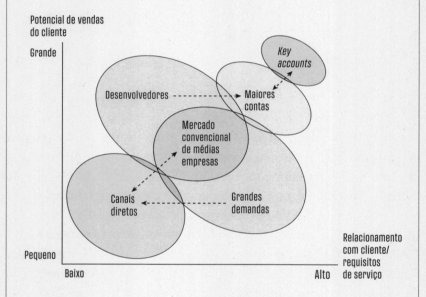

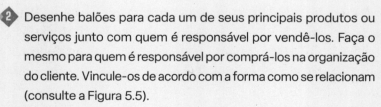 Desenhe balões para cada um de seus principais produtos ou serviços junto com quem é responsável por vendê-los. Faça o mesmo para quem é responsável por comprá-los na organização do cliente. Vincule-os de acordo com a forma como se relacionam (consulte a Figura 5.5).

- A sua empresa oferece aos clientes um gestor de *key accounts* como um ponto de contato exclusivo e com autoridade adequada?

- O cliente oferece compra centralizada por meio de um único ponto de tomada de decisão?
- A sua empresa está organizada para maximizar sua alavancagem com o cliente?

COMO OUTROS CLIENTES COMPRAM

Nesse estágio, é importante definir qual parte do mercado estamos descrevendo; portanto, consulte a Figura 5.17.

Na seção 1 deste capítulo, descrevemos como clientes principais (no alto à direita da Figura 5.17) compram. Agora, vamos focar o mercado de massas mostrado no meio da Figura 5.17. A esse nível, é importante compreender que as propostas de valor precisam ser dirigidas a segmentos de mercado (grupos de clientes com necessidades iguais ou similares).

Há dois estágios nesse processo. O primeiro é entender como o mercado funciona; o segundo é segmentar os que tomam as decisões de comprar.

Identificando os principais tomadores de decisões

Em qualquer mercado, 100% dos bens/serviços são "fabricados", distribuídos e comprados, e é essencial saber o que está acontecendo nesse mercado em particular. Já mostramos com algum detalhe como se deve fazer um mapeamento do mercado a fim de identificar tomadores de decisões. O ponto mais fácil para iniciar o mapa de mercado é o ponto do usuário final, e deve-se anotar em cada ponto o volume/valor (ou porcentagem do mercado total) que é decidido ali. É sempre melhor estimar esses valores quando não são conhecidos.

Segmentação

Se você perdeu um pouco o foco lendo este capítulo até aqui, não se aflija, já que em alguns casos o mapeamento do mercado não é essencial. Mas, de qualquer modo, é uma ferramenta de aprendizagem extremamente útil, portanto recomendamos que tente produzir um, usando o modelo no final do Capítulo 4. A segmentação de mercado, porém, é realmente essencial, pois constitui a verdadeira pedra de toque de um empreendimento bem-sucedido, e vamos remetê-lo ao Capítulo 2 para um método de concluí-la.

COLOCANDO EM PRÁTICA

Descreva como compram os clientes ou segmentos-chave de seu mercado.

REFERÊNCIAS

[1] Wilson, C (1998) *Profitable Clients,* 2ª edição, Kogan Page, Londres.

[2] Woodburn, D e McDonald, M (2013) *Key Account Management,* 3ª edição, John Wiley & Sons, Chichester.

[3] Baseado em Woodburn, D e McDonald, M (2006) Relatório de pesquisa na Universidade Cranfield, não publicado.

[4] Baseado em Kraljic, P (1983) Purchasing must become supply management, *Harvard Business Review,* setembro.

Em muitos setores, tem havido uma tendência crescente de surgimento de um **pequeno número** de **líderes globais**, e isso, por sua vez, levou ao desenvolvimento do **domínio** da *gestão de key accounts*.

CAPÍTULO 6

PARA QUAIS *KEY ACCOUNTS* [CONTAS-CHAVE] VOCÊ DEVE DESENVOLVER PROPOSTAS DE VALOR?

INTRODUÇÃO

Este capítulo lida apenas com *key accounts*. O Capítulo 7 trata dos segmentos para os quais você deve desenvolver propostas de valor.

Antes de explorar como descobrir as reais necessidades das suas contas e dos segmentos de mercado cruciais, precisamos descrever um processo relativamente simples para categorizá-los. Vale a pena dedicar um tempo a isso, a fim de não desperdiçar muita energia.

O principal intuito desta seção é mostrar que, por mais que você se esforce, alguns clientes sempre estarão mais interessados apenas em conseguir o preço mais baixo. Nesses casos, não faz muito sentido gastar energia em desenvolver propostas de valor financeiramente quantificadas apenas para ter a costumeira discussão debilitante sobre preço, sabendo que no final eles vão escolher a oferta de preço mais baixo.

Portanto, você aproveitará muito bem seu tempo se começar o processo selecionando aqueles clientes para os quais sua abordagem de proposta de valor tem maiores chances de sucesso.

O ponto é que nem todos os clientes querem ou merecem propostas de valor. Vamos começar examinando de perto as *key accounts*.

QUAIS *KEY ACCOUNTS* SÃO "ESTRATÉGICAS"? COMO SELECIONÁ-LAS E DEFINI-LAS

Key accounts são clientes do mercado *business-to-business* identificados por empresas vendedoras como tendo importância estratégica. Outra maneira de ver isso é dizer que uma *key account* é um cliente que deve ser tratado como se fosse um mercado por direito próprio.

Isso, é claro, não envolve todos os grandes clientes. Uma rápida olhada na Figura 6.1 indica uma divisão aproximada entre clientes dentro de um banco de dados típico.

Nela podemos ver que, na maioria dos casos, o grosso das contas será de pequenas e médias empresas (PMEs), ou das contas médias de maior porte, com apenas uns poucos clientes muito grandes e poderosos. O grosso dos clientes fica no meio da Figura 6.1, e é aqui que a segmentação de mercado deve ser feita, como descrevemos no Capítulo 2. No alto da figura à direita é onde ficam as *key accounts*. Mas nem todas elas merecem o mesmo nível de atenção quando se trata de desenvolver propostas de valor.

A primeira pergunta para a qual a maioria das empresas dá a resposta errada é "Quantas *key accounts* devemos ter?". Uma empresa global de telecomunicações afirmou ter mil! Mas, como veremos a partir simplesmente do volume de dados que precisa ser coletado para preparar uma proposta de valor que alinhe os recursos do fornecedor aos do cliente, não é possível ter mais do que, no máximo, 20. Em certo estágio, a DHL Worldwide tinha apenas 18 *key accounts* integradas globalmente, e cada uma, sozinha, gerava mais receita e lucro que qualquer centro de lucro do país.

FIGURA 6.1 O portfólio do cliente

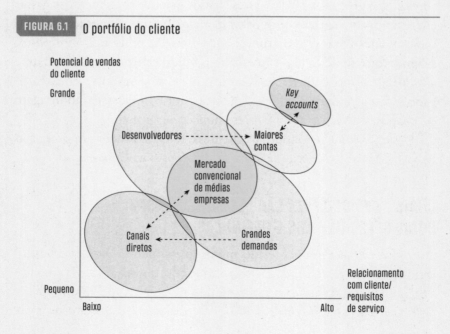

PROPOSTAS DE VALOR

No caso de empresas com limitados recursos de P&D, TI, RH, logística e assim por diante, seria impossível comprometê-las a realizar mais de um punhado de projetos em *key accounts* criteriosamente selecionadas. A proliferação de amplas redes de mídias sociais no Facebook e no Twitter serve como um bom exemplo de que, embora possamos ter facilmente centenas de "amigos" e conhecidos, o fato é que, como indivíduos, só dedicamos afeto e conexão genuínos a um círculo próximo e reduzido de amigos e familiares.

Os critérios para selecionar quais contas devem entrar num programa de *key accounts* de uma empresa não são imutáveis, mas devem obviamente levar em conta o potencial de crescimento em períodos futuros. Assim, no principal, serão contas grandes e poderosas. Mas com frequência há motivos para incluir clientes menores mais influentes com base no prestígio que conferem a todos os seus fornecedores, ou com base no crescimento futuro. Por exemplo, nem a Virgin, nem a Microsoft teriam entrado nos programas de *key accounts* de muitos fornecedores há 30 anos.

A Figura 6.2 mostra um modelo bem-aceito para a categorização inicial de *key accounts*. A Figura 6.3 mostra um exemplo do mundo real de uma empresa global de tecnologia.

Assim, vamos colocar o foco, por enquanto, em 10 a 15 clientes para serem incluídos em seu programa de proposta de valor para *key accounts*.

FIGURA 6.2 Seleção preliminar das *key accounts*

Seleção preliminar de *key accounts*
(15 a 30 no máximo)

- Globais
- Internacionais/regionais
- Nacionais

Para quais *key accounts* [contas-chave] você deve desenvolver propostas de valor?   113

FIGURA 6.3 Segmentação de clientes numa grande multinacional

Vamos também fazer um resumo até aqui:

- Não inclua clientes demais em seu programa de desenvolvimento de proposta de valor.

- Não coloque só clientes com os quais você tem um bom relacionamento.

- Leve em conta o potencial de crescimento em sua seleção.

CLASSIFICANDO AS *KEY ACCOUNTS*: COMO ENTENDER SUAS DIFERENÇAS

Feita a seleção, ficará óbvio ao examinar a lista que são todas diferentes em porte, estrutura organizacional, cultura, requisitos, comportamento etc. Além disso, seu próprio relacionamento irá variar de inexistente a pobre, médio ou muito próximo, e essas diferenças devem ser levadas em conta antes mesmo de pensar em preparar contas estratégicas para eles. A Figura 6.4 mostra uma maneira bem-aceita de classificar *key accounts*, baseada em 20 anos de experiência no Clube de Pesquisa de Melhores Práticas de Gestão de *Key Accounts* da Escola de Administração da Universidade Cranfield.

Para tornar a Figura 6.4 mais fácil de entender, desenvolvemos representações fictícias de cada estágio do KAM, as quais são mostradas na Figura 6.5, com uma breve descrição de cada uma.

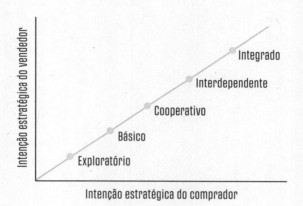

FIGURA 6.4   Diferentes tipos de relacionamento KAM[1]

Cada um desses tipos de relacionamento será descrito a seguir em detalhes.

A Figura 6.5 mostra uma fase exploratória, pré-negociação, que trata de levantar as necessidades do cliente. O primeiro tipo, "Exploratório", é sobre a pré-negociação e a detecção das necessidades do cliente. O vendedor certamente precisa ter paciência nesse estágio. O "KAM básico" parece bastante o tipo bem-conhecido de relacionamento "formal". Você tem alguma entrada no negócio, mas seus concorrentes também. É um pouco como o acoplamento entre uma estação espacial e uma nave – não é muito estável e, se o comprador ou o gestor da *key account* sai de cena por alguma razão, o relacionamento pode terminar.

O tipo intermediário, "KAM cooperativo" é o tipo de relacionamento que encontramos com maior frequência em nossos 20 anos de pesquisa no Clube de Melhores Práticas de Gestão de *Key Accounts* da Escola de Administração da Universidade Cranfield. Nesse estágio,

FIGURA 6.5 Visualização de diferentes tipos de relacionamento KAM

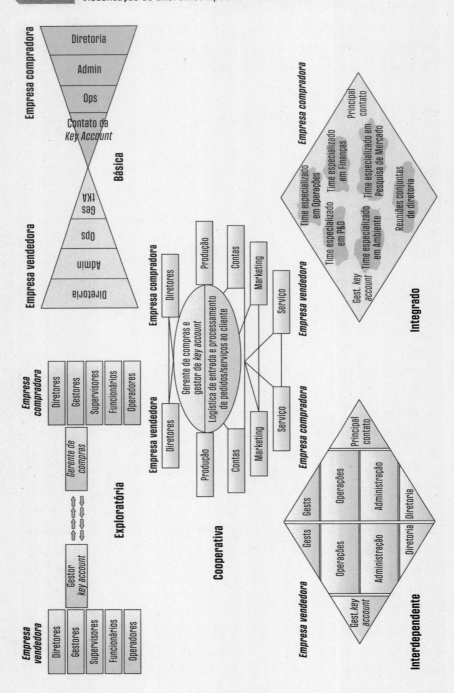

116   PROPOSTAS DE VALOR

você pode ser um fornecedor preferido, mas apenas um entre muitos, e terá contatos multifunção. O problema disso é que esses contatos multifunção custam muito dinheiro e você geralmente não cobra deles. Consequentemente, nossa pesquisa mostrou que isso muitas vezes leva a uma situação que envolve perdas para o fornecedor. Nossa recomendação é mover o relacionamento para frente ou para trás, ou no mínimo cobrar por todos os serviços que estão sendo fornecidos. Caso contrário, o cliente se aproveitará de sua generosidade.

Vamos agora gastar um pouco mais de tempo nos últimos dois tipos de relacionamento mostrados na Figura 6.5, o "KAM interdependente" e o "KAM integrado".

Como pode ser visto a seguir, é preciso haver um cuidadoso trabalho exploratório antes de comprometer recursos importantes nesse tipo de *key account* potencial.

FIGURA 6.6 Gestão de *key account* interdependente[2]

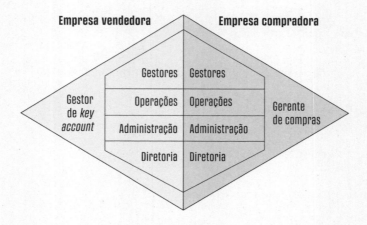

KAM INTERDEPENDENTE

A Figura 6.6 ilustra os bem-conhecidos relacionamentos "diamante" na gestão das *key accounts*. Nesse tipo de relacionamento, relações interdepartamentais são adequadamente organizadas pelo comprador e pelo gestor de *key account* do fornecedor, embora se observará que ainda há uma linha divisória separando as duas organizações.

As características de relacionamentos interdependentes são mostradas a seguir, e podemos ver que, embora as duas organizações sejam muito próximas, a empresa fornecedora ainda pode ser descartada, ainda que com alguma inconveniência, mas não com consequências realmente sérias:

- ambas reconhecem a importância que têm uma para a outra;

- fornecedor principal ou único;

- a saída é mais difícil;

- número maior de contatos multifuncionais;

- desenvolve relacionamentos sociais;

- alto volume de diálogo;

- processos aprimorados;

- alto nível de troca de informações, algumas delas sensíveis;

- melhor compreensão do cliente;

- desenvolvimento de confiança;

- mais proativo que reativo;

- preparado para investir no relacionamento;

- gama maior de atividade conjunta e inovadora;

- planejamento estratégico conjunto, foco no futuro;

- oportunidade de promover o crescimento do negócio.

KAM INTEGRADO

Relacionamentos KAM Integrados, como ilustrado na Figura 6.7, são os mais raros de todos os relacionamentos.

A contabilidade aberta, por exemplo, é uma característica tanto da parte do fornecedor quanto do cliente, e entre os dois há confiança total. Com frequência as reduções de custos são compartilhadas e o valor agregado também, beneficiando ambas as partes igualmente. Uma interdependência mútua torna praticamente impossível para cada uma das partes descartar a outra, pois ambas são como uma só, criando valor no mercado.

Outra característica é a existência de muitos projetos interdisciplinares conjuntos de longo prazo. Disso fica óbvio que apenas um punhado de relacionamentos pode chegar a ser assim, em razão dos limitados recursos especializados de ambos os lados.

FIGURA 6.7 Gestão integrada das *key accounts*

As características dos relacionamentos integrados são resumidas a seguir:

- real parceria: complementariedade, dependência mútua;

- poucos em número;

- único fornecedor, que pode lidar com fornecedores secundários;

- altas barreiras à saída, ela é sempre traumática;

- organizações individuais subsidiárias que participam socialmente do time;

- dedicados, ultrapassam os limites funcionais e dos times de projeto;

- compartilhamento aberto de informações em temas sensíveis;

- transparência dos sistemas de custos;

- o pressuposto é de confiabilidade mútua em todos os níveis;

- abstenção de comportamento oportunista;

- baixa proteção quanto a oportunismo;

- planejamento estratégico conjunto de longo prazo;

- melhores lucros para ambos.

MINICASO 1

Aqui voltamos à cadeia de valor de Porter.[3] O esboço a seguir mostra a cadeia de valor de Porter para uma empresa de manufatura. Para as *key accounts* integradas da 3M, em qualquer ponto do tempo, eles têm vários grandes projetos conjuntos com o cliente em P&D, logística de entrada, operações, logística de saída, vendas e marketing, e serviço pós-venda. A aprendizagem conjunta sofisticada dessas empresas é o que as mantém continuamente à frente de seus concorrentes e assegura relacionamentos a longo prazo estáveis e lucrativos.

Atividades de suporte:

- infraestrutura: legal, de contabilidade, gestão financeira;

- gestão de recursos humanos: pessoal, pagamento, recrutamento, treinamento, planejamento de mão de obra etc.;

- desenvolvimento de produto e tecnologia: design de produto e processo, engenharia de produção, testes de mercado, P&D etc.;

- compras: gestão do fornecedor, financiamento, terceirização, especificação.

Atividades primárias:

- Logística de entrada: ex.: controle de qualidade, recepção de matéria-prima, controle etc.;

- Operações: ex.: manufatura, embalagem, controle de produção, controle de qualidade, manutenção etc.;

- Logística de saída: ex.: acabamento de bens, gestão de pedidos, despacho, entrega, faturamento etc.;

- Vendas e marketing: ex.: gestão do cliente, recepção de pedidos, promoção, análise de vendas, pesquisa de mercado etc.;

Juntos:

$$\text{Valor agregado} - \text{Custo} = \text{Lucro}$$

Nota: muitas atividades ultrapassam os limites, especialmente atividades baseadas em informações, como previsão de vendas, planejamento de capacidade, programação de recursos, preços e assim por diante.

DESINTEGRANDO O KAM

Os relacionamentos podem, é claro, azedar. A lista abaixo mostra as principais causas. É interessante notar que isso raramente ocorre por questões relacionadas ao preço. Nossa pesquisa em Cranfield tem mostrado que duas das razões mais frequentes são a falta de aptidão por parte do gerente da *key account* e a quebra de confiança:

- ocorre em qualquer nível;

- raramente é causada por problemas com o preço;

- mudança frequente no pessoal-chave;

- a abordagem ou a falta de aptidão do gestor da *key account*;

- falha em estabelecer vínculos em múltiplos níveis;

- quebra de confiança;

- desempenho medíocre prolongado em relação ao programa estabelecido;

- mudança nas posições de mercado;

- mudanças na cultura, na organização, na propriedade, no papel;

- complacência;

- decepção financeira?

Empresas que persistem em promover pessoas de vendas excelentes para papéis em *key account* sem treiná-las no tipo de aptidões gerais de gestão exigidas e que depois agravam seu erro recompensando-as apenas pelo quanto elas vendem são uma fonte constante de irritação e perturbação para clientes sofisticados que querem desenvolver relacionamentos lucrativos, em vez de ser assediados o tempo inteiro por "discursos de vendas". Quebra de confiança é outra causa frequente de perturbação.

MINICASO 2

O presidente de um grande fornecedor multinacional dos setores de automóveis e de construção anunciou ingenuamente no encontro geral anual da empresa que seu crescimento em lucros vinha em larga medida de custos menores em matérias-primas. Não é preciso muita imaginação para entender por que, no dia seguinte, os telefones dessa empresa ficaram congestionados com clientes irados, que não haviam sido informados disso e se sentiram explorados por seu fornecedor!

SEJA REALISTA A RESPEITO DE RELACIONAMENTOS COM AS *KEY ACCOUNTS*

Pelo resto deste capítulo, incluímos uma valiosa metodologia apresentada na publicação de 2017 de Malcolm com Beth Rogers, *Malcolm McDonald on Key Account Management*. Algumas seções são diretamente extraídas e outras, adaptadas, para se ajustarem a este contexto.

Do que dissemos acima, pode ser deduzido que o tipo de relacionamento mais produtivo e desejável é o "integrado". Infelizmente, como dito anteriormente, tais relacionamentos são raros e, como podemos ver, exigem substanciais requisitos multifuncionais dedicados por parte do fornecedor, embora obviamente o mesmo se aplique ao lado do cliente.

O ponto principal, porém, é que, ao selecionar quais clientes e potenciais clientes devem ser incluídos em seu programa para desenvolver propostas de valor, haverá inevitavelmente um mix dos diferentes tipos de relacionamento descritos acima e talvez não exista nenhuma conta interdependente ou integrada.

Para quais *key accounts* [contas-chave] você deve desenvolver propostas de valor?

Isso não importa, desde que você seja capaz de categorizar todas as suas *key accounts* de uma maneira lógica e adequada aos negócios, a fim de gerir cada uma apropriadamente com o propósito de gerar o desejado nível de lucratividade, que resultará em valor agregado para o acionista.

A seção seguinte deste capítulo explica em detalhes como fazer isso. Este é o capítulo mais importante deste livro, pois o resultado desse processo determinará tudo o que vem depois, incluindo o desenvolvimento da proposta de valor para cada *key account*, assim como os planos e a alocação de recursos.

UMA MANEIRA MUITO PRÁTICA DE CLASSIFICAR SUAS *KEY ACCOUNTS*

Por favor, não se irrite com o nome fantasia que usaremos agora para mostrar como você pode realizar esse estágio crucial da gestão de *key accounts*. Os autores o chamam de "matriz estratégica de planejamento KAM", mas garantimos que se trata de algo muito prático, viável e útil. A partir de agora, iremos nos referir a isso como SPM (*strategic planning matrix*, ou seja, matriz de planejamento estratégico).

A MATRIZ DE PLANEJAMENTO ESTRATÉGICO KAM (SPM)

O propósito da matriz de planejamento estratégico KAM (SPM) é:

➤ Organizar todas as key accounts importantes umas em relação às outras no contexto de:

· Atratividade relativa de cada uma para fazer crescer sua lucratividade futura;

· Competitividade relativa de sua empresa em cada uma.

➤ Seu propósito à luz das conclusões vistas acima é desenvolver propostas de valor realistas para alcançar seus objetivos.

➤ Um subproduto desse exercício de planejamento é a capacidade de explicar a estratégia de sua empresa de modo claro e inequívoco a públicos relevantes.

➤ Note: mude os critérios, pontuações e ponderações para que se ajustem à sua empresa.

A seguir, o processo para completar a SPM.

COMEÇANDO (PASSOS)

Passo 1

O primeiro passo é selecionar as *key accounts* a serem incluídas no processo SPM. Sugerimos que inicialmente você restrinja a lista a dez ou menos das atuais ou potenciais *key accounts*. Como dissemos, mantenha a mente aberta a respeito das contas a serem incluídas. Não importa nesse estágio se você de fato não negocia com um cliente em particular. A questão é que você acredita que é importante para a sua empresa fazer isso. Este passo é de importância crucial e você deve pensar a respeito da perspectiva de aumentar seus lucros ao longo dos próximos três anos, não apenas no próximo.

Use o modelo da Tabela 6.1. Nós nos referimos à receita como "tamanho da carteira" nessa figura.

TABELA 6.1	Modelo para calcular a receita do "tamanho da carteira"

Liste aqui as *key accounts* visadas	
Tamanho da carteira	**Nossas vendas**
C1	
C2	
C3	
C4	
C5	
C6	
C7	
C8	
C9	
C10	
Coloque o tamanho da carteira aproximado e suas vendas em cada uma	

TABELA 6.2	Fatores de atratividade das *key accounts*

C fatores de atratividade	10–7	6–4	3–0	X peso
Receita				15
Potencial de crescimento %				30
Potencial de lucro %				40
Fatores "soft"				15
				100

Portanto, agora você selecionou suas dez *key accounts*.

Passo 2

Agora precisa colocar suas dez *key accounts* numa espécie de termômetro, com "alto" na parte de cima e "baixo" na inferior. "Alto" significa contas que oferecem a melhor perspectiva para qualquer concorrente relevante (não apenas você) de aumentar seu lucro nos próximos três anos; portanto, vamos chamar esse eixo vertical de: "atratividade da conta". Para fazer isso desapaixonadamente, você precisa de um conjunto lógico de critérios. Sugerimos os critérios mostrados na Tabela 6.2. É apenas um exemplo.

Você e seus diretores precisam decidir o que a sua empresa considera uma potencial receita atraente. Por exemplo, é mais de £ 10 milhões por ano, ou mais de £ 500 mil por ano? Você deve depois decidir o que seria uma potencial receita "média" e "baixa".

Em seguida, defina uma margem atraente (retorno sobre vendas [*return on sales*, ROS]) que qualquer concorrente poderia conseguir de um cliente.

Em seguida, defina qual seria uma taxa de crescimento atraente.

A razão de termos escolhido esses três fatores de atratividade é porque a receita, multiplicada pelo ROS, multiplicada pela % de crescimento, iguala-se ao lucro, que é o que nos interessa.

Acrescentamos um quarto fator de atratividade – "fatores *soft*" – apenas como exemplo, caso você queira acrescentar mais fatores de atratividade, mas sugerimos que fique apenas com os três – receita, % do ROS e % de crescimento ao longo do ciclo de planejamento de três anos.

Passo 3

Voltando à Figura 6.2, agora você tem que decidir qual dos três ou quatro fatores de atratividade que escolheu é menos ou mais importante (chamamos isso de "fatores de ponderação"). Por exemplo, se você tem uma fábrica e usa apenas 40% da capacidade, pode decidir dar maior peso à "receita" e à "% de crescimento" do que à "% de ROS". Mas, se trabalha com plena capacidade, pode preferir dar maior ponderação à "% de ROS" do que à "receita" e à "% de crescimento".

Você precisa refletir com muito cuidado sobre tudo isso, porque, ao pontuar cada uma das dez contas em relação aos critérios acima apontados e multiplicar a pontuação pela ponderação, isso determina sua posição no "termômetro" – o eixo vertical.

Você logo entenderá o quanto esse ponto é importante, pois é um determinante crucial de como define objetivos e estratégias e aloca seus escassos recursos.

Use a Tabela 6.2 para esse propósito.

Passo 4

Pontue cada cliente-chave com os parâmetros que você usou na Tabela 6.2. Depois multiplique pontuação pela ponderação (também na Tabela 6.2).

Coloque cada cliente-chave no "termômetro" – o eixo vertical, de baixo para cima. Certifique-se de que a escala reflete a distribuição das pontuações. Por exemplo, se a pontuação mais baixa é 3,5, faça o eixo vertical começar em 3,0. Se a pontuação mais alta é 6,5, defina 8,0 como ponto mais alto da escala. Isso garante que cada uma das suas dez contas ficará distribuída na escala.

Também é importante lembrar que uma conta na parte de baixo do eixo vertical não é "pouco atraente". Significa apenas que é menos atraente que outra que está acima no eixo vertical na sua capacidade de aumentar seus lucros nos próximos três anos.

Passo 5

Avalie seus pontos fortes em cada uma das *key accounts* em relação ao seu concorrente mais relevante. De início, faça isso intuitivamente para os propósitos deste exercício. Depois faça adequadamente quando tiver mais tempo. Vamos mostrar como fazer isso no Capítulo 7.

A Tabela 6.3 exemplifica uma maneira mais quantitativa de proceder. Por favor, note que isso leva tempo, porque cada *key account* terá diferentes fatores cruciais de sucesso [*critical success factors,* CSF], e você terá que completar sua avaliação para cada uma de suas *key accounts*.

TABELA 6.3 Método quantitativo

NOME DA *KEY ACCOUNT*	CSFs	PESO	Pontos x Peso	Você	Conc. 1	Conc. 2
	ex.: Reputação	50				
	ex.: Custo	10				
	ex.: Serviços pós-vendas	15				
	ex.: Recursos/compatibilidade	25				
		100				

Pontuação Ponderada X/1.000

Use essas pontuações ponderadas para quantificar cada uma no eixo horizontal (de novo, certifique-se de que suas pontuações ponderadas mais altas e mais baixas reflitam sua faixa de pontuações. NÃO USE UMA ESCALA DE 10 ——————— 0 no eixo horizontal! Mesmo que todas as pontuações KAM sejam relativamente similares, você ainda terá pontos fortes maiores ou menores em cada uma, portanto coloque as pontuações mais altas à esquerda e as mais baixas à direita. Mas, se tiver pouco tempo, coloque cada conta no eixo horizontal usando seu julgamento qualitativo.

Passo 6

Agora encontre novos pontos de intersecção para cada uma das suas dez *key accounts* numa matriz de quatro caixas. Ver Figura 6.8.

Passo 7

Desenhe círculos para cada mercado da *key account*, com o volume de cada um representando o tamanho de sua carteira.

Passo 8

Desenhe círculos para suas vendas em cada *key account*, um dentro do outro.

Passo 9

Extraia conclusões para a sua organização.

Passo 10

Considerando apenas os círculos para suas vendas, em cada *key account* defina os objetivos de receita a cada três anos a partir de agora:

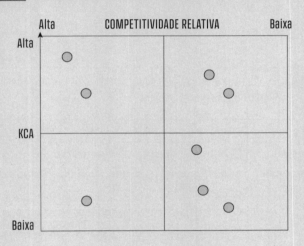

FIGURA 6.8 Matriz de quatro caixas (SPM) - pontos de intersecção

- Os círculos vão crescer, diminuir ou ficar iguais.
- Eles só podem se mover para a esquerda ou para a direita ou ficar onde estão.
- *Não podem* se mover na vertical, pois "atratividade" significa atratividade futura pelos próximos três a cinco anos.

Antes de definir os objetivos de receita, veja nossas linhas gerais para cada uma das quatro caixas (na Tabela 6.4).

Note que nos referimos a KAs na caixa superior esquerda da Figura 6.10 como "clientes estratégicos". Chamamos KAs na caixa inferior esquerda de "clientes de status". KAs na caixa superior direita nós chamamos de "clientes estrela". Finalmente, nos referimos a KAs na caixa inferior direita como "clientes simplificados".

Esses rótulos refletem a realidade de sua importância para o fornecedor.

Um exemplo completo é dado na Figura 6.9.

CONCLUSÕES/AÇÕES IMPORTANTES

Entendemos bem a importância crucial de definir objetivos e estratégias para *key accounts*, que dependerão da posição de cada uma na SPM. Vamos voltar a esses dois passos principais mais adiante neste livro.

TABELA 6.4 Objetivos e estratégias sugeridos pela matriz de planejamento estratégico de *key accounts*

Categoria	Descrição
Clientes estratégicos	• Clientes muito importantes, mas cujo relacionamento se desenvolveu ainda mais, alcançando o nível de parceria. O relacionamento é "ganha-ganha"; ambos os lados reconhecem os benefícios que obtêm de trabalharem juntos. Clientes compram não em razão do preço, mas do valor agregado derivado da parceria com o fornecedor. A gama de contatos é muito ampla e há planos conjuntos para o futuro. Produtos e serviços são desenvolvidos lado a lado com o cliente. Em razão de seu grande porte e do nível de recursos que absorvem, são poucos os clientes que se encaixam nessa categoria.

130   PROPOSTAS DE VALOR

Categoria	Descrição
Clientes de status	• Clientes muito importantes (em termos de valor). Há compromisso com a segurança do fornecimento e são oferecidos produtos e serviços ajustados às necessidades particulares do cliente. O preço é menos importante na escolha que o cliente faz do fornecedor. Ambas as partes têm algumas metas em comum. As duas empresas têm algum tipo de compromisso com a outra. Invista o quanto for necessário nesses clientes a fim de continuar o relacionamento de negócios para mútua vantagem, mas não em excesso.
Clientes estrela	• O preço ainda é um fator principal na decisão de comprar, mas a segurança de fornecimento é muito importante, assim como o serviço. Gaste mais tempo com alguns desses clientes e tenha o objetivo de desenvolver um relacionamento mais profundo com eles com o tempo.
Clientes simplificados	• Esses clientes geralmente querem um produto padrão, "tirado da prateleira". O preço é fator-chave em sua decisão de compra. Não invista tempo demais no relacionamento de negócios nesse estágio.

FIGURA 6.9 Análise de portfólio - matriz de planejamento estratégico (SPM)

Para quais *key accounts* (contas-chave) você deve desenvolver propostas de valor?

De momento, mesmo que você não queria seguir o processo que descrevemos no capítulo, gostaríamos que fizesse uma tentativa de produzir uma SPM para ver que nem todas as *key accounts* são iguais e que suas propostas de valor para cada uma devem refletir seu desejo de aumentar seus lucros ao longo dos próximos três anos a partir de um portfólio de contas. Os dois exemplos simples a seguir devem ser suficientes para explicar nosso ponto de vista.

HISTÓRICO DE CASO 1

Se você olhar o círculo grande na parte de baixo da Figura 6.10, ele se refere a uma grande empresa de publicações global que decidiu racionalizar seus fornecedores de papel, escolhendo apenas dois que lhe dariam o menor preço. Um de seus fornecedores atuais era um grande *player* do mercado, e, como tinham altos custos fixos com suas fábricas de papel, não podiam abrir mão do substancial volume de produção de papel ao perder essa conta, já que seus custos fixos se manteriam e teriam que ser distribuídos sobre um volume muito reduzido de produção de papel.

Aconselhamos que entrassem no processo de licitação a fim de ganhar o contrato, mesmo que fosse com um preço ridiculamente baixo. Além disso, quando conseguiram esse contrato pouco atraente, aconselhamos o fornecedor a apenas cumprir os termos do contrato e a cobrar por qualquer coisa extra, assim como minimizar os custos de atender o cliente.

O ponto dessa história é que pode muito bem haver um cliente grande e importante que não ofereça muito potencial para crescimento nos lucros – daí sua posição na caixa inferior direita da SPM. O outro ponto é que o conselho dado na Tabela 6.4 com certeza agora começa a fazer sentido.

FIGURA 6.10 Categorizar clientes-chave por potencial de crescimento nos lucros da empresa[4]

HISTÓRICO DE CASO 2

A Figura 6.11 mostra uma SPM real de uma empresa que atende clientes no mercado de serviços financeiros.

Veremos que o cliente maior e mais atraente era o Grupo Thompson, com um gasto anual de £ 32 milhões – um gasto que crescia a cada ano. O problema para esse fornecedor particular é que eles eram classificados pelo cliente como o pior de seus fornecedores – daí a colocação do cliente na caixa superior direita da SPM. O motivo para isso foi que o perfil contábil do fornecedor estava encorajando os gestores dessa conta a gerir em função de maximizar o lucro, enquanto mesmo um mínimo de bom senso os teria levado a concluir que deveriam investir nesse cliente a fim de movê-lo para a caixa superior esquerda.

Foi apenas ao posicionar o Grupo Thompson no contexto de todos os demais clientes numa SPM que a alta gestão ficou ciente da mentalidade de maximização de lucro do fornecedor, que ao longo do tempo estava levando ao resultado oposto.

FIGURA 6.11 Ferramenta matriz para seleção de cliente-chave

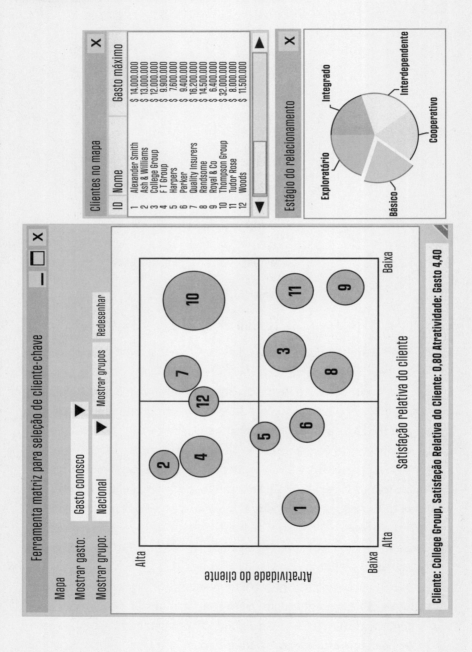

A RELEVÂNCIA DISSO PARA O DESENVOLVIMENTO DAS PROPOSTAS DE VALOR

Vamos remetê-lo de novo à Figura 6.4, a de linhas gerais da SPM, e à Figura 6.10.

A questão dos clientes status (embaixo à esquerda) é que não há muito potencial para aumentar seus lucros nos próximos três anos e você já tem uma relativa vantagem competitiva sobre os concorrentes. Nesses casos, você deve estar atento para não ser complacente, portanto precisa ficar de olho nos desenvolvimentos e ameaças a eles e certificar-se de que quaisquer propostas de valor que desenvolva irão ajudá-lo a manter sua vantagem competitiva.

Clientes na caixa superior esquerda (clientes estratégicos) representam a maior parte de seu crescimento futuro, portanto você deve trabalhar continuamente para desenvolver e atualizar suas propostas de valor. Essa é sem dúvida a sua prioridade.

Clientes na caixa superior direita (clientes estrela) representam um desafio, pois são muito atraentes, em razão de seu potencial para aumentar seus lucros. O problema é que eles preferem outros fornecedores, portanto sua posição competitiva relativa é fraca. Claro que você deve desenvolver propostas de valor para todos esses clientes, mas como isso exige muito trabalho árduo e recursos, conforme veremos nos Capítulos 8 e 9, você precisa priorizar um ou dois deles nos quais se concentrar.

Esses provavelmente serão como o Grupo Thompson na Figura 6.11. Em casos assim, é importante não se preocupar demais com o tempo, esforço e recursos dedicados a desenvolver propostas de valor. Em outras palavras, não deixe que seus contadores usem o velho argumento da lucratividade atual. Aqui, você está desenvolvendo propostas de valor para construir melhores relacionamentos, o que levará a uma futura lucratividade.

Isso, é claro, deixa uma última caixa – a inferior direita (clientes simplificados). Aqui, você não só é competitivamente fraco, como não há muita oportunidade de aumentar seus lucros. Para esses, você só deve desenvolver propostas de valor quando enxergar uma oportunidade de aumentar seus lucros.

Para quais *key accounts* [contas-chave] você deve desenvolver propostas de valor?

Longe de nós sugerir que você não desenvolva propostas de valor para todos os clientes. A questão é simplesmente que isso demanda tempo e recursos, portanto sugerimos que use a análise recomendada neste capítulo para priorizar seu tempo e esforço.

No Capítulo 7, mostraremos como os mesmos princípios devem ser aplicados a segmentos de mercado.

COLOCANDO EM PRÁTICA

1. Tente determinar que critérios você usaria para o eixo vertical da SPM e a relativa importância de cada uma (uma ponderação de 0 a 100).

2. Para as suas dez contas selecionadas, use seus critérios para pontuar e ponderar cada uma, de modo a poder distribuí-las criando uma espécie de termômetro, com as mais atraentes no alto e as menos atraentes embaixo. Depois, faça uma estimativa bem aproximada de seus pontos fortes relativos em relação aos concorrentes e produza uma primeira SPM. No Capítulo 8, vamos mostrar como calcular o eixo horizontal.

REFERÊNCIAS

[1] Millman, A e Wilson, K (1995) From key account selling to key account management, *Journal of Marketing Practice,* 1 (1), p. 9-22.

[2] Baseado em Woodburn, D e McDonald, M (2006) Relatório de Pesquisa não publicado da Universidade Cranfield.

[3] Porter, M (1980) *Competitive Strategy*, Free Press, Nova York.

[4] Adaptado de Woodburn, D e McDonald, M (2013) *Key Account Management*, 3a. edição, John Wiley & Sons, Chichester.

Os **critérios** para selecionar quais contas devem entrar num **programa de *key accounts*** de uma empresa não são imutáveis, mas devem obviamente levar em conta o **potencial de crescimento** em **períodos futuros**.

CAPÍTULO 7

PARA QUAIS SEGMENTOS VOCÊ DEVE DESENVOLVER PROPOSTAS DE VALOR?

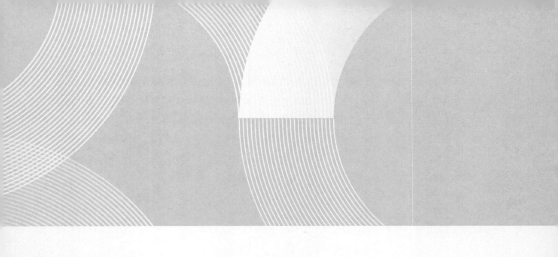

INTRODUÇÃO

Este é um capítulo mais curto, porque a metodologia para a matriz de planejamento estratégico [*strategic planning matrix*, SPM] é exatamente a mesma que a examinada no Capítulo 6. A única diferença é que em vez de "*key accounts*" temos agora "segmentos" ou grupos de clientes. Mas vamos começar repetindo uma figura anterior, agora como Figura 7.1.

Iremos nos concentrar no mercado de massas, no meio da Figura 7.1, e supor que você leu e realizou ações no Capítulo 2 sobre segmentação de mercado. A primeira questão, portanto, é descobrir uma maneira de filtrar as centenas de contas no meio da Figura 7.1. Temos a satisfação de apresentar um processo para fazer isso, o qual é novo para o mundo (mas que já foi testado e aprovado).

MIRANDO CLIENTES B2B DE PORTE MÉDIO PELO POTENCIAL DE SUCESSO DELES

Esse "potencial de sucesso" se baseia num teste de competência de estratégia de marketing que uma pesquisa realizada na Escola de Administração da Universidade Cranfield pelo doutor Brian Smith e supervisionada pelo professor Malcolm McDonald demonstrou ser uma boa aproximação para identificar empresas com boas perspectivas de futuro.

Esta versão particular do questionário é para ser preenchida por uma empresa em relação a seus clientes de negócios.

No que se refere aos clientes B2B identificados como importantes para o negócio, eles podem ser analisados em termos das diferentes necessidades que procuram ver atendidas por seu fornecedor, de modo que possamos formular as propostas corretas para eles. Essa análise de segundo estágio vem após o processo de segmentação de mercado McDonald/Dunbar (não contemplados neste livro).[1]

FIGURA 7.1 O portfólio do cliente

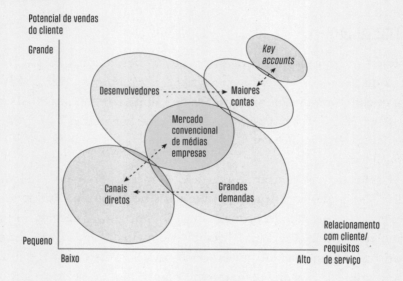

Qual das seguintes opções descreve melhor como esse cliente opera em seu próprio mercado?

1 Concentração das vendas e dos esforços de marketing

    1.1 Eles visam todos os clientes no mercado – marque 0

    1.2 Eles focam grupos diferenciados de clientes por aquilo que eles são (isto é, por setor de negócios, por seu porte) ou por sua localização – marque 1

    1.3 Eles focam grupos de clientes particulares, diferenciados pelas necessidades que têm – marque 2

1.4 Desconhecido/não é claro – marque 0

2 Até que ponto a estratégia de marketing deles dita as ações de vendas e marketing que devem seguir e as que devem evitar

2.1 Eles têm total liberdade de ação (nos limites de suas capacidades) – marque 0

2.2 A estratégia de marketing deles impõe algumas restrições, mas ainda há um alto grau de liberdade – marque 1

2.3 A estratégia de marketing deles é muito específica a respeito da maioria das coisas que devem fazer – marque 3

2.4 Desconhecido/não é claro – marque 0

3 Compreensão da vantagem competitiva

3.1 Não são claros, não conseguem esclarecer por que os clientes devem escolhê-los em vez dos concorrentes – marque 0

3.2 Citam que há razões pelas quais os clientes deveriam escolhê-los, mas não conseguem articulá-las – marque 1

3.3 Entendem claramente por que os clientes deveriam escolhê-los e têm provas baseadas no mercado para apoiar isso – marque 2

3.4 Desconhecido/não é claro – marque 0

4 Uso de seus pontos fortes internos relevantes que contribuem para a sua estratégia de marketing

4.1 Não tentam usar pontos fortes relevantes de qualquer departamento em sua estratégia de marketing – marque 0

4.2 Usam os pontos fortes relevantes de um ou dois departamentos e ignoram os pontos fortes relevantes de outros – marque 1

4.3 Capitalizam os pontos fortes relevantes de todos os departamentos em sua estratégia de marketing – marque 2

4.4 Desconhecido/não é claro – marque 0

5 Diferenciação em relação aos seus concorrentes

- **5.1** São um clone de seus concorrentes e apresentam uma oferta similar aos mesmos clientes (com eventuais diferenciações sendo de pouca importância) – marque 0
- **5.2** Visam clientes diferentes com ofertas similares às dos concorrentes – marque 1
- **5.3** Visam os mesmos clientes ou clientes diferentes com ofertas diferentes – marque 2
- **5.4** Desconhecido/não é claro – marque 0

6 Até que ponto eles atendem às necessidades do cliente

- **6.1** As ofertas deles atendem apenas às necessidades funcionais básicas associadas ao produto/serviço essencial – marque 0
- **6.2** As ofertas deles não só atendem às necessidades funcionais básicas, mas às necessidades associadas ao apoio aos serviços (serviços pré e pós-vendas, distribuição, garantias, adicionais etc.) – marque 1
- **6.3** As ofertas deles atendem às necessidades básicas e de apoio ao serviço e às necessidades intangíveis de seus clientes (nome de marca, reputação, imagem etc.) – marque 2
- **6.4** Desconhecido/não é claro – marque 0

7 Até que ponto eles levam em conta as estratégias dos concorrentes

- **7.1** Parecem não saber o que os concorrentes fazem – marque 0
- **7.2** Levam em conta algumas, mas não todas as estratégias de seus concorrentes – marque 1
- **7.3** Têm pleno conhecimento das estratégias de seus concorrentes naquilo que fazem – marque 2
- **7.4** Desconhecido/não é claro – marque 0

8 Até que ponto eles levam em conta mudanças na previsão dos fatores externos incontroláveis (tecnológicos, de legislação, sociais

etc.) que podem impactá-los

8.1 Só consideram o dia de hoje e lidam com o dia de amanhã só quando ele chega – marque 0

8.2 Eles levam em conta algumas, mas não todas as mudanças de previsão – marque 1

8.3 Levam em conta todas as mudanças nas previsões – marque 2

8.4 Desconhecido/não é claro – marque 0

9 Contrapor-se às suas fraquezas relativas em comparação com a concorrência, que afetam sua aptidão de ter sucesso no mercado

9.1 Nem corrigem suas fraquezas, nem tentam atenuá-las, melhorando em seus pontos fortes – marque 0

9.2 Tentam corrigir suas fraquezas, seja diretamente, seja melhorando seus pontos fortes – marque 1

9.3 A força de sua estratégia torna suas fraquezas irrelevantes – marque 2

9.4 Desconhecido/não é claro – marque 0

10 Uso de seus pontos fortes relativos em comparação com a concorrência que afetam sua capacidade de ter sucesso no mercado

10.1 Fazem pouco uso ou limitado de seus pontos fortes – marque 0

10.2 Estão tentando fazer uso de seus pontos fortes – marque 1

10.3 A estratégia deles destaca seus pontos fortes e os fortalece – marque 2

10.4 Desconhecido/não é claro – marque 0

11 Capacidade de alcançar seus objetivos financeiros e não financeiros

11.1 A estratégia deles não alcança seus objetivos – marque 0

11.2 A estratégia deles só alcança os objetivos financeiros – marque 1

11.3 A estratégia deles alcança todos os objetivos – marque 2

11.4 Desconhecido/não é claro – marque 0

12 Adequação de recursos (recursos físicos, financeiros e capacidades do pessoal) para implementar sua estratégia com sucesso

12.1 Não têm os recursos para implementar sua estratégia – marque 0

12.2 Tem um tipo de recursos, mas não outros – marque 1

12.3 Têm todos os recursos para implementar sua estratégia – marque 2

12.4 Desconhecido/não é claro – marque 0

Como este cliente pontuou?

Como guia geral: 18–24 – com mobilidade e sucesso quase garantido.

12–17 – terão sucesso, desde que a concorrência seja fraca.

6–11 – sobreviverão desde que a concorrência seja fraca.

> 6 – não têm muito boas perspectivas futuras.

◢ Plotando os resultados

Agora use a Figura 7.2 da página seguinte para plotar essas pontuações.

Pegue as pontuações mais altas e as mais baixas e coloque a pontuação mais alta no eixo vertical mais um, e a pontuação mais baixa no eixo vertical menos um. Distribua as pontuações de modo uniforme ao longo do eixo e posicione cada cliente no eixo vertical de acordo com sua pontuação.

Usando a faixa de gasto atual desses clientes em seu mercado, coloque a posição alta no eixo horizontal para o gasto mais alto arredondado para a unidade de medida inteira mais próxima (ou seja, se o gasto é em milhões, será o milhão seguinte) e coloque a posição baixa no eixo horizontal para o gasto mais baixo, arredondado para baixo para a unidade inteira mais próxima. Distribua o gasto de modo uniforme nos eixos e, para cada cliente do eixo vertical, localize suas posições no eixo horizontal e marque o ponto de intersecção.

FIGURA 7.2 Gasto atual no mercado versus capacidade do mercado

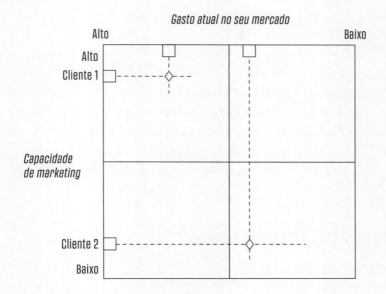

Determine seus pontos de corte para a capacidade de marketing e para o gasto atual, a fim de isolar os clientes nos quais você precisa focar. São os clientes para os quais há um futuro e com os quais você precisa desenvolver seu negócio.

Agora sinalize quaisquer clientes fora desses limites que sejam atualmente importantes para você (e que costumam sê-lo por seu gasto atual em seu mercado). Esses são clientes do presente, e, para aqueles com pontuação fraca de capacidade de marketing, a receita deles é a que você precisará substituir no futuro. Para aqueles clientes fora de seus limites, mas com pontuação aceitável de capacidade de marketing, você pode precisar desenvolver seu negócio com eles a fim de alcançar seus objetivos financeiros, se esses objetivos não puderem ser alcançados pelos clientes originalmente isolados por seus pontos de corte.

Para desenvolver seu negócio com os clientes isolados pelo processo acima descrito, é importante compreender como conquistar seus pedidos e vencer a concorrência. Mas você pode ter certeza de que esses clientes não têm todos eles os mesmos requisitos e exigirão diferentes propostas de valor. O estágio seguinte, portanto, é dividir esses clientes em diferentes grupos, ou segmentos, dentro dos quais os clientes compartilham o mesmo nível de interesse pelo mesmo (ou similar) conjunto de necessidades, satisfeitas por uma proposta de marketing diferenciada.

É aqui que o processo de segmentação de mercado apresentado no Capítulo 2 deve ser usado.

Mas mesmo que você não queira seguir essa rota de segmentação, ao usar essa metodologia, ainda acabará com um grupo de clientes na caixa superior esquerda, para os quais o desenvolvimento de propostas de valor provavelmente produzirá resultados excelentes.

É aí que você deve focar seu processo de desenvolvimento de propostas de valor.

OUTROS REFINAMENTOS E FOCO

Agora é possível usar a mesma metodologia descrita no Capítulo 6 para refinar seus clientes-alvo de maneira ainda mais rigorosa. Isso é o que chamamos de matriz de planejamento estratégico [*strategic planning matrix*, SPM]. Tudo o que você precisa fazer é mudar a palavra "conta" por "segmento" ou "cliente".

Estamos agora prontos para avançar e ver como compreender as necessidades do cliente.

COLOCANDO EM PRÁTICA

Complete o exercício de *targeting* descrito neste capítulo.

REFERÊNCIAS

[1] McDonald, M e Dunbar, I (2012) *Market Segmentation*, 4ª edição, John Wiley & Sons, Chichester.

[...] **clientes B2B** identificados como **importantes para o negócio**, eles podem ser analisados em termos das **diferentes necessidades** que procuram ver **atendidas** por seu **fornecedor**, de modo que possamos formular as **propostas corretas** para eles.

CAPÍTULO 8

COMPREENDER AS *KEY ACCOUNTS* E AS NECESSIDADES DO SEGMENTO ANTES DE ELABORAR UMA PROPOSTA DE VALOR

INTRODUÇÃO

Este capítulo é talvez o mais importante do livro. É onde o trabalho duro começa de fato. Mas não se aflija, pois a recompensa fará tudo valer a pena.

Vimos a base sobre a qual as *key accounts* devem ser definidas e selecionadas no Capítulo 6. Isso pode ser resumido no diagrama da Figura 8.1. O propósito deste capítulo é fornecer um conjunto de procedimentos específicos e detalhados para a análise de *key accounts* antes de desenvolver propostas de valor para cada uma selecionada como sendo digna de uma atenção focada.

Uma visão geral do processo, que temos chamado de processo de parceria de negócios, é dada na Figura 8.2.

Os passos 1 a 5 podem levá-lo a questionar se vale a pena dedicar tempo a esse tipo de análise. Nossa experiência, porém, é que organizações de alto nível fazem esse tipo de análise para todos os seus clientes-alvo, porque quanto mais entendem os negócios de seus clientes, mais provável é que tenham uma profunda compreensão das questões que eles enfrentam. Mais importante ainda, eles podem ajustar suas propostas de valor a todos aqueles que influenciam as decisões sobre quais bens e serviços comprar e de quem. Dito isto, os maiores benefícios emergem dos passos 6 e 7.

Os passos 1 e 2 devem ser idealmente conduzidos pelo pessoal "da sede". O modo de fazer isso foi descrito nos Capítulos 2 e 3, portanto não é preciso repetir aqui.

FIGURA 8.1 Estratégias de *key accounts*: uma matriz de planejamento estratégico de quatro quadrantes

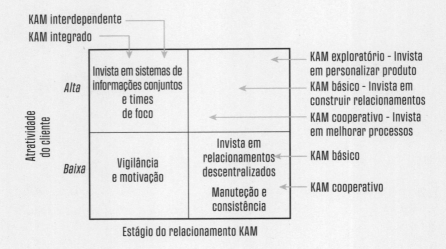

Este capítulo é dedicado a descrever os passos restantes envolvidos na análise de *key accounts*, começando pelo passo 3 da Figura 8.2.

ANÁLISE DE *KEY ACCOUNTS*

Antes que seja possível desenvolver propostas de valor para *key accounts*, é preciso empreender uma análise detalhada de cada uma delas pelo gestor individual de cada *key account* e seu time, de certo modo como é conduzida em uma auditoria de marketing. Esse é o passo 3 da Figura 8.2.

PASSO 3: ANÁLISE DAS FORÇAS PROPULSORAS DO SEGMENTO

A Figura 8.3 mostra um quadro geral do tipo de análise que precisa ser feita para compreender melhor as *key accounts*, *em particular o ambiente em que elas estão operando hoje*.

A Figura 8.4 mostra alguns dos detalhes que precisam ser compreendidos a respeito do ambiente político/legal, econômico, social, ecológico e técnico no qual as *key accounts* operam. Um modelo que resume essas influências externas é mostrado na Figura 8.5.

FIGURA 8.2 Processo de parceria de negócios

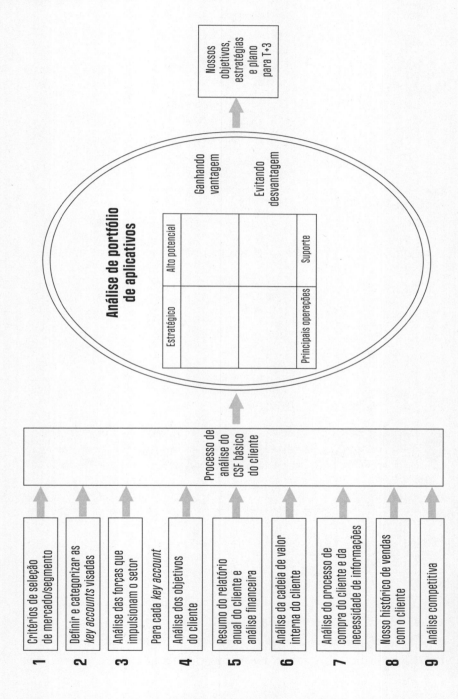

Compreender as *key accounts* e as necessidades do segmento antes de elaborar uma proposta de valor

FIGURA 8.3 Macroambiente

FIGURA 8.4 Influências do macroambiente: Steep

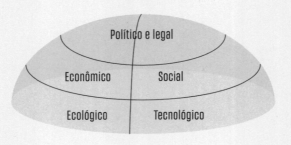

TABELA 8.1 Planilha: análise STEEP do ambiente do cliente

FATOR STEEP	DESAFIOS PARA O CLIENTE	IMPORTÂNCIA ALTA/MÉDIA/BAIXA	COMO PODEMOS AJUDAR?
Social			
Tecnológico			
Econômico			
Ecológico			
Político/legal			

A Figura 8.5 mostra as influências microambientais que afetam a *key accounts*. Serão agora expandidas.

O ponto principal do passo 3 é conhecido como análise de Porter das cinco forças do setor. É extraído do livro de Porter, *Competitive*

Strategy,[1] e tem sido de enorme valor para gerações de gestores desde que foi publicado, em 1980.

Em termos simples, qualquer setor tem um número de concorrentes, e o desempenho relativo desses concorrentes é determinado por forças reconhecíveis:

FIGURA 8.5 Influências microambientais

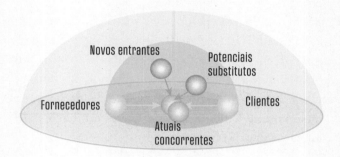

- potenciais entrantes: a ameaça de novos entrantes e as barreiras à entrada; economias de escala; diferenciação de produto; requisitos de capital; custos da mudança; acesso a canais de distribuição; desvantagens de custo além da escala; políticas governamentais; preço que impede a entrada; experiência;

- clientes: poderosos se compõem uma grande proporção das vendas do vendedor; compõem uma alta proporção dos custos do comprador; produtos indiferenciados; baixos custos de mudar de comprador; ameaça de atraso na integração; o produto do vendedor não é importante para a qualidade do produto do comprador;

- potenciais produtos e serviços substitutos que criem ameaças;

- o poder dos fornecedores: poderoso se há poucos fornecedores; ausência de substitutos; setor não importante; cliente ou grupo de fornecedores; produtos do grupo de fornecedores são diferenciados; ameaça a uma integração progressiva.

As palavras descrevem bem as implicações de cada uma das quatro forças nos concorrentes e fica claro que todos os concorrentes num setor serão afetados por essas forças impulsionadoras.

Essa análise é obviamente mais bem feita por alguém de serviços de apoio central, talvez o marketing, já que faz pouco sentido haver vários gestores de *key accounts* no mesmo setor, todos gastando tempo em realizar a mesma análise. Se isso não for viável, o trabalho realmente terá que ser feito pelos gestores individuais de *key accounts* para seus próprios setores.

Deve ser enfatizado, porém, que essa análise é um pré-requisito para a análise de conta individual descrita mais adiante, já que fornece aos gestores de *key accounts* uma análise profunda do setor de seus clientes e de como funciona e afeta seu desempenho.

A Tabela 8.2 é um modelo que resume de maneira relevante o resultado da análise de cinco forças de Porter em termos das oportunidades e ameaças para o cliente.

TABELA 8.2 Planilha: análise do cliente (Porter)

PARTICIPANTES DO MERCADO	DESAFIOS PARA O CLIENTE	IMPORTÂNCIA A/M/B	COMO PODEMOS AJUDAR
Clientes do cliente			
Concorrentes do cliente (atuais, novos, potenciais)			
Fornecedores para clientes			

Também deve ser destacado aqui que os passos 4 a 9 dizem respeito ao estágio de análise/diagnóstico, que deve ser completado para cada conta antes de desenvolver propostas de valor para elas.

PASSO 4: ANÁLISE DOS OBJETIVOS DO CLIENTE

O modelo apresentado na Tabela 8.2 deve ser completado para cada *key account* visada. É possível ver que a intenção é pegar a análise das forças impulsionadoras do setor e aplicá-la especificamente a uma conta individual, a fim de compreender melhor quais as vantagens e desvantagens que ela oferece. A principal razão de fazer isso é ajudar você a compreender maneiras pelas quais seus produtos ou serviços podem permitir que o cliente explore vantagens e minimize desvantagens.

Cada seção tem o mero intuito de agir como um gatilho para algumas poderosas conclusões sobre a situação competitiva de seu cliente. Essas informações serão usadas junto com outras, coletadas nos passos 5 a 9.

PASSO 5: RELATÓRIO ANUAL DO CLIENTE E ANÁLISE FINANCEIRA

A Figura 8.6 mostra um resumo a partir de uma leitura e análise cuidadosa de um relatório anual publicado pelo cliente. Mesmo que não haja um relatório formal publicado para os acionistas (digamos que seu cliente seja, por exemplo, uma subsidiária ou divisão de uma empresa maior), os diretores mesmo assim tendem a produzir relatórios internos e newsletters que podem ser usados no lugar do relatório.

Tais documentos podem constituir uma grande fonte de informações sobre o que seu cliente encara como os maiores problemas que enfrenta, sobre suas realizações e seus objetivos e estratégias – em outras palavras, suas esperanças para o futuro.

FIGURA 8.6   Resumo do relatório anual

1 PRINCIPAIS REALIZAÇÕES	
2 PRINCIPAIS PROBLEMAS/QUESTÕES	
3 OBJETIVOS	
4 ESTRATÉGIAS	
5 COMO PODEMOS AJUDAR?	

Compreender as *key accounts* e as necessidades do segmento antes de elaborar uma proposta de valor   155

É sempre possível extrair informações valiosas a serem usadas para ajudá-lo a entender como sua empresa pode ser útil. Essas informações podem agora ser colocadas junto com as informações obtidas no resumo de análise de objetivos anterior.

A Figura 8.7 foca os assuntos financeiros de seu cliente e diz respeito a informações que podem também ser obtidas de relatórios anuais e outras fontes publicadas. À primeira vista, isso parece um pouco afastado da realidade de vender bens e serviços a uma conta grande. No entanto, pensando melhor, podemos ver que a maioria das empresas hoje tem plena consciência de seus indicadores de desempenho financeiro:

- taxas atuais;

- margens de lucro líquido;

- retorno sobre ativos;

- controle de débitos;

- rotatividade de ativos.

O propósito da análise contida na Figura 8.7 é torná-lo consciente dos problemas financeiros enfrentados por seu cliente e incentivá-lo a explorar se alguns de seus produtos e serviços poderiam melhorar algum desses indicadores.

É óbvio que qualquer fornecedor que tenha se dado ao trabalho de imaginar qual impacto seus produtos e serviços têm sobre o resultado financeiro final de seu cliente terá a preferência em relação a um potencial fornecedor que tenha foco apenas nos aspectos de seu produto.

FIGURA 8.7	Análise financeira - demonstração de impacto do fluxo de caixa e do balanço patrimonial

Indicador financeiro	Fórmula	Fonte					Posição da empresa	Posição do setor	Parece necessário haver uma melhora?		
		Relatório anual							Sim	Não	
Índice atual	Ativo circulante Passivo circulante										
Margem de lucro líquido	Lucro líq. Vendas líq.										
Retorno sobre ativos	Lucro líq. Ativos totais										
Período de coleta	Devedores menos inadimplentes Média de vendas diárias										
Rotatividade de estoque	Custo de bens vendidos Estoque										

PASSO 6: ANÁLISE DA CADEIA DE VALOR INTERNA DO CLIENTE

Esta é a peça principal da análise que precisa ser feita.

O conceito da cadeia interna de valor de uma empresa foi popularizado pelo professor Michael Porter em seu livro sobre estratégias competitivas, ao qual já nos referimos. Supõe-se que os leitores estão familiarizados com esse conceito. A cadeia de valor é introduzida aqui como uma ferramenta valiosa para compreender como uma grande conta de fato funciona. O nível básico mostra bens ou serviços adquiridos entrando na empresa, passando por operações e depois saindo para seus mercados por meio de distribuição, marketing e vendas e serviços, por exemplo:

- logística de recebimento: receber e armazenar materiais, controle de estoque, transporte, programação da produção, controle de qualidade;

- operação: manufatura, embalagem, controle de produção, controle de qualidade, reparos e manutenção;

- logística de expedição: bens acabados, gestão de pedidos, despacho, entrega, faturamento;

- vendas e marketing: gestão do cliente, recepção de pedidos, promoção, análise de vendas, pesquisa do mercado;

- serviços: garantia, manutenção, educação e treinamento, upgrades.

Sobrepondo-se a esses processos essenciais há atividades de apoio organizacionais, como:

- administrativas: contabilidade, gestão financeira, assuntos legais;

- gestão de recursos humanos: recrutamento, treinamento, planejamento de sucessão, gestão de desempenho etc.;

- desenvolvimento de produto e tecnologia: design de produto e processo, engenharia de produção, teste de mercado, P&D;

- aquisições: gestão de fornecedor, verbas, terceirização, especificação.

Juntando as atividades primárias e secundárias:

Lucro = Vendas menos Custos

Investigar como uma conta principal lida na realidade com essas atividades essenciais pode ser uma tarefa e tanto para um time de *key account*, envolvendo, como ocorre, uma compreensão em profundidade dos processos detalhados do cliente. Isso inclui, por exemplo, compreender o que acontece com seus bens quando eles são entregues, onde são armazenados, como são manipulados, transportados, desembalados, como são usados e assim por diante. O propósito de uma análise com tal grau de detalhamento é explorar as questões e os problemas enfrentados por seu cliente, com a intenção de resolvê-los por meio de melhoras e inovações.

A ilustração a seguir é muito simples, e mostra algumas das questões e como elas podem ser melhoradas, representando, portanto, fontes de diferenciação na cadeia de valor. Para leitores operando num ambiente de serviços, a Figura 8.8 dá um exemplo de como a cadeia de valor de Porter pode ser adaptada – nesse caso para o setor de serviços financeiros.

Todas as informações provenientes dessa análise podem ser resumidas de maneira útil usando um formato similar ao mostrado na Tabela 8.3. Existem quatro itens gerais de benefícios ao cliente:

1 possibilidade de aumento de receita para o cliente;

2 possibilidade de deslocamento de custos;

3 possibilidade de evitar custos;

4 benefícios intangíveis.

Outra maneira de ver isso é identificar os métodos de ganhar vantagem competitiva por meio de valor em uso.

Nesse estágio, a Figura 8.3 deveria ser usada para fazer anotações preliminares, já que uma versão financeiramente quantificada disso será apresentada no Capítulo 10.

Entre as fontes de diferenciação na cadeia de valor, temos:

➤ logística de recebimento: lidar com isso minimiza os danos;

➤ operações: aspectos únicos do produto; conformidade com especificações; baixa taxa de defeitos; responsividade à mudança de design;

Compreender as *key accounts* e as necessidades do segmento antes de elaborar uma proposta de valor **159**

➤ logística de expedição: entrega rápida e na hora oportuna; processamento de pedidos preciso; manipulação cuidadosa para reduzir danos;

➤ marketing e vendas: alta cobertura pela força de vendas; literatura técnica de alto nível; melhores condições de crédito; relações pessoais com compradores;

➤ serviço: instalação rápida; alta qualidade de serviço; ampla cobertura de serviços.

Essa versão pode ser mais adequada a empresas de serviços, como consultores financeiros independentes [*independent financial advisors*, IFAs]. Para cada *key account*, liste maneiras pelas quais você pode usar seus recursos/aptidões (ex.: comércio eletrônico) a fim de melhorar a cadeia de valor deles, reduzir seus custos, evitar custos ou criar valor para os clientes deles.

FIGURA 8.8 Cadeia de valor interna: empresas de serviços, ex.: IFAs

							Criar valor	Reduzir custo
Infraestrutura	- Legal, contabilidade, gestão financeira							
Gestão de recursos humanos, treinamento	- Pessoal, pagamento, recrutamento, planejamento de mão de obra etc.							
Desenvolvimento de produto e de tecnologia	- Design de produto e processo, teste de produto, mercado, P&D etc.							
Aquisições	- Gestão do fornecedor, verbas, terceirização, especificação							
Identificar potencial de intercâmbio	Iniciar diálogo	Troca de informações	Negociar/ ajustar	Compromisso	Intercâmbio de valor	Monitorar		
							Reduzir custo	
							Criar valor	

160   PROPOSTAS DE VALOR

TABELA 8.3 — Planilha: oportunidades para o cliente baseadas na cadeia de valor, incluindo finanças

CADEIA DE VALOR	DESCREVA A OPORTUNIDADE PARA O CLIENTE	IMPORTÂNCIA PARA O CLIENTE A/M/B	SOLUÇÃO DO FORNECEDOR
Recebimento			
Operações			
Expedição			
Marketing e vendas			
Serviços ao cliente			
Finanças			
Aquisições			
Desenvolvimento de tecnologia			
Gestão de Recursos Humanos			
Infraestrutura da empresa			

MINICASO 1: ANÁLISE DA CADEIA DE VALOR PARA UMA EMPRESA DE EMBALAGENS

Uma empresa química internacional empreendeu um processo de investigação usando um método inédito. Organizaram um evento de dois dias para oito pessoas de alta gestão em diferentes funções numa grande empresa de embalagens. Esses executivos incluíam pessoas de marketing, um executivo de saúde e segurança, um especialista ambiental, um gestor de logística, um gestor de manufatura e dois diretores! Esses executivos foram emparelhados com gestores e diretores equivalentes de uma empresa fornecedora. Um consultor independente foi solicitado a presidir o evento de dois dias.

O propósito do evento, realizado em local neutro, era investigar as maneiras pelas quais vários bens e serviços da empresa fornecedora eram recebidos, usados e percebidos pelo cliente. Essa pesquisa obviamente só foi possível graças ao bom relacionamento já desfrutado pelo fornecedor.

Embora tivessem sido necessárias algumas horas para que o moderador independente derrubasse as barreiras naturais a uma comunicação honesta e aberta, o evento teve grande impacto nos processos e nas atitudes do fornecedor. Por exemplo, a certa altura os clientes foram solicitados a entrar numa sala compartilhada e anotar todas as características da empresa fornecedora que não eram de seu agrado ou que achavam inadequadas. O grande tamanho da lista e o conteúdo produziram um choque tão grande no fornecedor, que ele imediatamente concordou em montar vários grupos de trabalho funcionais e multifuncionais com executivos de ambos os lados a fim de estudar como realizar melhorias eficazes em termos de custo.

Todos os problemas foram investigados de modo aberto e honesto, indo de questões estratégicas enfrentadas pelo cliente em seu setor a questões muito táticas relacionadas aos processos. O resultado final foi uma melhora dramática no relacionamento, que levou a substanciais benefícios para ambos os lados.

Não estamos sugerindo que essa seja a única maneira de descobrir o tipo de informações detalhadas descritas na Tabela 8.3. Em muitos casos, exige-se muita paciência por períodos consideráveis de tempo, e a eficácia e eficiência com que a tarefa de investigação pode ser realizada dependem do grau em que o relacionamento existente é de fato bom e profundo.

De qualquer modo, é difícil ver como é possível alcançar melhoras sem uma compreensão exaustiva dos sistemas e processos do cliente.

A lista de possibilidades para melhoras introduzidas pelo fornecedor (portanto, propostas de valor) está agora crescendo de modo considerável. No entanto, ainda há mais aspectos do negócio que precisam ser analisados.

PASSO 7: O PROCESSO DE COMPRA DO CLIENTE

Você já viu a Figura 8.9 no Capítulo 8. Vamos expandir mais aqui a questão do processo de compra para bens e serviços – um estágio crucial para compreender as necessidades de *key accounts*. O mesmo processo se aplica igualmente a produtos e a serviços.

Vender a uma empresa pode ser um processo complexo porque pode haver pessoas diferentes envolvidas na ponta do cliente. Embora em tese apenas uma delas seja o comprador, na prática ele ou ela pode não ter permissão de tomar uma decisão de compra até que outros com expertise técnica ou responsabilidade hierárquica tenham dado sua aprovação.

A autoridade pessoal do comprador será em grande medida governada pelos seguintes fatores:

1 **O custo do produto** - quanto mais alto o custo, mais no alto na hierarquia da empresa a decisão de compra será tomada.

2 **A "novidade" do produto** - a novidade relativa do produto coloca um elemento de risco comercial para a empresa. Uma proposição nova e ainda não testada requer apoio de um nível de gestão mais elevado, enquanto um produto de rotina, sem riscos, pode ser gerido num nível mais baixo.

3 **A complexidade do produto** - quanto mais complexo o serviço oferecido, mais técnicas são as implicações que precisam ser compreendidas dentro da empresa do cliente. Vários gestores especialistas podem ser exigidos para dar sua aprovação antes que a transação seja concluída.

Todos os envolvidos na decisão de compra são tidos como membros da unidade de tomada de decisões [*decision-making unit*, DMU], e é importante que o gestor da *key account* identifique a DMU na empresa do cliente.

Segundo um artigo da *Harvard Business Review* de 2017, de Toman, Adamson e Gomez,[2] o número médio de pessoas envolvidas em compras B2B subiu de 5,4 há dois anos para 6,8 hoje. Elas vêm de uma lista cada vez maior de papéis, funções e geografias. Nossa recomendação seria compreender profundamente a jornada de compra do cliente, e identificar o desafio mais significativo em cada estágio de compra.

FIGURA 8.9 Processo de compra para bens e serviços

Form. de análise do cliente   Cliente _____
Vendedor _____   Endereço _____
Produtos _____   _____ Telefone _____
_____ Tipo de compra   nova compra   recompra dir.   recompra modif.
Data de análise _____
Data das revisões _____   _____   _____   _____   _____

Membro da Unid. de Tomada de Decisões [Decision Making Unit, DMU] Fase da compra Nome	Produção	Vendas e Marketing	Pesquisa e desenvolvimento	Finanças e Contabilidade	Compras	Processamento de Dados	Outro
1 Identificar necessidade ou problema e elaborar uma solução geral							
2 Definir características e quantidade do que é necessário							
3 Preparar especificações detalhadas							
4 Buscar e localizar fontes potenciais de suprimento							
5 Analisar e avaliar propostas, planos, produtos							
6 Seleciona o fornecedor							
7 Emite a ordem de compra							
8 Verifica e testa os produtos							

Fatores a   1 Preço   4 Serviço de apoio   7 Garantias formais e informais
considerar   2 Desempenho   5 Confiança no fornecedor   8 Pagamento, crédito ou desconto
              3 Disponibilidade   6 Experiência de outros   9 Outros, p. ex.: compras anteriores,
                              usuários   prestígio, imagem etc.

FONTE: Adaptado de J. Robinson, C.W. Farris e Y. Wind, *Industrial Buying and Creative Marketing*, Allyn e Bacon.

Uma maneira útil de prever quem estará envolvido nos processos de tomada de decisões numa empresa é considerar a transação de vendas do ponto de vista do comprador. É reconhecido que o processo pode ser dividido em vários passos, ou "fases de compra". Essas fases de compra serão acompanhadas na maioria dos casos, particularmente quando se trata de grandes compras. Ficará óbvio que em estágios além da fase de gestão *cooperativa* da *key account* (KAM), o fornecedor escolhido terá uma via interna e, com isso, uma vantagem, ao longo do processo. Em muitos casos, o cliente sequer se dá ao trabalho de colocar seus requisitos em licitação, preferindo lidar com o parceiro atual que confia.

Fases da compra

> Esta parte do texto deve muito à pesquisa original conduzida pelo Marketing Science Institute dos EUA sob a orientação de Patrick J. Robinson. Para ler mais de seu trabalho, veja sua publicação de 1967.[3]

1 Identificação do problema - um problema é identificado ou previsto e elabora-se uma solução geral. Por exemplo, o departamento de marketing descobre que tem informações inadequadas sobre registros de vendas e custos. Precisa que haja melhores informações disponíveis.

2 Definição do problema - o problema é examinado mais detalhadamente a fim de entender suas dimensões e, a partir disso, a natureza da escolha final de uma solução. Pegando nosso exemplo anterior da empresa química internacional, a investigação mostrou que o sistema de software original do fornecedor não havia sido concebido tendo em mente os requisitos de marketing atuais do cliente. Um novo sistema foi exigido que pudesse também oferecer a opção de incluir dados novos.

3 Especificação da solução - os requisitos técnicos estão listados e foi alocada uma soma de dinheiro para cobrir o custo de investir em novo software.

CAPÍTULO 8

4 Busca - foi realizada uma busca de potenciais fornecedores, neste caso daqueles que tivessem a capacidade de conceber um sistema "personalizado" para atender aos requisitos acima citados.

5 Avaliação - propostas de fornecedores interessados são analisadas e avaliadas.

6 Seleção - um fornecedor é selecionado e os detalhes finais são provavelmente negociados antes do próximo passo.

7 Acordo - é assinado um contrato/acordo.

8 Monitoramento - o serviço é monitorado para ver se são cumpridos os prazos de instalação e as alegações de desempenho.

> Se estivéssemos, por exemplo, rodando um serviço de programa de computação para o setor, o processo de compra nos permitiria deduzir que a DMU nessa empresa pode conter as seguintes pessoas: um planejador de marketing; um diretor de vendas; um gestor de vendas; o especialista em computação da empresa; o contador da empresa; o secretário da empresa; e talvez até o diretor administrativo, dependendo da natureza do contrato e do comprador. Às vezes o comprador pode ser um daqueles já listados e não existir como papel separado.

Poderíamos também especular com alguma certeza que cada uma dessas pessoas precisaria ser satisfeita em relação a aspectos diferentes da eficiência de nosso serviço e precisaríamos planejar de acordo.

De momento, é suficiente reconhecer que, ao vender a uma empresa, a pessoa com o título de comprador costuma ser incapaz de tomar decisões importantes sozinha. Embora possa ser uma engrenagem útil na máquina de compra da empresa, com frequência não é um agente com total autonomia de decisão.

◢ Tipos de compra

Quer o gestor de conta esteja vendendo a um indivíduo ou a uma empresa, os processos de decisão dos *prospects* podem ser divididos em "tipos de compra". Existem três tipos de tipo de compra:

1 Nova compra - com efeito, toda a discussão anterior teve foco na categoria de nova compra. É nela que as pessoas que compõem a DMU são plenamente exercitadas à medida que as fases de compra se desdobram. Na classe de nova compra, as necessidades de todos os tomadores de decisões devem ser atendidas e influenciadas pelo gestor da *key account*. Como seria de esperar, isso demanda tempo e, portanto, não é incomum que transcorra um período extenso entre a discussão inicial e o fechamento do contrato.

2 Recompra direta - depois que a pessoa de vendas teve a oportunidade de demonstrar como o serviço pode ajudar o cliente, as compras subsequentes do serviço geralmente não exigem esse exame rigoroso de todas as fases de compra. Na realidade, se o cliente quer apenas repetir a compra do mesmo serviço, suas únicas preocupações provavelmente serão a respeito de questões como se o preço foi mantido no mesmo nível anterior, se o padrão de serviço mudou e se pode ser fornecido num prazo específico. Essas questões geralmente podem ser resolvidas com uma negociação com o comprador.

3 Recompra modificada - às vezes pode ser necessária uma modificação do produto ou serviço. Talvez o fornecedor queira atualizar o produto ou serviço e oferecer melhor desempenho usando diferentes métodos ou equipamento. Como alternativa, pode ser que o cliente solicite alguma modificação em relação à compra original. Qualquer que seja a origem, todas ou alguma das fases de compra terão que ser reexaminadas e de novo o gestor da *key account* terá que se reunir e persuadir e satisfazer os membros relevantes da DMU.

Costuma haver vantagens para um gestor de conta em tentar mudar uma recompra direta e transformá-la numa recompra modificada. Elas são de dois tipos:

1 Uma recompra modificada pode reativar e fortalecer o relacionamento com os vários membros da DMU do cliente.

2 Quanto mais precisamente um fornecedor conseguir ajustar seu serviço às necessidades do cliente (e, vale lembrar, esse ajuste só ocorre como resultado de uma aprendizagem mútua, conforme a comunicação e a confiança se desenvolvem entre o fornecedor e o cliente), mais o cliente ficará comprometido com o produto ou serviço.

Quanto maior o comprometimento do cliente com o produto ou serviço particular e com o fornecedor, mais difícil fica para os concorrentes intervirem.

◢ Identificar o tomador de decisão

Reconhecer a existência de uma DMU é um primeiro passo importante para um gestor de conta, mas, depois de fazer isso, é essencial identificar quem tem de fato o poder de autorizar a compra. Não importa o quanto os argumentos para a compra de seu serviço sejam persuasivos, se você não chega até o principal tomador de decisão, todos os seus esforços podem dar em nada. Identificar essa pessoa é importante demais para ser deixado ao acaso e, no entanto, muitos gestores de contas não conseguem ter um contato com ela. Às vezes apenas deixaram de pesquisar o suficiente a respeito da empresa para obter um quadro preciso de seu caráter e das suas preocupações principais. É importante que o gestor da conta pesquise a empresa o suficiente para obter uma compreensão exaustiva de suas operações, de seu pessoal e de suas prioridades.

Como alternativa, muitos gestores de conta preferem continuar a relação com seus contatos originais na empresa cliente, aqueles com quem eles se sentem confortáveis e passaram a considerar amigos, em vez de ampliar sua rede para incluir representantes mais influentes do cliente. Como muitos tomadores de decisões de compra terão altos cargos, a ideia de ter contato com eles pode parecer um pouco intimidadora, em particular para gestores complacentes ou mal preparados.

No entanto, muitos desses receios são infundados. Não há evidência de que os altos executivos se disponham propositalmente a colocar obstáculos ou que usem as reuniões para expor possíveis inadequações do gestor da conta. Na realidade, parece ocorrer o oposto. É claro que os tomadores de decisões costumam ser pessoas ocupadas e, portanto, vão querer que a discussão seja bem objetiva e relevante. Ao mesmo tempo, tentarão obter o melhor negócio possível para a empresa, o que é perfeitamente natural.

Principais contatos/relacionamentos com o cliente

Tire conclusões sobre como o cliente aborda a compra de seus produtos e serviços.

TABELA 8.4 Planilha para avaliar papéis e relacionamentos do fornecedor

NOME	CARGO/ FUNÇÃO	PAPEL NO RELACIONAMENTO COM O FORNECEDOR	NÍVEL DE RELACIONAMENTO COM O FORNECEDOR	NÍVEL DE IMPORTÂNCIA PARA O FORNECEDOR

Estágio de relacionamento geral com a empresa

FIGURA 8.10 Mapeando o cliente

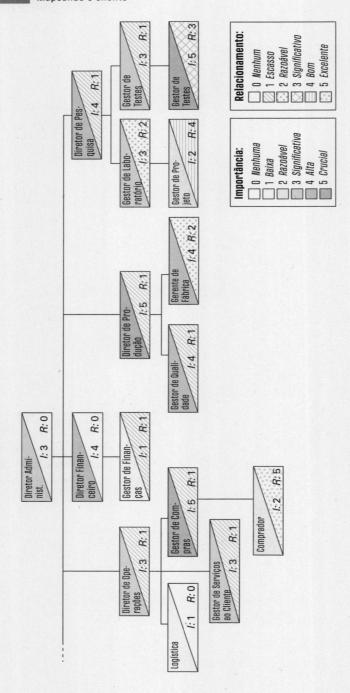

170 PROPOSTAS DE VALOR

Existe, porém, uma peça de análise mais crucial como parte do passo 7. Examine a Figura 8.10 e você verá um "mapa" de pessoas na estrutura organizacional do cliente que podem influenciar o que é comprado. Você deve tentar desenhar um mapa como esse para o seu cliente, junto com a importância de cada pessoa, e o nível atual de relacionamento. A partir disso, fica fácil definir os objetivos para elevar esses relacionamentos ao nível desejado.

Para uma chave, ver Tabela 8.5.

A fim de resumir esta seção, é crucial entender o seguinte:

> a influência relativa do comprador no contexto do produto ou serviço particular que está sendo oferecido;

> qual a composição da DMU na empresa compradora;

> como funciona o processo de compra;

> que categorias de informações cada pessoa na DMU precisa ter para influenciar as recomendações dessa unidade.

Agora tente completar a Figura 8.9 para um grande cliente. A maneira exata de usar essas informações será vista mais adiante neste capítulo.

PASSO 8: SEU HISTÓRICO DE VENDAS NO CLIENTE

A Tabela 8.6A é uma análise muito simples de suas vendas em um designado período de tempo trabalhando com o cliente. O propósito é meramente resumir seu histórico de vendas, sua participação e suas perspectivas com o cliente.

PASSO 9: COMPARAÇÃO COMPETITIVA E ESTRATÉGIA DA CONCORRÊNCIA

A Tabela 8.6B mostra uma maneira simples de compará-lo com seus concorrentes.

A Figura 8.11, uma ferramenta celebrada em vários de meus livros, mostra outra maneira possível de esclarecer o quanto você está bem posicionado para atender às necessidades do cliente em comparação com seus concorrentes. Obviamente será melhor se feita usando evidências obtidas de pesquisa de mercado independente, mas desde que a análise sugerida neste capítulo tenha sido realizada exaustivamente e com empenho, deve ser possível completar esta parte da análise internamente com suficiente precisão.

TABELA 8.5 Exemplo de mapa de relacionamentos e níveis de importância

NÍVEIS DE RELACIONAMENTO		NÍVEIS DE IMPORTÂNCIA	
O relacionamento expresso aqui é entre o fornecedor, como empresa e indivíduo, e o cliente. Indivíduos dentro do fornecedor podem ter relacionamentos bons ou ruins com cada pessoa, mas não é isso o que a tabela captura. Registre a visão do cliente, mesmo que inclua opiniões legadas que você não julgue mais válidas.		O nível de importância registrado aqui deve refletir o nível de importância dessa pessoa no desenvolvimento do relacionamento com o fornecedor.	
Nível:	Você/outros na sua empresa:	Nível:	Para desenvolver relacionamento, esta pessoa:
0	Nunca encontrou essa pessoa, e ela sabe bem pouco a nosso respeito.	0	Não tem influência ou controle
1	Apenas conhece essa pessoa OU a pessoa não tem opinião muito boa sobre nós e/ou vice-versa.	1	Tem influência/controle sobre seu próprio relacionamento pessoal com provedores
2	Alguns contatos, mas não foram consistentes, e não temos nada além de um relacionamento básico OU a pessoa tem opiniões a nosso respeito que inibem nosso relacionamento com ela.	2	Tem influência/controle sobre um grupo definido dentro da empresa
3	Uma compreensão razoável e um relacionamento de trabalho satisfatório com essa pessoa, mas isso não se estende à troca de confidências ou a uma assistência especial.	3	Tem influência/controle sobre um grupo definido dentro da empresa
4	Um bom relacionamento, e trabalhamos bem juntos. Temos boa disposição um com o outro e refletimos isso para nossas empresas.	4	Tem forte influência no rumo geral da empresa

NÍVEIS DE RELACIONAMENTO		NÍVEIS DE IMPORTÂNCIA	
5	Relacionamento de trabalho excelente; confiança mútua e elevada opinião um do outro. Somos bons amigos e fazemos de tudo para ajudar o outro.	5	É a pessoa(s) mais/uma das mais importante(s)/ influente(s) na empresa

TABELA 8.6A Comparação competitiva e estratégia do concorrente

COMPARAÇÃO COMPETITIVA

	GRAU DE IMPORTÂNCIA	VOCÊ	CONCORRENTE 1	2	3	IMPLICAÇÕES
Qualidade do produto						
Linha do produto						
Disponibilidade						
Entrega						
Preço/descontos						
Condições						
Suporte a vendas						
Suporte a promoções						
Outro						

TABELA 8.6B Comparação competitiva e estratégia do concorrente

ESTRATÉGIAS DOS CONCORRENTES

CONCORRENTES	ESTRATÉGIA
1	
2	
3	

Chave:

Grau de importância (por cliente)	Avaliação (visão do cliente)
A – muito importante (essencial)	1 – atende às necessidades de modo consistente/pleno
B – importante (desejável)	2 – atende às necessidades de modo inconsistente
C – pouca importância	3 – falha em atender às necessidades

Compreender as *key accounts* e as necessidades do segmento antes de elaborar uma proposta de valor **173**

◢ Linhas gerais para completar a Figura 8.11

▶ Passo 1: Selecione uma *key account* e descreva uma parte específica do negócio desse cliente e o(s) produto(s) específico(s) que a sua empresa supre ou poderia suprir.

▶ Passo 2: Especifique os fatores cruciais de sucesso do cliente. Em outras palavras, que critérios o cliente usa ao selecionar fornecedores?

▶ Passo 3: Especifique a importância relativa de cada um desses fatores para o cliente (ponderação).

▶ Passo 4: Pontue sua empresa e pelo menos dois grandes concorrentes entre dez para cada um desses fatores cruciais de sucesso [*critical success factors*, CSF]. Multiplique a pontuação para cada CSF pela ponderação e chegue a uma pontuação total para sua empresa e para dois concorrentes escolhidos.

▶ Passo 5: Tire conclusões.

O ponto principal, obviamente, é que qualquer empresa que espere conseguir e manter negócios com uma grande conta precisa oferecer valor superior para o cliente, e isso só pode ser alcançado por meio de comparações com o melhor que os concorrentes têm a oferecer.

Note que é exatamente o mesmo processo mostrado na Figura 8.11, que pode ser usado para analisar necessidades de *segmento,* em oposição às necessidades das *key accounts*. Essa análise deveria ser completada para todos os segmentos para os quais você tenha intenção de desenvolver propostas de valor.

FIGURA 8.11 Exercício de planejamento de gestão estratégica - Análise SWOT para uma *key account*

Força de negócios de gestão de *key account* - Análise SWOT

1. DESCRIÇÃO DE *KEY ACCOUNT*
Deve ser uma parte *específica* de seu negócio e ser *muito importante* para sua empresa

2. FATORES CRUCIAIS DE SUCESSO
Ou seja, como este cliente seleciona seus fornecedores?

1	
2	
3	
4	
5	

3. PONDERAÇÃO
(Qual a importância de cada um desses CSFs? A base é 100)

Total 100	

4. ANÁLISE DE PONTOS FORTES E FRACOS
Como seus clientes pontuariam você e cada um de seus concorrentes entre dez para cada CSF? Multiplique a pontuação pela ponderação.

	Você	Conc. A	Conc. B	Conc. C	Conc. D
1					
2					
3					
4					
5					
Total					

5. OPORTUNIDADES/AMEAÇAS
Quais são as poucas coisas fora do controle direto deles que têm tido, e terão, impacto nessa parte do negócio deles?

OPORTUNIDADES

1	
2	
3	
4	
5	

AMEAÇAS

6. De que maneiras específicas sua empresa pode ajudar o cliente a lidar com as questões cruciais que ele enfrenta?

Compreender as *key accounts* e as necessidades do segmento antes de elaborar uma proposta de valor

PRÓXIMOS PASSOS

Esta análise exaustiva da *key account* está agora completa, e certo número de fatores cruciais de sucesso terão sido listados, junto com maneiras específicas pelas quais seus produtos ou serviços e processos podem ajudar.

A Tabela 8.7 descreve um modo útil de categorizar suas soluções de negócios e abordagens ao cliente antes de produzir um plano de marketing estratégico para ele.

O portfólio de aplicações tem quatro quadrantes. Os de baixo, à esquerda e à direita, têm o rótulo "evitando desvantagem". Embora o sentido desse rótulo seja autoevidente, vale a pena oferecer um exemplo dessa categoria.

Tomemos, por exemplo, um banco que avalia comprar caixas automáticos [*automatic teller machines*, ATMs] para atender clientes fora do expediente bancário. Não contar com ATMs claramente poderia colocar o banco em desvantagem. No entanto, tê-los tampouco traz ao banco qualquer vantagem. A maioria das transações comerciais é dessa categoria.

O quadrado inferior esquerdo representa atividades operacionais chave, como contabilidade básica, manufatura e sistemas de distribuição. O quadrante inferior direito pode incluir atividades como a disponibilidade de material para apresentações internas.

Em contraste com isso, os dois quadrantes superiores mostram uma real oportunidade de diferenciar a oferta de sua empresa ao criar vantagem para o cliente. O quadrante superior direito pode envolver um teste beta de produto, serviço ou processo, antes de investir com força em lançá-lo para o cliente.

TABELA 8.7 A análise do portfólio de aplicações

	ESTRATÉGICAS	DE ALTO POTENCIAL
Criar vantagem		
Evitar desvantagem		
	Principais operações	Suporte

Chave:

- **Estratégicas** = questões que asseguram o sucesso a longo prazo do cliente.
- **De alto potencial** = questões que, embora não cruciais no momento, têm potencial de levar a uma vantagem "diferenciada" para o cliente.
- **Principais operações** = questões que se não forem resolvidas logo, podem criar desvantagem para o cliente.
- **Suporte** = questões que, embora não sejam de natureza urgente, como a disponibilidade de informações, precisam ser resolvidas para evitar desvantagem para o cliente.

Este último ponto não poderia ser mais enfatizado. O sentido todo de reunir tanta informação sobre sua *key account* é conceber maneiras pelas quais você, como fornecedor, possa criar vantagem para o seu cliente. Qualquer outra coisa provavelmente será decidida em função do preço.

MINICASO 2: OBTENDO VANTAGEM

Um exemplo clássico de uma aplicação com alto potencial são os sistemas de computação Thompson no mercado de lazer/férias, por meio dos quais a empresa conseguiu colocar suas próprias férias no topo de todas as listas de agentes de viagem.

A realidade da vida comercial é que a maioria das coisas que qualquer organização faz acaba caindo na categoria de evitar desvantagens. No entanto, empresas líderes adotam uma abordagem de negócios proativa. Elas trabalham duro para desenvolver produtos, serviços e processos designados para entregar vantagem para suas maiores contas, pois é claro que fornecedores criativos focados no cliente sempre serão preferidos em detrimento dos que meramente oferecem produtos no esquema "eu também tenho" ou que negociam apenas com base no preço.

O Clube de Pesquisa de Melhores Práticas KAM de Cranfield reuniu fortes evidências que sugerem que, depois que uma auditoria em uma *key account* é concluída, se isso é apresentado formalmente a gestores sênior na conta, a reação é extremamente favorável e, além

FIGURA 8.12 Processo de parceria de negócios

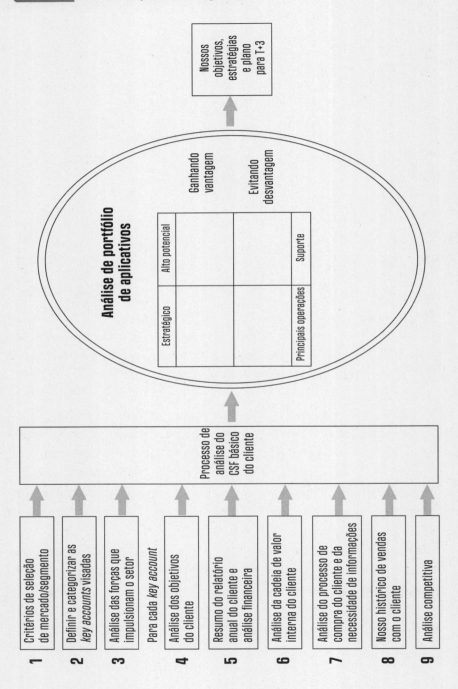

disso, há a probabilidade de que informações confidenciais adicionais sejam oferecidas pelo cliente para permitir que o fornecedor prepare propostas de valor ainda mais poderosas.

Finalmente, voltando a fazer referência à Figura 8.2, repetida na página ao lado como Figura 8.12, ficará claro que todos esses dados e informações coletados usando as ferramentas descritas neste capítulo (descritas como "CSFs" na Figura 8.11) podem ser usados para preencher os formulários, como fase prévia ao desenvolvimento de propostas de valor.

RESUMO

Pesquisa na Escola de Administração de Cranfield mostrou que as empresas que investem recursos em análises detalhadas das necessidades e processos de suas *key accounts* se dão muito melhor em construir relacionamentos lucrativos a longo prazo. Se você estiver armado de um conhecimento detalhado do negócio de seu cliente, é mais provável que descubra maneiras de ajudá-lo a criar vantagens em seu mercado.

COLOCANDO EM PRÁTICA

Faça o máximo de análise que puder, usando o modelo deste capítulo.

REFERÊNCIAS

[1] Porter, M (1980) *Competitive Strategy*, Free Press, Nova York.

[2] Toman, N, Adamson, B e Gomez, C (2017) The new sales imperative, *Harvard Business Review*, p. 118-25. Disponível em: https://hbr.org/2017/03/thenew-sales-imperative [último acesso em 12 de janeiro de 2018].

[3] Robinson, P, Faris, C e Wind, Y (1967) *Industrial Buying and Creative Marketing*, Allyn & Bacon, Boston.

CAPÍTULO 9

COMPREENDENDO A PRÓPRIA BASE DE ATIVOS E CAPACIDADES

INTRODUÇÃO

O propósito deste capítulo curto é gerir expectativas alimentadas como fornecedor. Obviamente são muitas as promessas que podemos fazer como parte de nossas propostas de valor, mas, enquanto fornecedores, precisamos entender com muita clareza as implicações das promessas feitas.

Pegue, por exemplo, a clássica promessa de ser "absolutamente pontual" ["*on time in full*", OTIF]. No entanto, são poucas as empresas que levam em consideração os custos envolvidos em fazer promessas como essa e suas terríveis consequências financeiras.

Examine a Figura 9.1. Ela resume uma pesquisa no padrão de pedidos do fornecedor num período de tempo determinado; o menor pedido foi de 500 unidades e o maior de 10 mil, com uma média de 5 mil e um desvio padrão de 100. Se esse fornecedor fosse manter 5 mil unidades em estoque, ficaria sem estoque 50% do tempo – o que é claramente inaceitável. Digamos que passasse para um desvio padrão, ficaria sem estoque apenas 18% do tempo. Dois desvios padrão significam cerca de 5%. Três desvios padrão significariam cerca de 2% etc. O problema disso é que, nesses níveis altos, é preciso ter disponibilidade de um volume imenso de estoque para garantir os altos níveis de serviço.

As implicações estão na Figura 9.2, que mostra que o custo de manter estoque cresce exponencialmente em níveis altos de serviço ao cliente, ao passo que a taxa de resposta não. Em outras palavras, em níveis muito altos de serviço ao cliente, este sequer se dá conta disso, e acha que é assim mesmo. Essa é uma maneira clássica de aumentar os custos com pouco ou nenhum retorno (os custos associados a estoque são mostrados no box da página seguinte).

FIGURA 9.1 Pesquisa dos níveis de pedidos do cliente

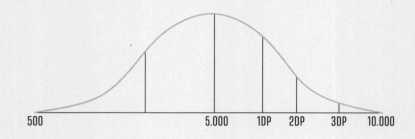

FIGURA 9.2 O custo de manter estoque

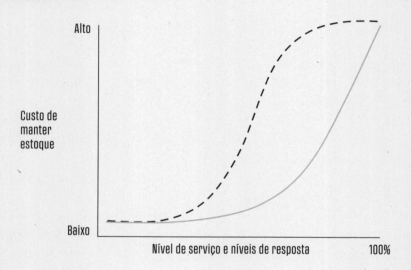

O VERDADEIRO CUSTO DO ESTOQUE

- custo de capital;
- armazenamento e manipulação;
- obsolescência;
- danos e deterioração;
- furto/encolhimento;

> seguro;

> custos de gestão.

Adaptado de *Marketing Planning*, de Malcolm McDonald (2016).[1]

FIGURA 9.3 Impacto da logística no ROI

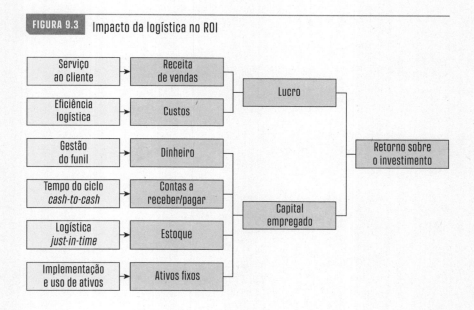

Para os contadores que leem este livro – e esperamos que haja! –, a Figura 9.3 mostra o impacto disso no ROI.

UM ESTUDO DE CASO DE UMA PROPOSTA DE VALOR DE UM FORNECEDOR DE *COMMODITIES*

A esta altura pode ser apropriado introduzir um dos nossos estudos de caso favoritos, que tem dois propósitos: primeiro, indicar a diferença entre compras verdadeiramente estratégicas e compras não estratégicas; e. segundo, mostrar como é possível tornar propósitos não estratégicos mais valiosos para os clientes. A Figura 9.4 mostra uma divisão das compras por categoria de uma grande empresa aeroespacial, que usei recentemente em meu livro de 2016, *Marketing Planning*.[2]

Quase 30% de suas compras são estratégicas e é claro que muita atenção será dispensada a elas. A Tabela 9.1 mostra suas justificativas para itens não estratégicos em um estágio de seu histórico.

A Figura 9.5 mostra suas justificativas para os riscos percebidos de diferentes tipos de compras, com o risco mais baixo sendo de matérias primas de baixo valor e itens como artigos de escritório. No entanto, a revisão de seu pensamento ocorreu quando um contador detectou que é fácil gastar £ 10 para comprar um item de £ 1 – ver Figura 9.6.

FIGURA 9.4 Análise de gastos por segmento no Reino Unido, 2005

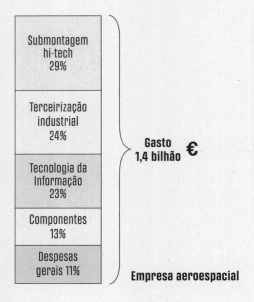

TABELA 9.1 Estratégicas *versus* não estratégicas

ESTRATÉGICAS	NÃO ESTRATÉGICAS
Em quais compras deve colocar foco, os itens de valor agregado Produção de alto valor, processos upstream	Pode ser negociado de forma centralizada Por que as pessoas precisam negociar um preço melhor para esses itens? Onde está o valor agregado? Por exemplo, itens de despesas gerais
É importante categorizar suas compras	

FIGURA 9.5 Onde o *e-procurement* está sendo usado?

Empresa aeroespacial

Eixo vertical (Risco): Confiabilidade do fornecedor, Confiabilidade do produto, Competição do mercado, Proporção do custo, Escolha do fornecedor

Estratégica / Indireto:
- Componentes de alto valor
- Investimento de capital
- Serviços de design
- Contratos de trabalho...

Estratégica / Direto:
- Componentes de alto valor
- Componentes especializados

Não estratégica / Indireto:
- Artigos de escritório
- Consumíveis de TI
- PCs
- Componentes
- Itens industriais

Não estratégica / Direto:
- Matéria prima de baixo valor
- Componentes comuns

FIGURA 9.6 O custo real de comprar itens

Custo do item

PLUS — **CUSTOS DE COMPRA**
- Aprovisionamento
- Pedido
- Progressão
- Atendimento
- Equipe

PLUS — **ESTOQUES**
- Espaço
- Capital de giro
- Baixas Obsolescência
- M.O.Qs (quantidade mínima do pedido)

PLUS — **CUSTOS OPERACIONAIS**
- Aquisição
- Entrada de mercadorias
- Inspeção de recebimento
- Manipulação
- Entrada/saída de lojas Kitting (montar kits)
- Prepping (preparação)
- Alimentar linha
- Etc.

PLUS — **FINANÇAS**
- Livro-razão de compras
- Contas a pagar
- Resolução de erro

Custo real — Não considere só o preço, considere o custo geral de fazer negócio com o fornecedor

"É fácil gastar £ 10 para comprar um item de £ 1."

Empresa aeroespacial

Não esqueça
Artigos de escritório
Equipamento: impressoras etc.
Postagem

Foi nesse ponto que um fornecedor empresarial ofereceu assumir total responsabilidade pelo suprimento e pela disponibilidade de todos esses itens de *commodities* de baixo valor, poupando assim o cliente de muitos incômodos e custos, ao mesmo tempo que aumentava substancialmente as próprias margens – um exemplo perfeito de uma proposta de valor financeiramente quantificada para um fornecedor de *commodities*, e, sim, eles de fato usaram as informações da Figura 9.6 para mostrar o quanto o cliente ficaria em melhor condição ao terceirizar a gestão de todos esses elementos de baixo valor.

COMPREENDENDO NOSSAS PRÓPRIAS CAPACIDADES

No Capítulo 8, mostramos como compreender as necessidades de grandes clientes e de clientes dentro de segmentos.

Se você se lembra, com relação a segmentos, a análise SWOT foi apresentada como uma grande maneira de compreender as necessidades de clientes em segmentos, pois mostrava a importância relativa dos fatores cruciais de sucesso do comprador [*critical success factors,* CSFs], junto com suas próprias capacidades em comparação com os concorrentes. No mínimo, mostrava de que maneiras você precisava melhorar sua oferta para conquistar a adesão do cliente.

Com relação a grandes clientes, porém, a equação é bem mais complexa, porque, embora agora possamos compreender as necessidades dos clientes, também precisamos considerar se somos capazes de satisfazê-las melhor que nossos concorrentes.

Aqui, recomendamos que você leia a seção a seguir sobre estratégias competitivas, em que recorri à ajuda de um trecho de meu livro de 2016, *Marketing Planning*.[3]

ESTRATÉGIAS COMPETITIVAS E COMO SUPERAR GRANDES CONCORRENTES

A essa altura, vou interromper o fluxo deste capítulo para contar uma história que ilustra o que suspeito que você já saiba – como superar seus concorrentes. Imagine três tribos numa pequena ilha lutando uma contra outra porque os recursos são escassos. Uma tribo decide se mudar para uma ilha vizinha maior, monta acampamento e é seguida pelas outras duas, que também montam seus acampamentos separados. De início, há um esforço para se estabelecerem na ilha, até que alguns anos mais tarde começam a lutar de novo por terras adjacentes. O chefe tribal mais inovador, isto é, aquele que foi o primeiro a se mudar para a nova ilha, reúne-se com seus chefes guerreiros mais veteranos e pondera o que fazer, já que ninguém está muito inclinado a mudar de novo para outra ilha. Decidem que têm apenas duas opções:

1. Atacar e tentar sem pausa conquistar o território do inimigo.

2. Instalar-se numa parte menor da ilha e construir ali uma fortaleza inexpugnável (ver Figura 9.7).

FIGURA 9.7 Opções estratégicas

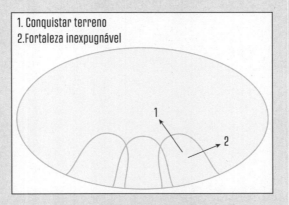

Vamos examinar cada uma das opções. Seguindo um pouco com a analogia militar e começando pela conquista de terreno, imagine dois exércitos enfrentando-se no campo de batalha (os soldados representados pelos círculos). Um exército tem 15 soldados, o outro 12. Imagine que lutam com rifles e todos dão um tiro no outro ao mesmo tempo; nem todos miram o mesmo soldado! A Figura 9.8 retrata o progresso de cada lado na eliminação do outro. Parece que, depois de apenas três rodadas de tiros, o exército da direita fica com apenas um soldado, enquanto o da esquerda fica com oito, ou seja, ainda é uma unidade de luta viável.

O interessante dessa história é que temos um fato mais geométrico do que aritmético, e ela demonstra bem o efeito do porte e do que ocorre quando todas as coisas são iguais, exceto o tamanho. O paralelo com a indústria é a fatia de mercado, claro.

Todas as coisas sendo iguais, a empresa com maior fatia de mercado deverá ganhar ao competir com um concorrente menor. Será que *deverá* mesmo? Claramente, isso não é inevitável, desde que a empresa menor tenha uma ação evasiva. Melhor ainda, pequenas empresas podem atacar com sucesso as empresas bem maiores, especialmente a partir do poder que a tecnologia deu às pequenas e médias empresas.

FIGURA 9.8 A importância da fatia de mercado

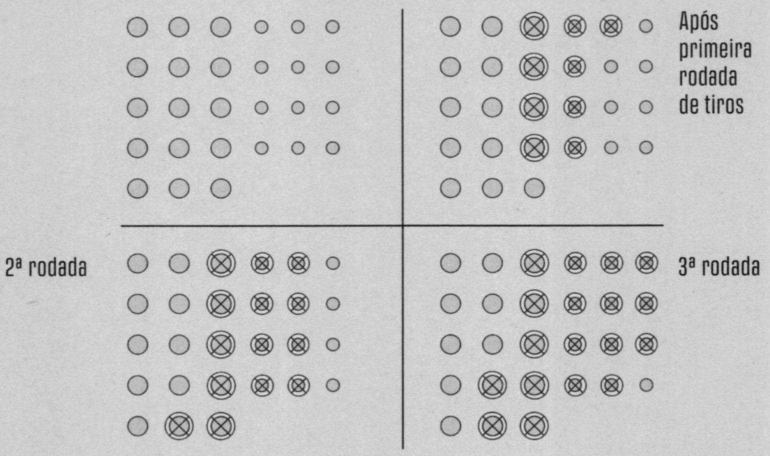

FIGURA 9.9 A história de "Davi e Golias"

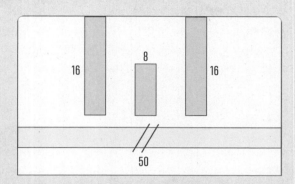

A história de Davi e Golias tem sido repetida todos os dias no século 21. Em resumo, Nelson obteve uma célebre vitória do tipo "Davi e Golias" na Batalha de Trafalgar, sobre um inimigo em superioridade numérica. Digamos que o inimigo tinha 50 navios contra os 40 de Nelson. O que Nelson fez foi dividir seus navios em dois grupos de 16 e mais um de oito. Os oito navios atacaram o centro dos 50 navios para que os 32 navios de Nelson pudessem atacar os 25 do inimigo. Depois, eles juntaram o que havia restado de seus oito e acabaram com o inimigo.

Sim, obviamente esse é uma versão altamente ficcional e romantizada do que de fato aconteceu. Mesmo assim, prova que é possível vencer um inimigo numericamente superior mesmo tendo menos recursos. Aqui, algumas linhas gerais para ajudá-lo a pensar sobre estratégias competitivas:

1. Conheça bem o terreno em que está lutando (o mercado).
2. Conheça os recursos de seus inimigos (análise competitiva).
3. Faça algo com uma determinação que o inimigo não esperava.

Com respeito a este último ponto, o grande historiador de estratégia militar Lanchester apresentou a seguinte equação ao aplicar seus achados à indústria:

Compreendendo a própria base de ativos e capacidades

Poder de luta = eficiência das armas × (número de soldados)^2

Vamos simplificar e resumir isso. "Eficiência das armas" corresponde a elementos como publicidade, força de vendas, a qualidade de seus produtos etc.; "(número de soldados)^2" é mais difícil de explicar, mas é similar em conceito à teoria da massa crítica de Einstein:

$$\text{Energia} = \text{massa (velocidade da luz)}^2$$
$$E = mc^2$$

Vamos tomar como exemplo o uso da força de vendas. Se a pessoa de vendas de seu concorrente visita um ponto de vendas, digamos, duas vezes por mês durante seis meses, terá feito 12 visitas. Se a sua pessoa de vendas faz quatro visitas por mês durante seis meses, terá feito 24 visitas. O que a Lei do Quadrado de Lanchester diz, porém, é que o *efeito* é consideravelmente maior que o dobro em relação ao seu concorrente.

Um exemplo disso foi o ataque que um concorrente muito pequeno, a Canada Dry, promoveu no mercado britânico de bebidas mistas. Ao treinar sua força de vendas para atingir um alto grau de eficácia (eficácia da arma) e focar segmentos específicos de mercado, superando em visitas seu rival de porte bem maior, eles foram gradualmente capazes de ocupar partes determinadas do mercado e então passar para as partes seguintes, até conseguirem uma fatia de mercado significativa. O imprudente teria sido bater de frente com a Schweppes, a líder do mercado, numa grande batalha. O resultado teria sido similar ao destino dos soldados na Carga da Brigada Ligeira [referência ao poema de Alfred Tennyson sobre uma carga da cavalaria britânica, em 1854, na Guerra da Crimeia, quando um contingente inferior em número foi parcialmente dizimado, apesar do espírito de heroísmo.]

ANÁLISE COMPETITIVA

Quanto maior a influência de um concorrente sobre os outros, maior a sua capacidade de implementar as próprias estratégias independentes, e daí maior o seu sucesso. Sugere-se que você também dê a cada um de seus principais concorrentes uma das classificações na guia de posição competitiva abaixo, isto é, líder, forte, favorável, estável e fraco (complete a Tabela 9.2).

Liste também seus principais produtos ou serviços. Em seguida, liste para cada um dos principais concorrentes a direção de negócios e as atuais estratégias. A seguir temos uma lista das direções de negócios e estratégias de negócios, como guia geral. Liste depois os maiores pontos fortes e fragilidades deles.

As guias gerais no box abaixo podem ser úteis.

GUIA PARA CLASSIFICAÇÃO DE POSIÇÃO COMPETITIVA

Líder	➤ tem grande influência no desempenho ou comportamento de outros
Forte	➤ tem amplo leque de escolha de estratégias
	➤ tem capacidade de adotar uma estratégia independente sem colocar em risco sua posição a curto prazo
	➤ tem baixa vulnerabilidade à ação dos concorrentes
Favorável	➤ explora forças competitivas específicas, com frequência num nicho de produto/mercado
	➤ tem mais que a média de oportunidades para melhorar sua posição; tem várias estratégias disponíveis
Estável	➤ seu desempenho justifica a continuidade do negócio
Fraco	➤ atualmente tem desempenho insatisfatório e uma significativa fragilidade competitiva
	➤ ou melhoram ou saem de cena

Compreendendo a própria base de ativos e capacidades

TABELA 9.2 Análise da concorrência

ANÁLISE DE CONCORRENTES					
Principal concorrente	Produto/ mercados	Direção de negócios e atuais objetivos e estratégias	Pontos fortes	Pontos fracos	Posição competitiva

O box a seguir traz cinco direções de negócios que são adequadas para quase qualquer empresa. Selecione aquelas que resumem melhor a estratégia do concorrente.

DIREÇÕES DE NEGÓCIOS

1 Entrada - Alocar recursos para uma nova área de negócios. Consideração deve incluir construir a partir de pontos fortes da empresa ou divisão existente, explorar oportunidades relacionadas e se defender contra ameaças percebidas. Pode envolver criar novo setor.

2 Melhora - aplicar estratégias que melhorem significativamente a posição competitiva do negócio. Isso com frequência requer uma bem-ponderada segmentação de produto/mercado.

3 Manutenção - manter a própria posição competitiva. Estratégias agressivas podem ser exigidas, embora uma postura defensiva também possa ser assumida. A posição de produto/mercado é mantida, com frequência dentro de um nicho.

4 Colheita - para abrir mão intencionalmente de posição competitiva, enfatizando lucro a curto prazo e fluxo de caixa, mas não necessariamente correndo o risco de perder o negócio no curto prazo. Com frequência, dá lugar a agrupar ou reduzir vários aspectos do negócio para obter maior desempenho daquilo que permanece.

 Saída - para desinvestir de um negócio devido à sua fraca posição competitiva, ou porque o custo de continuar nele é proibitivo e o risco associado a melhorar sua posição é alto demais.

 COLOCANDO EM PRÁTICA

Leve em conta o exemplo de estratégias competitivas dado neste capítulo e decida quando em seu mercado você pode ser capaz de fazê-las funcionar.

REFERÊNCIAS

[1] McDonald, M (2016) *Malcolm McDonald on Marketing Planning*, Kogan Page, Londres.

[2] Ibid.

[3] Ibid.

CAPÍTULO 10

DESENVOLVENDO PROPOSTAS DE VALOR

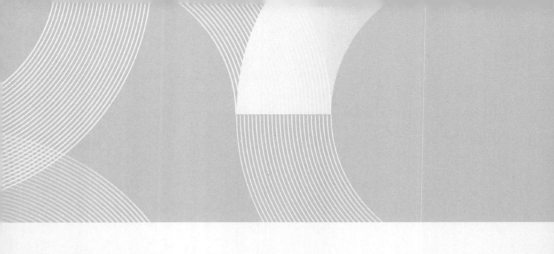

INTRODUÇÃO

Este capítulo tem duas seções. A primeira lida brevemente com estabelecer propostas de valor para segmentos. A segunda seção, a principal, lida com a elaboração e quantificação financeira de propostas de valor para grandes clientes.

SEÇÃO 1: PROPOSTAS DE VALOR PARA SEGMENTOS

Cabe lembrar que, no Capítulo 8, explicamos como compreender as necessidades de segmentos-chave usando uma análise SWOT quantificada. O objetivo de uma análise SWOT de cada segmento importante é expressar quantitativamente como os clientes em cada segmento escolhem (fatores cruciais de sucesso, ou *critical success factors*, CSFs) e a importância relativa de cada CSF na decisão sobre o que comprar (ver Figura 10.1, que mostra as colunas 1, 2, 3 e 4 do diagrama do Capítulo 8). Em tais casos, a proposta de valor não pode ser comunicada a um consumidor individual, precisa ser comunicada por meio de uma série de canais de comunicação.

A Figura 10.2 mostra o processo de vendas inicial na parte de cima e descreve os tipos de canais de comunicação disponíveis aos fornecedores na parte lateral.

As Tabelas 10.1 e 10.2 são versões anônimas de uma agência de viagens com dez diferentes segmentos de clientes. Apenas dois são mostrados aqui, mas elas indicam a ineficiência de não compreender os *reais* comportamentos e as preferências de comunicação de cada segmento. A mensagem é clara: se você compreende as preferências das pessoas nos diferentes segmentos, será capaz de comunicar suas propostas de valor de forma clara e efetiva, em vez de ficar disseminando sua mensagem para um mítico cliente médio, errando o alvo por um quilômetro e, o pior de tudo, desperdiçando somas consideráveis de dinheiro no processo.

FIGURA 10.1 Análise SWOT da proposta de valor

1. DESCRIÇÃO DA KEY ACCOUNT
Deve ser uma parte *específica* de seu negócio e ser *muito importante* para sua empresa

2. FATORES CRUCIAIS DE SUCESSO
Ou seja, como esse cliente seleciona seus fornecedores?

1
2
3
4
5

3. PONDERAÇÃO
(Qual a importância de cada um desses CSFs? A base é 100)

Total 100

4. ANÁLISE DE PONTOS FORTES E FRACOS
Como seus clientes pontuariam você e cada um de seus concorrentes entre dez, para cada CSF?
Multiplique a pontuação pela ponderação.

	Você	Conc. A	Conc. B	Conc. C	Conc. D
1					
2					
3					
4					
5					
.					

FIGURA 10.2 Atividades pelos vários meios

Atividade

Meios	Reconhece potencial	Inicia diálogo	Troca informações	Negocial ajusta	Compromete-se
Contato pessoal					
Mala direta					
Telefone					
Propaganda					
Eletrônica					

TABELA 10.1 Os adoradores do sol

	Internet	Celular	iTV	TV aberta	Canais tradicionais
• Reconhece potencial de troca					
• Inicia diálogo					
• Troca informações					
Negocia/ajusta					
Compromisso					
• Intercâmbio de valor					
• Monitora					

Desenvolvendo propostas de valor

TABELA 10.2 John and Mary Lively					
	Internet	**Celular**	**iTV**	**TV aberta**	**Canais tradicionais**
• Reconhece potencial de troca					
• Inicia diálogo					
• Troca informações					
Negocia/ajusta					
Compromisso					
• Intercâmbio de valor					
• Monitora					

◢ Como seria uma proposta de valor para o segmento

Este é um estudo de caso curto previamente apresentado em *Malcolm McDonald on Marketing Planning* (2016),[1] mas um ótimo exemplo relacionado ao impacto da recessão de 2008; o número de crianças que eram matriculadas em escolas particulares diminuiu, subsequentemente, junto com as vendas. A reação automática foi baixar os preços, o que fez o setor inteiro deixar de ser lucrativo. Os cinco fatores identificados a partir de uma oficina de estudos sobre essas escolas particulares foram facilmente transformados em segmentos: nível de ensino, relacionamento escola-família, praticidade, dinheiro e melhorias. Os pais queriam mudanças em cada um desses aspectos. Os fatores estão listados aqui.

| **FIGURA 10.3** | Escolas particulares |

Cinco fatores cruciais de sucesso:

- nível de ensino;
- relacionamento escola-família;
- praticidade;
- custo;
- melhorias.

Fatores relacionados ao ensino:

- personalidade e visão do diretor;
- resultados das provas;
- tamanho da classe;
- posição em relação às demais escolas (comparada com concorrentes regionais);
- aproveitamento escolar do aluno (Oxford/Cambridge, principais universidades, competições);
- planejamento da escolaridade: A-level, IB, pre-U, IGCSE? Novas matérias?;*
- flexibilidade na escolha das matérias;
- histórico acadêmico (notas ao longo dos anos);
- qualidade, conhecimento, experiência do corpo docente;
- instalações para ensino e aprendizagem;
- oportunidades de aprendizagem fora das matérias convencionais (aptidões vocacionais);
- procedimentos de relatório;
- inovações em ensino/aprendizagem.

---

* A-level, IB, pre-U, IGCSE são denominações do sistema de ensino britânico. Tanto o A-level (abreviação de General Certificate of Education Advanced Level ou GCE A-Level, que quer dizer Certificado Geral de Educação em Nível Avançado) quanto os demais são qualificações educacionais de conclusão do ensino secundário e preparação para o nível pré-universitário. Correspondem de certo modo ao nosso Enem. (N.T.)

FIGURA 10.4 Fatores de melhora/atratividade

➤ Instalações
- **prédios e área externa**;
- **instalações especializadas** (campos de grama artificial iluminados, centro de tecnologia de informações e comunicação [ICT centre], teatro);
- **planejamento de desenvolvimento:** planos para novas/melhores instalações.

➤ Pessoas
- **qualidade do pessoal** (professores e especialistas – esportes, música, *coaching*);
- qualidade do recrutamento do pessoal;
- contato cliente-escola/foco no cliente;
- **compreensão/entrega da missão** por parte de toda a equipe;
- força da **associação de alunos**;
- grau de atividade da **associação de pais**.

➤ "Preparação para a vida"
- **departamento de carreira** ativo;
- expertise em **apoio para ingresso na universidade**;
- **experiência de trabalho, Young Enterprise**, Prêmio Duke of Edinburgh, Prêmio Sports Leader etc.

➤ Comunidade
- **links** por meio de atividades (fundos de caridade, visitas a idosos, trabalho com deficientes etc.);
- **contratação de instalações** (piscina, teatro, ginásios para casamentos e festas);
- cumprimento das disposições do **Charities Act**;
- **reputação local**.

➤ Links e oportunidades internacionais
- visitas para aprender outra língua;
- viagens e expedições;
- outras oportunidades de aprendizagem.

- Tecnologia
  - atualização, acesso ao uso do campus;
  - recursos online para aprimorar estudo.
- Ambiente
  - clareza na política e objetivos;
  - forte **envolvimento do aluno em campanhas e questões**;
  - claro **status de prioridade** na escola – colocado em ação.

FIGURA 10.5 Fatores de relacionamento

- Aconselhamento
  - **bem-estar**: apoio, informação, treinamento, conscientização;
  - responsividade;
  - **estruturas**;
  - **políticas**: disponibilidade, clareza.
- Ethos
  - **missões, valores**;
  - tangíveis, entregues de cima para baixo.
- Associação de pais
- Associação de ex-alunos
- Comunicações
  - internet, intranet;
  - eventos;
  - comunicações impressas;
  - políticas e procedimentos;
  - gestão de problemas.

FIGURA 10.6 Fatores de custo

- Mensalidade
  - mensalidade aumenta a cada ano.

- Bolsas de estudos
  - tipo? (esportes, acadêmicas, integrais, música, arte);
  - % de desconto.
- Descontos
  - faixa de %;
  - avaliação da efetiva disponibilidade de recursos.
- Descontos para irmãos
- Custos de transporte
- Viagens, outros custos extras
- Preço em comparação com concorrentes regionais.

FIGURA 10.7 Fatores promocionais

- cobertura de mídia;
- postura diante de questões educacionais atuais;
- força da marca e reconhecimento;
- material impresso, informações;
- informações e apoio online;
- desempenho no contato pessoal;
- eventos;
- recomendações boca a boca;
- links com fornecedores da escola.

Cada escola que participou dessa oficina facilmente identificou nove segmentos a partir dos detalhes gerados. Dois exemplos são "pais orientados por nível de ensino e notas nas provas" e "pais orientados por custo e relacionamento". As escolas então pegaram cada segmento identificado e os cinco CSFs da Figura 10.1 acima, fazendo a pontuação e a ponderação, e multiplicaram a pontuação pela ponderação para a sua própria escola e para pelo menos um concorrente.

Como seria de esperar, suas pontuações ponderadas foram mais altas em um ou dois segmentos e mais baixas em outros, em grande medida por causa da natureza da escola e sua base de ativos. Como um "aparte" importante, não havia problema em escrever na coluna 2 da Figura 10.1, por exemplo, "fatores de ensino", porque por trás disso havia uma profunda compreensão do que realmente significavam, em razão dos detalhes da Figura 10.4. Esse processo não é apenas para grandes empresas, como mostram essas escolas. O mais importante, porém, é que ele permitiu a cada escola particular examinar sua base de ativos e desenvolver propostas de valor para aqueles segmentos aos quais era mais provável que elas pudessem atrair.

Levando tudo isso em conta, uma proposta de valor para uma das escolas particulares menos conhecidas poderia ser como segue:

Temos classes pequenas e professores bem-treinados para que seu filho receba atenção pessoal competente em todas as suas necessidades. Nossas instalações oferecem um ambiente de aprendizagem maravilhoso, que produzirá resultados bem além das suas expectativas. Somos renomados por preparar crianças para enfrentar as realidades da vida e superar todos os seus medos, para competir com os que frequentam escolas mais caras. Nossa associação de pais e corpos de alunos são projetados para produzir uma comunidade coesa e afetiva, da qual todos temos orgulho de participar. Também temos a satisfação de oferecer o esquema de descontos para irmãos, o que fomenta o orgulho familiar de pertencer à comunidade que todos amamos tanto.

Somos uma escola pequena, mas nossas instalações estão em ótimo estado e oferecem uma plataforma perfeita para todas as nossas crianças, tenham elas inclinação maior para esportes ou para o estudo.

Oferecemos tudo isso por um preço compatível com pais que não pretendam procurar escolas maiores e mais conhecidas.

Antes dessa oficina, as escolas geralmente promoviam a si mesmas visando o mercado todo, com pouca diferenciação e sem compreender como ajustar suas propostas de valor aos diferentes segmentos. Por exemplo, "executivos ricos", um dos segmentos, preocupavam-se mais com oportunidades de melhorar a vida do que com custos, enquanto outro segmento, o de "profissionais bem-sucedidos", que viajam muito, preocupava-se mais com custos e em manter relacionamentos mais próximos com a escola. A proposta de valor do exemplo acima foi desenvolvida para esse segmento e foi muito bem-sucedida. Como você pode ver, essa forma de proposta de valor personalizada tem probabilidade de exercer maior apelo a um segmento particular de pais do que a outros.

Depois dessa oficina, nosso colega Edmund Bradford desenvolveu a bem-sucedida simulação de marketing que continua sendo uma ótima maneira de praticar o desenvolvimento de propostas de valor.

Vamos passar agora à Seção 2, que lida com o desenvolvimento de propostas de valor financeiramente quantificadas para grandes clientes.

SEÇÃO 2: PROPOSTAS DE VALOR PARA *KEY ACCOUNTS*

Você deve ter compreendido que, para ser bem-sucedido, é necessário um volume muito substancial de preparação. A seção a seguir irá ajudá-lo:

➤ Vise aquelas *key accounts* nas quais é mais provável que você obtenha os melhores resultados (ver Capítulo 6);

➤ Liste os desafios ambientais macro e as questões que seus clientes-chave enfrentam (ver Capítulo 8, Tabela 8.1);

➤ Faça um resumo da análise das cinco forças de Porter (use a Tabela 8.2);

➤ Resuma o relatório anual do cliente (Figura 8.6) e os desafios financeiros que ele enfrenta (Figura 8.7);

❯ **Mais importante**, resuma a cadeia de valor do cliente (Tabela 8.3);

❯ Identifique o processo de compra do cliente, completando a Figura 8.12.

Se você tiver seguido esse processo e feito anotações enquanto avançava, estará agora pronto para preparar suas propostas de valor financeiramente quantificadas. Temos o prazer de oferecer nosso resumo de tudo o que vimos até aqui. A Tabela 10.3 resume toda a análise realizada no Capítulo 8.

A Tabela 10.4 é a mais importante deste livro, juntando tudo em propostas de valor financeiramente quantificadas para *key accounts* como resultado da análise da cadeia de valor de Porter.

A PEÇA FINAL

Antes que você apresente suas propostas de valor financeiramente quantificadas ao seu cliente, há uma parte final do trabalho a ser feita. Lembre-se: você precisará classificar as propostas de acordo com a estrutura dada na Tabela 10.5.

A razão é que nem todas as propostas de valor financeiramente quantificadas têm o mesmo valor imediato, e, se você for capaz de categorizá-las e apresentá-las desse modo, terá melhores chances de ser ouvido e, mais importante, de ser compreendido.

CONCLUSÃO

Sabemos que levamos você a empreender uma jornada longa e, às vezes, complicada, mas acredite em nós quando afirmamos que ela valerá todo o esforço. A boa notícia é que muito do que apresentamos até aqui tem no seu cerne processos de diagnóstico, portanto, ao seguir a lógica, você será capaz de fazer um bom volume de trabalho de modo independente. Temos agora o prazer de oferecer a você algumas fantásticas histórias do mundo real nos próximos capítulos, que mostram o grande impacto de transformação que as propostas de valor têm na empresa.

TABELA 10.3 Proposta de valor financeiramente quantificada: resumo da oficina, parte 1

Oportunidades e ameaças para o cliente	Descreva as oportunidades ou ameaças para o cliente	Descreva a oportunidade para nós (o fornecedor)	Importância para o cliente ou impacto (alto/médio/baixo)	Valor agregado + ($€£)	Redução de custo ($€£)	Custos evitados ($€£)	Benefícios intangíveis ($€£)
Da análise STEEP							
Da análise das cinco forças de Porter							
Do resumo do relatório anual							
Da análise financeira							
Subtotal:							

Total: $€£

TABELA 10.4 Propostas de valor financeiramente quantificadas: resumo da oficina, parte 2

Fragilidades da cadeia de valor para o cliente e oportunidades para o fornecedor agregar valor		Pontos fracos do cliente	Descreva em palavras a oportunidade para nós (fornecedor)	Importância ou impacto para o cliente (alta/média/baixa)	Valor agregado + ($ € £)	Redução de custo ($ € £)	Custo evitados ($ € £)	Benefícios intangíveis ($ € £)
CADEIA DE VALOR	Entrada							
	Operações							
	Saída							
	Marketing e vendas							
	Atendimento ao cliente							
CADEIA DE VALOR INFRAESTRURA DA EMPRESA	Finanças							
	Compras							
	Desenvolvimento de tecnologia							
	Gestão de RH							
	Outros (ex.: CSR)							
				Subtotal:				

Total: $ € £

TABELA 10.5	Resumo das propostas de valor	
	ESTRATÉGICAS	**DE ALTO POTENCIAL**
Criar vantagem		
Evitar desvantagem		
	Principais operações	Suporte

Legenda:

• **Estratégicas** = questões que asseguram o sucesso a longo prazo do cliente.

• **De alto potencial** = questões que, embora não cruciais no momento, têm potencial de levar a uma vantagem "diferenciada" para o cliente.

• **Principais operações** = questões que, se não forem resolvidas logo, podem criar desvantagem para o cliente.

• **Suporte** = questões que, embora não sejam de natureza urgente, como a disponibilidade de informações, precisam ser resolvidas para evitar desvantagem para o cliente.

REFERÊNCIAS

[1] McDonald, M (2016) *Malcolm McDonald on Marketing Planning*, Kogan Page, Londres.

[...] nem todas as **propostas de valor** financeiramente quantificadas têm o mesmo valor imediato, e, se você for capaz de **categorizá-las** e **apresentá-las** desse modo, terá melhores chances de **ser ouvido** e, mais importante, de **ser compreendido**.

CAPÍTULO 11

CRIANDO E QUANTIFICANDO FINANCEIRAMENTE PROPOSTAS DE VALOR

DES EVANS, ex-CEO da MAN Truck and Bus UK Ltd.

UMA INTRODUÇÃO DOS AUTORES

Este capítulo é um componente vital do livro, pois coloca a teoria na prática por meio de um estudo de caso. Trata-se de um ótimo exemplo de como a lucratividade de todo um setor, dos fabricantes aos canais de distribuição e ao usuário final, pode ser melhorada substancialmente por propostas de valor financeiramente quantificadas. Ilustra que o processo não é fácil, mas que as recompensas para todos os *stakeholders* (a sociedade, inclusive) são significativas.

No início deste livro, sugerimos que quem mais se beneficia de desenvolver propostas de valor financeiramente quantificadas são aqueles que lutam para se diferenciar. Infelizmente, são muitas as empresas, em particular nos mercados *business-to-business* (B2B), para as quais isso é uma verdade dolorosa.

Ao lançarem novos produtos, muitas empresas focam os aspectos e benefícios do produto, as especificações técnicas, e acabam apenas com mais um produto convencional, no esquema "eu também ofereço", que com frequência se torna comoditizado e termina numa guerra de preços com seus concorrentes. Portanto, as duas perguntas importantes a serem feitas ao desenvolver uma nova proposta de valor são:

➤ Quem são seus mercados-alvo?

➤ Qual é sua vantagem diferencial?

Essas são perguntas muito simples, mas que muitas empresas acabam tendo dificuldade para responder.

Temos a grande satisfação de receber esta contribuição de Des Evans, ex-CEO da MAN Truck and Bus UK Ltd, que se destaca particularmente pela potencial influência que terá em persuadi-lo do grande impacto que as propostas de valor financeiramente quantificadas podem ter no seu negócio. Des foi agraciado com uma Ordem do Império Britânico pelos serviços prestados ao setor de transportes, e esse estudo de caso é apenas uma pequena parte de sua imensa contribuição a um setor que tradicionalmente trabalhava com pequenas margens, em particular devido ao grande desperdício e ineficiência.

CONTRIBUIÇÃO DE UM ESTUDO DE CASO SOBRE A MAN TRUCK AND BUS UK LTD.: ENTREGANDO VALOR E COMUNICANDO VALOR

O estudo de caso a seguir examina o mercado de veículos comerciais do Reino Unido ao longo de 40 anos, da década de 1970 a 2010, e destaca como a MAN Trucks, um participante relativamente novo no mercado do Reino Unido (UK), lançou uma nova gama de produtos num mercado em declínio com resultados notáveis.

A empresa alcançou sua meta de obter 12% de fatia de mercado e vender 6 mil unidades ao fazer uma seleção criteriosa de seu mercado-alvo e demonstrar um grau sustentável de diferenciação em relação a seus concorrentes. Detalhes de como essas duas questões-chave foram resolvidas serão dados mais adiante neste capítulo, mas antes é importante compreender o histórico de como o mercado evoluiu num período de 40 anos.

É interessante notar que a liderança de mercado mudou a cada dez anos e que a causa disso foi que a estratégia básica era conduzida pela produção, e falhou em prestar atenção ao que os clientes realmente precisavam e queriam.

A linha do tempo a seguir indica as mudanças tanto nas vendas anuais como na liderança de mercado de 1970 a 2010.

➤ 1970 mercado UK > 6 ton. c.70 mil un. – líder de mercado Bedford;

➤ 1980 mercado UK > 6 ton. c.60 mil un. – líder de mercado Ford;

➤ 1990 mercado UK > 6 ton. c.50 mil un. – líder de mercado Leyland DAF;

➤ 2010 mercado UK > 6 ton. c.<30 mil un. – líder de mercado DAF.

O mercado de veículos comerciais do UK experimentou uma tremenda mudança ao longo dos últimos 40 anos. Legislação, padrões de emissão, novas tecnologias, concorrência estrangeira e a crise bancária se combinaram em tal grau que, por volta de 2010, o volume de vendas anual havia encolhido de um pico de 70 mil unidades na década de 1970 para menos de 30 mil unidades.

Mais preocupantemente, no que diz respeito aos fabricantes do UK, mais de 30 fabricantes de veículos comerciais do país saíram do negócio durante esse período e foram substituídos por apenas sete marcas europeias de propriedade de cinco empresas.

Os caminhões Bedford, Ford e Leyland dominaram o mercado por mais de 30 anos, mas, no final da década de 1970 e início da de 1980, as marcas suecas Volvo e Scania, junto com Mercedes-Benz, da Alemanha, e DAF, da Holanda, entraram no mercado do UK.

Essas quatro marcas europeias trouxeram não só novo hardware, mas propostas de valor muito atraentes, que não estavam sendo disponibilizadas pelos fabricantes "domésticos". A Volvo e a Scania ofereciam veículos com mais estilo, muito bem equipados com cabines para dormir e aquecedores noturnos. Isso exerceu forte apelo nos motoristas, especialmente porque o transporte transcontinental do UK para o Oriente Médio estava em ascensão. A Mercedes-Benz e a DAF forneceram veículos com os mesmos equipamentos, mas agregavam valor por meio da disponibilidade de estações de serviço de cobertura europeia, que apoiavam o tráfego transcontinental.

Consequentemente, os produtos britânicos da Bedford, Ford e Leyland rapidamente desapareceram, e hoje o mercado do UK, com quase metade do volume da década de 1970, virou o "mercado

Criando e quantificando financeiramente propostas de valor

doméstico" da DAF, da Volvo e da Scania. Na realidade, quase 60% do mercado do UK é dessas três marcas líderes.

Tendo esse cenário competitivo, os fabricantes do UK falharam em se adaptar às novas necessidades dos clientes e focaram continuar no "negócio de sempre", baseado em produto. Além disso, o modelo de negócios dos transportes também estava mudando, com o crescimento do "homem da van branca" e o aumento significativo da população de vans –um aumento das vendas anuais de 150 mil unidades para mais de 300 mil.

O desenvolvimento da internet e dos modelos de entrega a domicílio agravaram ainda mais o desconforto dos fabricantes de caminhões; no entanto, isso também abriu a oportunidade para que uma proposta de valor inteiramente nova fosse apresentada ao mercado de transportes do Reino Unido.

RESPONDENDO À PERGUNTA 1: QUEM SÃO OS MERCADOS-ALVO?

Contra esse cenário de declínio do volume de mercado, um exemplo de proposta de valor para um novo cliente no mercado de caminhões do UK foi desenvolvido pela MAN Truck and Bus UK Ltd, uma subsidiária de total propriedade do grupo de empresas alemão MAN.

A MAN é uma famosa empresa alemã de engenharia que em 2008 celebrou seu 250º aniversário com a seguinte declaração:

MAN – Construindo o futuro desde 1758.

Uma de suas realizações mais notáveis é a invenção do motor a diesel, desenvolvido pelo engenheiro Rudolph Diesel, que trabalhou na empresa MAN no período 1893-1897.

O motor MAN a diesel foi por vários anos o meio de diferenciação em relação a outras marcas, por sua reputação de confiabilidade, facilidade de manutenção e bom consumo de combustível, mas, como ocorreu com muitas empresas de engenharia ao longo dos últimos 20-30 anos, produtos com boa engenharia básica não são mais suficientes.

Os clientes exigem mais do que boa engenharia, e, mais importante, mesmo a boa engenharia pode ser copiada e é então vendida em função apenas do preço. Basta olhar o que aconteceu com a Bedford Trucks e a Ford Motor Company!

Em 24 de março de 2000, a MAN Truck Company lançou sua última geração de veículos pesados comerciais: a TGA, ou Trucknology Generation, que é como o marketing articulou sua descrição completa (ver Figura 11.1).

TRUCKNOLOGY by MAN Trucks – "Não tem a ver só com o caminhão!": assim foi apresentada uma nova proposta de valor baseada numa estratégia de serviço que ajudava as operadoras de transportes a controlar melhor seus custos com a introdução da telemática.

Seu mercado-alvo eram as operadoras que atuavam num raio de 50 quilômetros das 70 revendas do UK, já que a pesquisa destacara que as operadoras de caminhões não estavam preparadas para viajar a mais de 50 quilômetros da oficina de revenda mais próxima.

FIGURA 11.1 A Geração TGA Trucknology

RESPONDENDO À PERGUNTA 2: QUAL É A SUA VANTAGEM DIFERENCIAL?

A linha TGA representou um novo tipo de produto, já que o veículo agora incorporava componentes eletrônicos e digitais, em comparação com os veículos tradicionais, analógicos e mecânicos, que dominavam o mercado.

O novo produto também introduziu o conceito de "Trucknology". Essencialmente, o que isso fazia era juntar conhecimento tanto dos setores de caminhões quanto de transportes. A produção dessa nova linha aconteceu durante sete anos e a um custo de mais de € 1 bilhão. No entanto, a natureza eletrônica e digital do produto possibilitou criar e entregar ao cliente uma proposta de valor inteiramente nova. No UK, vários clientes-chave foram consultados, e suas visões sobre o que os fabricantes de caminhões deveriam estar fornecendo foram discutidas e levadas a sério. Os principais pontos levantados foram que as maiores preocupações da operadora não eram realmente a respeito do produto. Muitos dos comentários eram na linha de "todos os caminhões são iguais", "a questão é apenas o preço".

Mas as reais preocupações das operadoras eram o custo do combustível, o desempenho de seus motoristas e os cronogramas de serviço e manutenção, a fim de manter os veículos na estrada com o mínimo de tempo de inatividade. Portanto, combustível e tempo ativo foram destacados como fatores cruciais de sucesso no que se refere ao lançamento do novo modelo.

Foi também observado que a lucratividade da operadora de transportes era igualmente uma das principais preocupações, com uma média de retorno de vendas de 3%-4%. Para uma unidade articulada de 44 toneladas viajando 150 mil quilômetros por ano, isso significava que a lucratividade seria de £ 5 mil-£ 6 mil por veículo por ano. Isso representava um retorno relativo muito baixo para uma operação de alto risco.

Além disso, em termos de tempo ativo, com disponibilidade de veículo de 300 dias por ano, um ROS de 3% significava que por 291 dias o caminhão operava sem lucro. A lucratividade só era assegurada nos últimos nove dias do ano, e isso na suposição de que não houvesse nenhum tempo de inatividade adicional imprevisto!

◢ Compreendendo a cadeia de valor total

A Figura 11.2 destaca o custo operacional total e a receita de um veículo típico de 44 toneladas articulado viajando 150 mil quilômetros por ano. O que é interessante notar é que o real "custo do produto" é de apenas 10% do custo total anual. Combustível e custos do motorista representam mais de 70%, e é a gestão desses custos que tem importância para o cliente.

Com isso em mente, foi desenvolvida uma proposta de valor do cliente com foco em ajudá-lo a controlar melhor o custo operacional ao fornecer relatórios de gestão em tempo real que lidavam com o consumo de combustível e com o desempenho do motorista.

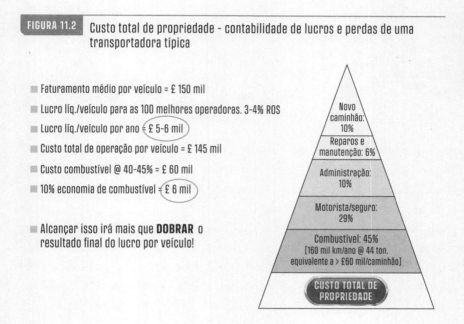

FIGURA 11.2 Custo total de propriedade - contabilidade de lucros e perdas de uma transportadora típica

Entregando e comunicando valor

Em sua comunicação de marketing (ver Figura 11.3), "o produto" era referido como a ponta do iceberg, e afirmava-se que o real perigo eram os 90% de custos invisíveis que ficam sob a superfície. Foi o foco nesses custos, aos quais a linha TGA, em razão de incorporar telemática no contrato de serviço oferecido, mostrou-se capaz de dar suporte à operadora, que constituíram uma oferta única no mercado, que a concorrência havia sido incapaz, até aquele momento, de igualar.

FIGURA 11.3 Foco no cliente da MAN - e nos custos totais das operadoras

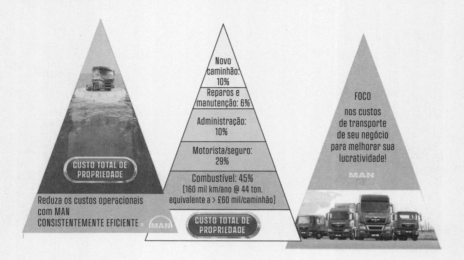

Essa proposta de valor foi adicionalmente validada pelos resultados da monitoração de 1.000 motoristas, que viajaram mais de 3 milhões de quilômetros durante um estudo de pesquisa de pré-lançamento. Os dados da telemática evidenciaram muito claramente a necessidade de treinar os motoristas, quando 90% dos 1.000 motoristas examinados na pesquisa mostraram que não operavam nos níveis *benchmark* (B) de desempenho.

O mais importante foi que a capacidade de operar em níveis *benchmark* de desempenho proporcionava uma redução de 10% no consumo de combustível, o que por sua vez DOBRAVA o resultado final do operador típico (ver Figuras 11.4 e 11.5).

Usando os índices Energy Saver A-G, o desempenho médio do motorista obteve a nota D. Ao comparar o consumo de combustível de um motorista D com o de um motorista *benchmark* B, a diferença no consumo foi de 11%.

Essa pesquisa levou à criação de uma proposta de valor que ressaltou a necessidade de focar o custo total de operação, em oposição à tradicional barganha a respeito do preço do produto. Parece uma mensagem muito simples de comunicar, mas teve sérias implicações tanto para vendas quanto para as redes de serviço, pois representava a necessidade de uma significativa mudança na maneira tradicional de trabalhar.

| FIGURA 11.4 | Categorias de motorista testadas - > 1.000 motoristas do UK testados |

A	Astro absoluto	Eco Style	10 : 1%
B	Desempenho *benchmark*		94 : 9%
C	Competente - Pode melhorar		380 : 36%
D	Desenvolvimento exigido		461 : 44%
E	Caro (em termos econômicos e ambientais)		94 : 9%
F	Assustador		10 : 1%
G	Tchau!		0 : 0%

A entrega e a comunicação desse novo conceito de TRUCKNOLOGY foram desenvolvidas adicionalmente com o auxílio da internet e a introdução do site www.trucknology.co.uk, que permitiu às operadoras conectarem-se tanto com a MAN quanto com a rede de prestadores de serviços.

| FIGURA 11.5 | Consumo de combustível |

A	Astro absoluto	83
B	Desempenho *benchmark*	89
C	Competente - Pode melhorar	94
D	Desenvolvimento exigido	100
E	Caro (em termos econômicos e ambientais)	109
F	Assustador	121
G	Tchau!	130 (EST)

Criando e quantificando financeiramente propostas de valor

Junto com o desenvolvimento do site, foi introduzida uma nova abordagem ao mercado, voltada a soluções de negócios, que permitia ao cliente rastrear o desempenho de seu veículo em tempo real e possibilitava à empresa de serviços programar sua intervenção online e fornecer aos clientes um arquivo eletrônico de documentação legal muito importante. Foi um desenvolvimento extremamente significativo na capacidade do serviço, que diferenciou ainda mais a marca da concorrência.

Uma nova proposta de franquia, o programa UTP, colocou foco em oferecer ao cliente uma garantia de tempo ativo e assegurou que qualquer veículo convocado para a realização de algum serviço estaria de volta à estrada em 24 horas. Esse desenvolvimento levou à criação de outro serviço de valor agregado, chamado Mobile 24, que lidava com todas as quebras na beira da estrada e de novo dava à MAN uma posição de liderança no suprimento de uma cobertura nacional de serviço.

As Figuras 11.6 e 11.7 mostram as três soluções online desenvolvidas com o Trucknology Fleet Management [Gestão Trucknology da Frota]:

① sistema de gestão de documentação – serviço de documentação eletrônica;

② soluções de gestão de transporte – desempenho do veículo e do motorista;

③ gestão das oficinas – programação de serviços e controle dos técnicos.

Essa nova oferta de Trucknology aos clientes logo começou a dar resultados.

FIGURA 11.6 Captura de tela 1 do site da MAN

A Gestão da Frota MAN ajuda operadoras de frotas no atendimento aos requisitos legais de documentação, inspeção e serviços de sua frota, alinhados às diretrizes VOSA de Conformidade com os Requisitos da Estrada. Também oferece maior visibilidade do motorista e do desempenho do veículo, propiciando melhora no nível profissional do condutor, economia de combustível e segurança na estrada, ao mesmo tempo que reduz o impacto que grandes frotas de veículos têm no ambiente.

FIGURA 11.7 MAN, gestão da frota

▶ Sistema de Gestão da Frota da MAN capta os dados brutos do caminhão e simplifica os resultados, em relatórios claros e úteis para os clientes.

▶ Os Relatórios de Gestão de Frota oferecem prova precisa do desempenho de caminhões e motoristas – um grande benefício para clientes que buscam reduzir seus custos e aumentar sua eficiência geral.

Criando e quantificando financeiramente propostas de valor 221

Quantificando valor para todos os *stakeholders* na cadeia de valor

Operadoras com o típico ROS de 3-4% viram seu resultado final melhorar sensivelmente à medida que os motoristas aprimoravam seu desempenho. O aumento de lucratividade também deu lugar a operadoras mais esclarecidas, que criaram esquemas de incentivo para os motoristas ganharem sua parte no aumento da lucratividade. Foram geradas economias de custo adicionais para a operadora, na forma de redução do desgaste de pneus, dos danos por acidentes e dos prêmios de seguro, o que melhorou os níveis de satisfação dos clientes.

O Heavy Truck Study de 2010 (ver Figura 11.8) destaca o aumento da retenção de clientes ao longo de um período de cinco anos, 2006-2010. O desempenho da linha MAN TGA aumentou expressivamente nesse período. Uma classificação de 42% em 2006 passou para 75% em 2010. Mais importante, a empresa foi da sétima posição na parte de baixo da tabela para um segundo lugar no pódio, em 2010.

FIGURA 11.8 HTS 2010 - Retenção de clientes no UK, índice de retenção de clientes pós-vendas

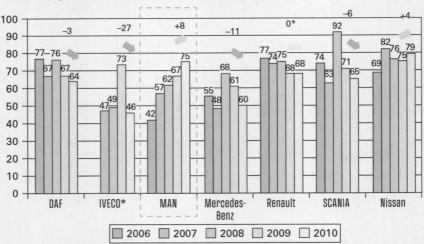

* Em 2010, a Renault não foi incluída na amostra; os resultados mostrados são a partir de 2009.

Esse desenvolvimento teve lugar ao longo de um período de cinco anos e ressalta a necessidade de uma consistência na mensagem, além de indicar quanto tempo leva para uma empresa realizar uma mudança no modelo de negócios. Não é fácil, mas esse resultado pode ser alcançado se forem criadas uma comunicação e uma cultura interna adequadas.

CONCLUSÕES E LIÇÕES APRENDIDAS

Mudar um modelo de negócios tradicional que é considerado como prática padrão num setor conservador é extremamente difícil e não deve ser empreendido levianamente. No entanto, o lançamento de produtos novos, eletrônicos e digitais, permite que as empresas considerem seriamente suas atuais rotas ao mercado e lidem com as duas questões-chave enfrentadas por muitos executivos de empresas:

➤ Quais são seus mercados-alvo?

➤ Quais são suas fontes de vantagem diferencial?

Ao considerar qualquer mudança radical de um modelo de negócios, as cinco questões a seguir devem ser claramente compreendidas.

1 **Avalie as condições de prontidão da empresa** - para que os executivos que têm a "grande ideia" de promover a mudança não cometam o erro de supor que o resto da organização irá acompanhá-los. Haverá resistência à mudança, especialmente nas áreas da empresa que receiam que suas atuais posições e departamentos passem a ficar sob ameaça.

Há muitos exemplos de lançamento de novos produtos que falharam porque os clientes foram informados de uma coisa, mas receberam outra no lugar.

2 **Comunicação interna antes da comunicação externa** - a fim de reduzir o nível de resistência à mudança, é importante desenvolver uma comunicação INTERNA clara e consistente ANTES que

Criando e quantificando financeiramente propostas de valor

qualquer informação EXTERNA seja transmitida aos clientes. O mercado externo só ficará convencido da nova proposta de valor se a equipe da linha de frente com o cliente tiver total convicção sobre a nova maneira de trabalhar.

③ Defina uma clara proposta de valor - a proposta de valor precisa ser claramente compreendida e isso tem consequências para a organização interna e as redes associadas. Empresas orientadas por produto às vezes se debatem com o conceito de valor vitalício, especialmente quando esse se torna a base de diferenciação. Essa questão pode ter consequências para o desenvolvimento de treinamento e aptidões, e requer uma avaliação das competências principais e da capacidade de recursos.

④ Compreenda o risco - desenvolver uma nova proposta de valor do cliente e mudar o modelo de negócios não é isento de risco. Há o risco de que o novo cliente crie mais custos para a entrega do que se calculou de início. Há o risco de que o processo de entrega ou de execução contenha falhas. Treinamento prévio com *key accounts* valorizadas pode eliminar muitos erros e na realidade aumentar a intimidade com o cliente.

⑤ Estabeleça e combine padrões operacionais - qualquer proposta de valor envolve papéis e responsabilidades.
Isso é especialmente assim com serviços avançados que garantem resultados. Portanto, é importante estabelecer padrões de operação básicos e comunicar com clareza o papel e as responsabilidades do cliente para assegurar o resultado exigido.

COMENTÁRIOS FINAIS

O estudo de caso do MAN Truck and Bus UK mostra que um importador de veículos comerciais relativamente pequeno pode competir com os concorrentes do mercado doméstico numa época de imensa mudança do setor. A Tabela 11.1 mostra o desenvolvimento no período 1992-2012.

A fatia de mercado quadruplicou, indo de 3% para 12%, o faturamento aumentou por um fator de 12, a venda de peças aumentou de £ 10 milhões para £ 100 milhões e, com mais de 10 mil veículos sob contrato, foi criada uma nova receita de contratos futuros de cerca de £ 250 milhões.

Além disso, muitas operadoras de caminhões estão agora atuando de modo mais lucrativo e a rede de revendas com uma nova franquia baseada em serviço tem visto o ROS mudar de 1% para 6%, embora em faturamentos menores.

TABELA 11.1 MAN no UK, 1992-2012

Fatia de mercado	3%–12%
Faturamento	£ 50 m–£ 600 m
Venda de veículos novos e usados	1.500–8.000 p/ano
Vendas de peças	£ 10 m–£ 100 m
50% de vendas com contrato de financiamento e serviços	
10.000 unidades sob gestão de serviço/frota	

O revendedor médio tem agora um faturamento de serviço de £ 4 milhões com um ROS de 6% (£ 240 mil por ano), em comparação com um faturamento de vendas e serviço anterior de £ 12 milhões, com um ROS de 1% (£ 120 mil por ano).

Uma proposta de valor, portanto, não é só para o cliente final, mas para todos os *stakeholders* na cadeia de valor, e é prova de que, com a comunicação interna, a cultura e a liderança certas, uma empresa genérica pode competir no mais alto nível.

CAPÍTULO 12

DESENVOLVENDO E APRESENTANDO PROPOSTAS DE VALOR VENDEDORAS PARA OS CLIENTES

TODD SNELGROVE, ex-vice-presidente global de valor, SKF

UMA INTRODUÇÃO DOS AUTORES

Somos muito gratos por essa valiosa contribuição de Todd Snelgrove, ex-vice-presidente global de valor da SKF: ajudando empresas a se tornarem mais lucrativas ao definir e precificar o valor que trazem aos clientes.

Todd desempenhou o papel de evangelizador do valor durante os últimos 20 anos na SKF, uma empresa industrial global de engenharia de rolamentos com sede na Suécia. Trabalhou incansavelmente para ajudar sua empresa a compreender e criar produtos e serviços que de fato tragam valor para o cliente. Desenvolveu uma abordagem e metodologia sistemática de alto nível, para quantificar valor para o cliente com o Programa de Soluções Documentadas da SKF, que, no final de 2017, tinha mais de 100 mil casos de valor aprovados para o cliente, num total de mais de US$ 7 bilhões em valor bruto. Isso posicionou a força de vendas de enfoque técnico e de engenharia de modo a comunicar de forma eficaz o valor criado em termos monetários.

Por fim, ele trabalhou no desenvolvimento de acordos de valor garantidos com mais de 135 clientes globais, focados em extrair valor para ambas as partes ao mesmo tempo e que reduzem custos reais dos clientes e asseguram tanto ao fornecedor quanto ao cliente a obtenção de um benefício sustentável ainda maior. Um exemplo disso foi a conquista pela SKF em 2015 do Prêmio de Excelência da Associação de Gestão Contábil Estratégica, por impactar as métricas dos clientes usando um *scorecard* conjunto. Especificamente, uma ferramenta, uma metodologia e um processo para descobrir, implementar e compartilhar valor, que resultou em ganhos tanto para o cliente quanto para o fornecedor.

O mercado em que a SKF está envolvida segue a evolução vista em outros setores, nos quais o comprador técnico perde a autoridade de comprar o que quiser da pessoa de quem ele gosta e prevalece um foco de aquisição que diz: o que precisamos? O que isso irá fazer por nós? E quanto devemos pagar por isso? Para os de outros setores, cabe ficar atento, pois outros mercados estão seguindo essa evolução do comprador técnico para o comprador comercial, e para eles a proposta de valor das suas soluções precisa ser tangível, e se você pode monetizar a proposta de valor para o cliente, a disposição dele de pagar e a capacidade de pagar por sua oferta aumentam.

Todd agora dá apoio a outras empresas, em qualquer setor, para implantar os programas, processos e ferramentas e desenvolver e quantificar propostas de valor que os clientes se disponham e sejam capazes de pagar.

QUANTIFICANDO SEU VALOR PARA QUE OS CLIENTES SE DISPONHAM E POSSAM PAGAR POR ELE

Este capítulo foi reimpresso aqui por gentil permissão da Routledge Business Press, que publicou o livro *Value First Then Price*.[1]

Como alguém é pago por valor criado? A pergunta tem sido feita por todo *player* de destaque em todos os mercados do mundo. Considerando que os benefícios financeiros da criação de valor, do desenvolvimento de propostas de valor e da precificação de valor são bem conhecidos, por que várias empresas falham em alcançar os resultados desejados depois de terem realizado o trabalho de criar algo de valor? Para aqueles que de fato investem e criam valor para o cliente, é hora de fazer o trabalho que permita ser pago por isso!

$$\text{VALOR PERCEBIDO} \geq \text{CUSTO} = \text{AÇÃO}$$

Começo a encarar isso como uma fórmula. Se o valor percebido (VP) de um bem ou serviço é maior ou igual ao custo de comprá-lo, uma ação, como uma compra, deve ocorrer. Detalhando mais, isso é o valor percebido a partir do ponto de vista do cliente; no entanto, se esse valor puder ser expresso monetariamente, ele será um valor mais concreto do que um valor percebido que não seja monetizado. O custo inclui o preço solicitado e mais todos os demais custos associados (despacho e manipulação, tempo de pesquisa, o custo de capital etc.). Se percebo que vou obter mais valor do que o custo de fazer isso, provavelmente resultará uma compra. Quanto maior a diferença entre o valor percebido e o custo, mais alta a porcentagem de pessoas que comprarão. Por exemplo, se o valor quantificado específico para o cliente é $ 100, e o custo de aquisição é $ 42, há um excedente de valor ou de incentivo para comprar de $ 58, e para a maioria esse excedente é grande o suficiente para motivar a pessoa em direção à desejada ação de compra. No entanto, vamos supor que o valor percebido seja uma sensação (sem nenhum valor numérico atribuído a ela); nesse caso, poucas pessoas comprarão. Por fim, se o valor percebido fosse apenas $ 43 e o custo fosse $ 42, bem menos pessoas investiriam na compra para receber apenas esse $ 1 de benefício.

Examinando o exemplo da Tabela 12.1 de uma oferta por uma ferramenta chamada sistema de alinhamento a laser, vemos uma lista de valores percebidos; vamos supor que para cada item haja um valor que, com base em médias do setor ou em números específicos do cliente, totalize $ 10 mil e que os custos totais da ferramenta sejam $ 4.200, deixando um excedente de valor ou "incentivo" de benefício de $ 5.800. Se os números são um valor concreto, no qual eu como comprador posso acreditar, vou achar uma maneira de obter os $ 4.200. Em geral, quanto mais concretos e mais monetários forem os números de valor, menos valor excedente será necessário para se obter um pedido.

Empresas que empregam uma boa estratégia baseada em valor são 20% mais lucrativas que aquelas que têm uma fraca execução da precificação do valor, e 36% mais lucrativas que aquelas que são boas em executar uma estratégia orientada por custos ou fatia de mercado.[2] Portanto, eu argumentaria que precificar o valor só funciona se áreas adicionais também estiverem envolvidas. A empresa deve criar valor, comunicar esse valor por meio de vendas e marketing, e quantificar esse valor em termos monetários; só então pode ser paga pelo valor criado. Pense nisso por um segundo: se a empresa vai muito bem em três desses aspectos, mas não no quarto, não será paga pelo valor.

TABELA 12.1	Exemplo de cálculo de valor percebido por uma ferramenta de alinhamento a laser

VALOR PERCEBIDO ≥ CUSTOS = AÇÃO		
Menor consumo de energia		
Instalação mais rápida	Preço da ferramenta	
Vida útil da máquina mais longa	Custo de acrescentar ou usar o fornecedor existente	Pedido ou não pedido
Instalação mais fácil	Tempo de espera para entrega da ferramenta	
Menor vibração da máquina		
$10.000	$ 4.200	$ 5.800 excedente de valor

FONTE: Usado com gentil permissão de Routledge Business Press.

Ao viajar ao redor do mundo, ouço com muita frequência dos CEOs o refrão, "Quero que nossa força de vendas venda com base no valor, mas não é o que eles fazem… por quê?". A resposta é simples. Não há um modelo único para todos e não existe solução mágica. Vender com base no valor exige foco, suporte da gestão, ferramentas e treinamento, além de atributos para enxergar os resultados. Em conversas com outros *thought leadership* na questão do valor, acabei percebendo que há várias outras coisas que precisam acontecer para que a venda de valor funcione para uma empresa.

Para uma força de vendas, a questão se resume a dois focos principais: eles têm a capacidade de vender valor? E eles querem vender valor? Acho que a maioria das empresas foca a área de capacidade e supõe que a força de vendas quer vender valor e que eles simplesmente precisam ir em frente e fazer isso. Então, o que falta?

POR QUE GASTAR TEMPO E ESFORÇO PARA QUANTIFICAR O VALOR DE SUA EMPRESA?

O primeiro passo na jornada é entender que quantificar valor é algo que seus clientes querem e precisam que você faça, algo que permitirá justificar comprar sua opção, a não ser que você já se apresente consistentemente como a oferta de menor preço. No mundo da compra e da precificação, existem duas forças competindo. Do ponto de vista do cliente, elas são a *disposição* de pagar pelo valor e *capacidade* de pagar por esse valor. Nos dias em que era o usuário de um produto ou serviço quem tomava a decisão, e a compra era uma função mais administrativa, o processo era mais fácil – pois o usuário da solução oferecida por você podia justificar na própria mente o sentido de "melhor, mais durável, mais fácil, mais rápido", pois eram eles que recebiam o benefício. No entanto, nas duas últimas décadas, a atividade de "comprar" evoluiu para o foco estratégico de "suprimentos" [*procurement*]. A diferença é importante: agora é o departamento de suprimentos quem decide o que tem valor, o que eles se dispõem a pagar – e como não são eles que irão ver e receber os benefícios, é menos provável que paguem por eles. Em segundo lugar, no mundo atual de restrições orçamentárias, a questão é se o cliente tem o dinheiro ou o orçamento para comprar a melhor oferta. Os estudos de caso, pesquisas, e histórias episódicas que veremos a seguir mostram que se o valor puder ser quantificado na linguagem universal de dólares e centavos, é possível que aconteça facilmente a obtenção de novos orçamentos ou a realocação de dinheiro de outro orçamento, e que aquisições se disponha a investir.

Por exemplo, eu posso dizer a um cliente potencial (usuário de um produto ou serviço): "Essa solução vai permitir que faça o trabalho 22% mais rápido, e a qualidade do trabalho ficará 10% melhor" (supondo que haja dados para apoiar isso). Quanto esse cliente se disporia e seria capaz de pagar por esse valor? Isso iria depender do que esses impactos significassem para ele e da comparação dessa compra com outras compras concorrentes. Ele pode achar que a minha solução é a melhor, e então levará esse argumento ao seu chefe, ao departamento de suprimentos e ao financeiro e explicará que tempo é dinheiro, por exemplo. No entanto, o que acontece se depois de mencionar os benefícios acima e, com base em médias do setor ou em medições específicas da empresa dele, eu apresentar um caso de negócios customizado, mostrando que minha solução pode fazer a empresa deles poupar $ 225.000 por ano em tempo, peças, redução de aparas e menos retrabalho? Que cenário terá então melhor chance de obter o pedido? Agora eles sabem o que a solução vale de fato e qual posição ocupa em relação às solicitações concorrentes para os dois sempre escassos recursos de tempo e dinheiro. No mundo atual, no qual sua oferta compete por fundos e prioridade com outras opções, a que tiver o melhor caso de negócios, com os valores mais concretos e as maiores probabilidades de realização, será a oferta comprada. Se você não consegue quantificar o valor de sua oferta, ela será colocada no temido âmbito da não decisão, ou da baixa prioridade. Ou a compra será vista como uma *commodity* e você será comparado com seus concorrentes com base no preço e na entrega. Hoje aumentaram as situações de tomada de decisão por um comitê, e a força dominante nesse caso é "vamos procurar não tomar a decisão errada". Se as coisas acabam não dando certo, é fácil argumentar que "tínhamos todos os requisitos mínimos com um preço unitário mais baixo" para apoiar a escolha de um mau fornecedor. No entanto, com um caso de negócios examinado e aprovado, todas as funções envolvidas na decisão podem apontar para a vantagem, o ROI e o fluxo de caixa do caso de negócios fornecido para justificar por que o projeto ou a solução foi aprovado e superou outras opções. Mesmo quando não há orçamento, se a vantagem é confiável ou garantida, o dinheiro pode facilmente ser realocado ou encontrado quando existe um caso de negócios quantificado.

Portanto, depois que você enxerga a necessidade e o benefício de quantificar seu valor, o que mais precisa acontecer para que sua empresa possa vender e ser paga por esse valor? Vamos examinar os recursos, requisitos e focos internos e externos necessários (ver Figura 12.1). Esses não estão classificados por ordem de importância; no entanto, você precisa dar atenção a todos eles para ser realmente bem-sucedido. Ao longo da última década, tive a oportunidade de me sentar com o guru do valor, o professor James Anderson, e discutir o que está funcionando, o que não está e por que nas estratégias de "comercialização do valor" em nossas empresas e nas dos outros. Após uma discussão, Jim criou o diagrama mostrado na Figura 12.1. Fiquei impressionado com a clareza com que ele foi capaz de representar os principais pontos e mostrar como eles apoiam as duas áreas de capacidade e disposição de vender valor. Fazer uma verificação para nos certificar de que estamos levando em conta todas as áreas listadas nesse diagrama garante que sejam cobertas todas as questões básicas para um programa vital, contínuo e robusto baseado em valor, que permita à sua empresa diferenciar sua oferta das apresentadas pela concorrência.

FIGURA 12.1 O que leva ao sucesso de vender com base em valor

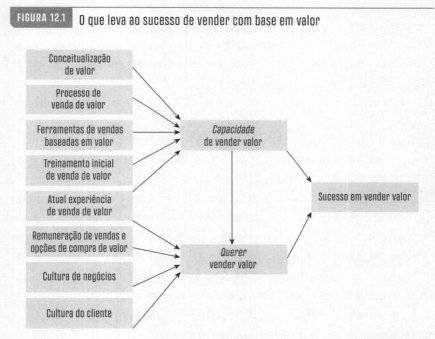

FONTE: Ilustração cortesia de James Anderson (2015). Usada com gentil permissão da Routledge Business Press.

O COMPONENTE "CAPACIDADE DE VENDER VALOR"

Conceitualização de valor

Qual o valor da sua empresa para seus clientes? O que ela os ajuda a fazer melhor do que outras opções? Venda de valor começa com o passo básico de certificar que sua empresa cria algo de valor. Seja um produto ou um serviço, precisa ter um atributo que seja não só diferente, mas também de valor para alguém de seu público-alvo.

A maioria dos acadêmicos usa o termo "proposta única de venda" [*unique selling proposition,* USP]; no entanto, o simples fato de algo ser único não significa que seja de valor. Nos 100 anos de celebração de nossa empresa, nosso CEO foi ao palco e memoravelmente disse: "*Valor não está nas mentes de nossos engenheiros e no que nós achamos que é valor; valor é o que os clientes valorizam*".

Há alguns anos, na entrevista para meu trabalho na SKF (líder global sediada na Suécia em produtos de engenharia industrial), perguntei ao meu presidente canadense por que os clientes prefeririam comprar um rolamento SKF em vez de uma oferta concorrente, sendo que nosso preço era mais alto. Nunca vou me esquecer a expressão pétrea de nosso presidente sueco, que disse – quase sem acreditar que eu ainda não soubesse a razão – "Somos suecos". Comecei a rir e então percebi que ele não estava brincando. Ou seja, nosso escritório-sede está num país, enquanto nossos concorrentes estão em outros. Isso é algo único, mas não é algo de valor (para mim, pelo menos). O que eu ouvi foi ele dizendo que nosso escritório central fica na Suécia. O que ele quis dizer foi que nós fazemos os produtos de mais alta qualidade do mundo, e que geramos mais inovações e patentes que todos os nossos concorrentes juntos (a cultura sueca é altamente inovadora e focada em qualidade). Portanto, a primeira fase de vender valor é certificar-se de que você cria algo que é de valor para os seus clientes – seja o que for.

Assim como empresas de capital aberto têm responsabilidade com os acionistas de criar um lucro sustentável, precisamos ter certeza de estar ajudando-as a fazer isso do jeito certo, agregando real valor e eliminando custo real. Para obter adesão, esse valor precisa ser quantificado.

◢ Processo de venda de valor

Em segundo lugar, o valor precisa ser parte de seu processo de venda. Você está meramente reagindo a solicitações de clientes, ou está proativamente engajando com ele, resolvendo problemas e articulando esse valor no decorrer de seu processo de vendas? O Corporate Executive Board,[3] um *think tank* americano, recentemente descobriu que entre mais de 1.400 interações de vendas de clientes B2B, os clientes completaram, em média, quase 60% de uma típica decisão de compra pesquisando soluções, classificando opções, definindo requisitos, fazendo o *benchmarking* de preços, e assim por diante, antes de falar com um fornecedor. Portanto, se o cliente decidiu que três fornecedores atendem aos seus critérios mínimos, o preço é a única coisa mensurável diferente. Nesse caso, é difícil intervir e dizer: "Ei, você precisa repensar seus requisitos: o que você precisa de fato fazer é medir o valor ou o custo total de propriedade". Mesmo assim, com base na experiência, temos sido capazes de dizer (apesar de ser mais difícil quando já se está mais avançado no ciclo de vendas): "Será que não deveríamos falar dos $ 5 milhões em peças anuais que você compra e na economia de preço de 5% que fará sobre isso se me der $ 2 milhões adicionais em negócios ($ 350 mil, em tese, de economia no preço), ou dos $ 4 milhões em economia em CAPEX [Despesas de Capital] e OPEX (despesas operacionais) (melhoras concretas em EPS [*earns per share*, isto é, ganhos por ação]) que nossa empresa pode ajudar a trazer para o seu resultado final ao colocar suas instalações dentro da média mundial de alto nível? Uma oportunidade de lucro que é 11,5 vezes maior?". Tudo o que o cliente pode perguntar agora é: "Isso já aconteceu antes? Qual a probabilidade de que aconteça de novo? Como poderemos medir isso? O que acontece se você acerta ou erra o alvo? Que relacionamento de pagamento devemos ter?", Tudo isso passa para a discussão da implementação para realizar valor.

FIGURA 12.2 Custo total de propriedade

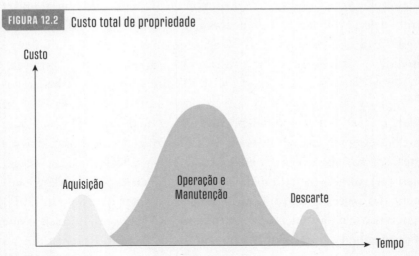

FONTE: Usado com gentil permissão da Routledge Business Press.

Será que sua força de vendas é capaz de ter uma discussão inteligente com aquisições, finanças, engenharia, e até com o CEO do cliente para explicar que preço mais baixo não é igual a custo mais baixo? Será que a sua empresa tem influência, mede e reduz custos e aumenta valor com o uso de seu produto ou serviço durante as fases de aquisição, instalação, operação, manutenção e descarte? Sua empresa também aumenta os benefícios que seu cliente recebe, como aumento de produção, redução de riscos, maior segurança, aumento nas vendas? Ao examinar o custo total de propriedade (redução de custos) junto com o benefício total de propriedade (aumento nos benefícios de valor), você pode agora compreender e demonstrar com números como exerce influência e mede o impacto de sua oferta no valor total de propriedade deles – que é a diferença em redução de custos mais aumento de benefícios menos qualquer aumento de preço – e por meio disso torna a empresa deles mensuravelmente mais lucrativa (ver Figura 12.2).

◢ Ferramentas de vendas baseadas em valor

A maioria das empresas acha, equivocadamente, que ter uma ferramenta de vendas baseada em valor é o Santo Graal e o fim da jornada de valor. Como as empresas comentam comigo, referindo-se ao passado: "Se tivéssemos contado com uma metodologia para nos sentar com nossos clientes e documentar quanto dinheiro mais eles poderiam ter ganhado ou poupado usando nossa oferta em vez da melhor alternativa seguinte, todos os nossos problemas teriam sido resolvidos". Essa é uma das peças fundamentais; no entanto, é apenas parte da jornada.

Na SKF, no início da década de 2000, vimos que todos os benefícios de superioridade técnica no universo de nossos produtos não fariam diferença para um vice-presidente de finanças ou de aquisições, a não ser que pudéssemos traduzir nos termos frios e concretos de dinheiro o que esses aspectos e benefícios de nossos produtos significavam. Com isso em mente, criamos uma ferramenta chamada Programa de Soluções Documentadas™ (ver Figura 12.3). É a nossa metodologia para nos sentarmos com o usuário da solução e apresentar o que esperamos que seja e que pode eventualmente ser um caso de negócios de ROI. Essa justificação financeira para o cliente pode agora ser usada para mostrar aos chefes os benefícios em dinheiro vivo de escolher trabalhar com a SKF, ou de comprar uma solução específica. Não somos o fornecedor mais barato de nosso setor, mas podemos ajudar clientes a obter os menores custos ao usarem nossos serviços e produtos. Essa ferramenta e metodologia se tornou um pilar de nosso negócio, e todo ano reportamos os números gerados. No final de 2014, tínhamos mais de 56.301 casos aceitos ou verificados com clientes, com economias de mais de US$ 5 bilhões, cobrindo todas as nossas cinco plataformas de tecnologia. Você pode imaginar o poder de sentar-se com um cliente e demonstrar como essa mesma oferta tem ajudado a empresa dele numa diferente localidade do mundo, ou ajudado alguém operando no mesmo setor a poupar muitos dólares pela implementação dessa solução. A conversa vai de "quanto isso custa?" para "quando podemos iniciar isso de modo que eu comece a economizar dinheiro e a resolver um problema?".

Para que uma ferramenta de quantificação de valor realmente funcione, ela deve ser de fácil compreensão por uma pessoa da área técnica e financeira. Lembre-se: uma boa ferramenta de TCO [*total cost of ownership,* isto é, "custo total de propriedade"] não é uma ferramenta de vendas em si. É um processo e metodologia de *benchmarking,* de descoberta, priorização, otimização e quantificação de valores esperados em termos financeiros, para que os clientes possam ver se faz sentido para eles investir em sua solução. Com muita frequência vejo modelos elaborados por empresas que na verdade são apenas uma ferramenta de vendas com outro nome.

As características de uma ferramenta TCO de quantificação são:

1 Ter faixas de dados de *benchmarks* e pontos de referência.

2 Permitir que clientes mudem a entrada de dados.

3 Ser clara e concisa. Às vezes os engenheiros complicam demais as coisas e acham que quanto mais detalhado, melhor.

4 Mostrar os resultados da maneira que seu cliente gostaria de vê-los, por exemplo, em termos de ROI, valor presente líquido, *break even* do fluxo de caixa, dólares poupados.

5 Ser funcional – permitir que os usuários salvem casos e trabalho por meio de um processo que vá da proposta à aceitação e à verificação.

6 Permitir a criação de um arquivo, de modo que os casos possam ser salvos, pesquisados e selecionados por setor, aplicação, país, distribuidor, cliente e assim por diante.

7 Fornecer atualizações ao vivo quando conectada ao servidor corporativo; links para material de referência.

8 Ser fácil de usar – disponível em uma versão leve, por exemplo para um iPad (como a SKF lançou em 2015), em várias línguas e moedas, e assim por diante.

Treinamento inicial de venda de valor

Agora que você sabe que sua oferta tem valor, que seu processo de vendas incorpora valor e que você tem ferramentas para demonstrar e quantificar valor, precisa se certificar de que sua força de vendas se sinta confortável em vender com base em valor, não em preço ou tecnologia. Durante o treinamento inicial, gaste algum tempo discutindo por que essa é uma boa estratégia para eles e para a sua empresa, e por que razão os clientes querem e precisam de uma prova de valor. Programas que chegam como um decreto do escritório central costumam encontrar resistência desnecessária no campo. Traga o time junto na jornada; não force, empurrando isso goela abaixo. Claro que eles precisam compreender e praticar com a funcionalidade da ferramenta. Além disso, se sua força de vendas é técnica, você precisará gastar mais tempo ainda para obter sua adesão. Para a SKF, isso tem sido um desafio, porque nós contratamos engenheiros, e para eles a tecnologia já explica por si o valor. Eles tendem a ficar mais felizes falando sobre os aspectos e benefícios do produto, como a dureza do aço ou a precisão do processo de manufatura, e se a solução prova o valor, por que seria necessário converter esse valor em dólares e centavos? Quando falam com outros engenheiros, não há problema; estes entendem o que essas coisas significam – mas o financeiro não. Ao longo dos anos, lançamos e usamos um grande grupo externo de consultoria de vendas global para garantir que nossos times se sintam confortáveis e saibam vender com base em valor e se sintam confortáveis ao lidar com termos como retorno sobre investimento, retorno sobre o patrimônio, valor presente líquido, e como afetamos os ganhos por ação do cliente. Se sua força de vendas não compreende esses termos ou não sabe como a oferta de sua empresa pode afetar o lucro do cliente, algum treinamento se faz necessário.

Nos estágios da capacidade de vender valor, focamos os fundamentos necessários. A seguir, discutimos o que ainda precisa acontecer para manter o programa de mudança de cultura vivo e positivo para o seu time e para os seus clientes.

FIGURA 12.3 Soluções documentadas SKF

FONTE: Usado com a gentil permissão da SKF e da Routledge Business Press.

O COMPONENTE "QUERER VENDER VALOR"

A experiência de venda de valor hoje

No entanto, treinamento não é uma coisa que se faz uma vez e pronto; deve ser contínuo. Atletas treinam todos os dias, e pessoas de vendas também devem treinar diariamente. Na SKF, estamos apenas começando a fazer exercícios de *role-playing* [desempenho de papéis] em que um alto gestor age como o cliente e desafia a apresentação de nossa pessoa de vendas perguntando: "Qual o valor que isso tem para mim como cliente?". Você só será competente e se sentirá à vontade em vender valor quando souber e tiver respondido a perguntas similares a essa, centenas de vezes. Qual será a reação do departamento de suprimentos a essa oferta? Vamos praticar e refletir sobre quais seriam suas possíveis objeções, de modo que estejamos preparados no dia do jogo. Também gosto de regiões e países ao redor do mundo que incluem a discussão do valor em toda reunião, na qual alguém apresenta um caso, diz que números foram usados, como o processo funcionou e quais foram as principais aprendizagens. Levar especialistas regionais com você para fazer visitas de vendas, bem como ter orientação e *coaching* da gestão, deve ser algo contínuo, e parte de um lembrete anual da importância e do foco dessa iniciativa dentro da sua empresa.

Remuneração de vendas e opções de compra de valor

Se você for capaz de provar valor, as empresas serão capazes de pagar por ele. A remuneração de vendas terá impacto na maneira como seu pessoal se comporta. Você incentiva metas de volume? Nesse caso, não deveria ter de se perguntar por que seu pessoal de vendas é tão inclinado a cortar preços. Em algumas empresas, vejo *targets* de vendas definidos como uma meta, sem que se leve em conta se um negócio foi fechado por meio da oferta de descontos. Algumas empresas podem se achar avançadas por reduzirem o montante de vendas ao preço líquido com desconto. Mas, para uma empresa com uma margem de lucro líquido de 10%, um corte de 5% no preço equivale a realizar apenas metade dos dólares de lucro. Além disso, lembre-se de que serviços gratuitos, amostras

240   PROPOSTAS DE VALOR

grátis, treinamento gratuito, condições estendidas etc. são apenas outras maneiras mais criativas de conceder descontos para a sua oferta. Sugiro recompensar mais a pessoa de vendas que vende menos, mas pelo preço cheio, do que a que gasta a maior parte de seu tempo com a gestão, justificando que um cliente particular precisa obter um desconto.

Examinamos como você paga seu pessoal de vendas, mas devemos ver também se você tem dado a seus clientes uma opção de compra com base em valor percebido. Em outras palavras, você usa modelos de pagamento por desempenho que permite que os clientes paguem quando o valor é percebido por eles? Se não, eles podem não ser capazes de comprar com base em promessas de um potencial valor futuro. Na SKF, usamos metodologias um pouco diferentes: para grandes clientes, podemos entrar numa garantia de economias de custos anuais. Como um CEO certa vez comentou: "Tenho 25 diferentes maneiras de oferecer um desconto, por volume, questões competitivas, setor, novos negócios etc., mas não tenho uma maneira de garantir o valor que criamos… isso precisa ser corrigido".

É ótimo oferecer valor aos clientes, mas será que você oferece a eles maneiras de pagar por esse valor que se encaixem na sua situação particular? Antes de continuarmos, vamos deixar claro o que significa ser pago por valor. Não se trata de "extrair" todo o valor incremental entregue ao cliente num preço *premium*, por exemplo. Fazer isso deixaria o cliente sem nenhum incentivo, ou excedente de valor, para levá-lo a escolher sua opção. Em segundo lugar, acredito que a maioria das empresas tem apenas a opção "compre meu produto ou serviço por tal preço". No entanto, é preciso que haja todo um conjunto de opções baseadas na situação do cliente e no que ele valoriza. O extremo é uma opção "compre meus produtos por um certo preço de lista com uma opção 100% 'pague por desempenho'". Dentro da SKF, chamamos isso de um acordo IMS [*integrated maintenance service* ou "serviço de manutenção integrada"]. Como ocorre com muitos acordos de terceirização, focamos aquilo que pode impulsionar as economias mais imediatas para o cliente. Portanto, podemos dizer: "Senhor Cliente, quanto você pagou no ano passado por todas as peças, pessoas e despesas operacionais para dirigir essas fábricas?". "X." "Certo, nós faremos isso melhor (medindo essas KPIs

FIGURA 12.4 Opções de pagar por desempenho

A maioria das empresas se contenta em compartilhar lucro. Os Sistemas de Confiabilidade da SKF se dispõem a

compartilhar risco.

Como alternativa às tradicionais práticas de manutenção ou terceirização plena, a Solução Integrada de Manutenção (Integrated Maintenance Solution, IMS) dá aos Sistemas SKF de Confiabilidade a responsabilidade pela gestão estratégica do ativo de sua máquina. Nós compartilhamos parte do risco, assim como a economia, e você recebe os retornos financeiros e as atualizações tecnológicas que tiverem sido acordados – sem investir capital.

Nosso time "no local" provê os serviços e apoio mais adequados para otimizar a eficiência e integridade de sua fábrica. Todos os serviços são entregues sob um contrato de taxa fixa, baseado em desempenho. Também incluída nas condições está uma garantia de que a SKF devolverá parte da taxa contratada se a concordância sobre as metas não for alcançada.

Cada contrato é diferente, personalizado segundo as necessidades específicas de seu negócio, complementando seus recursos internos.

É um acordo IMS o que lhe convém? Entre em contato conosco para discutirmos seu potencial ROI e para conhecer alguns dos resultados que produzimos para outras empresas.

SKF Sistemas de Confiabilidade
www.skf.com/reliability

FONTE: Usado com gentil permissão da SKF e da Routledge Business Press.

entregáveis e fazendo isso com uma economia imediata de Y). No entanto, conforme fazemos você ganhar mais dinheiro, nós obtemos uma compensação, quando essas metas de *benchmark* forem superadas (ex.: aumento de produção)." Eu diria que terceirizar TI geralmente segue esse modelo, e isso pode fazer sentido. Especialistas corporativos focados apenas na entrega de tecnologia da informação devem ser melhores para isso, porque se trata de sua expertise essencial. Essa é uma ótima oferta; no entanto, podem surgir alguns problemas, e tenho visto empresas tentarem essa opção, junto com outros acordos do tipo "pague por desempenho". Se não forem listadas todas as compensações, uma coisa que parece boa (aumento de produção, menos estoques etc.) pode ser apenas uma vitória de curto prazo; mas, se para fazer isso são sacrificados ativos (utilizando-os sem uma manutenção proativa), o resultado na verdade serão perdas – e não uma economia. Basta pensar no que uma bomba realmente valerá daqui a poucos anos se não for feita uma manutenção adequada. Todas essas economias propostas ou mesmo realizadas acabarão sendo mais que compensadas por aumentos em custos futuros. Com isso em mente, acordos "pague por desempenho" funcionam se forem de longo prazo, de modo que ninguém seja incentivado em moldes de curto prazo. Mesmo assim, entre essas duas opções devem existir outros formatos de "ser pago por valor". Uma versão mais simples é: "Senhor Cliente, embora nossos produtos possam ter um preço inicial mais alto que a média de X, nós garantimos economias concretas anuais que excedem isso". O benefício é que o cliente está obtendo valor por pagar mais e que o valor se torna contínuo, enquanto as reduções de preço são pontuais (fornecedores não irão ou não podem oferecer uma economia de preço incremental de 5% ao ano, mas podem oferecer nova economia garantida de 5% em outra área). Como cliente, desde que as economias sejam concretas, mensuráveis e não forcem o aumento de outros custos, eu me disponho a continuar pagando mais, já que essas economias se acumulam e me tornam mais lucrativo de uma maneira sustentável.

Uma pergunta que tenho feito a profissionais de suprimentos é: "O que é melhor: uma economia no preço de aquisição ou uma economia contínua no custo anual?".

Imagine que você se depara com a seguinte escolha: uma economia prévia de 5% no preço num contrato de 5 anos ou uma economia de 5% no custo anual por 5 anos (ver Figura 12.5). Qual a opção que compensa mais? Primeiro, vamos supor algo que raramente acontece – que os 5% de economia no preço realmente chegarão ao resultado final da sua empresa e que não ocorra em nenhuma outra parte algum aumento de custo imprevisto. Vamos supor também que a economia de 5% anual TCO é real e mensurável – economia em lubrificação, por exemplo.

Dados esses dois cenários, algumas pessoas de suprimentos podem achar que, como ambos são de 5%, valem o mesmo. Essa análise poderia

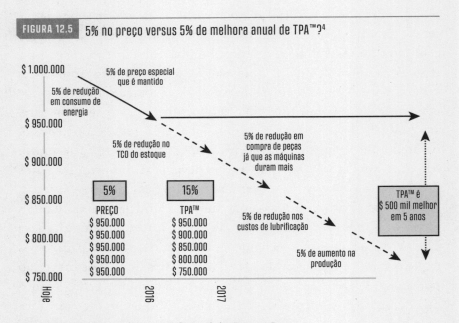

FIGURA 12.5 5% no preço versus 5% de melhora anual de TPA™?[4]

FONTE: Usado com gentil permissão da Routledge Business Press.

estar correta depois do primeiro ano, mas não depois do segundo. Mudar para outro fornecedor pode trazer uma economia de 5% no preço, mas esse fornecedor não oferece ou não é capaz de entregar essa economia incremental no preço todos os anos a partir daí.

No entanto, de um ponto de vista da TCO, durante o segundo ano seriam gerados outros 5% de economia adicional ao focar uma nova área de oportunidade, como a economia de energia. A magia das economias anuais cumulativas e contínuas permite que um TCO anual de 5% de economia tenha o valor de 15%, em comparação com os 5% de economia no preço, ao longo de um período de cinco anos. Lembre-se, nossa suposição foi de que haveria o melhor cenário possível para o produto substituto baseado em preço.

Pesquisa do IACCM mostra que um foco em descontos no preço mina o valor alcançado. Por exemplo, a probabilidade de um resultado pobre aumenta em mais de 50%, em comparação com acordos que focam o desempenho. Isso se traduz em significativos aumentos no custo e em receita não aproveitada ou perdida – em níveis que superam de longe as economias teóricas num preço negociado mais baixo. A SKF fornece *thought leadership* nessa área há mais de 20 anos e resistiu com sucesso à "comoditização", ao passar a entregar um valor que a diferencia no mercado (Tim Cummins, CEO, International Association of Commercial and Contract Management, citado em SKF 2014, p 2).[5]

Cultura de negócios

Você é de fato uma empresa de valor? O seu CEO fala o tempo todo sobre o valor que você cria para seus clientes? Você recompensa e reconhece as pessoas que criam o maior valor ou as maneiras mais inovadoras de economizar dinheiro de seus clientes? Ou você está apenas usando algumas palavras da moda numa apresentação de PowerPoint ou num folheto corporativo? O valor precisa fazer parte do DNA da sua empresa. Por acaso vendas recebe mensagens confusas, do tipo "Aceite todos os pedidos e venda valor"? A não ser que a sua mensagem seja clara, você estará recompensando e motivando o pessoal de vendas a cortar preços, e o volume é que será a dimensão subjacente sendo recompensada. Se você não é capaz de provar seu valor, pode conseguir um pedido de curto prazo baseado no preço mais baixo, mas com o tempo ele não irá se traduzir em pedidos mais sustentáveis, pois alguém pode intervir e oferecer um desconto maior. Temos sorte na SKF de contar com a liderança de um CEO que continuamente foca o valor como nosso principal diferencial.

Cultura do cliente

Será que o departamento de suprimentos vê você como uma *commodity* e, portanto, supõe que pode ser adquirido por meio de certas táticas, ou eles veem sua oferta como estratégica para eles?

Como empresa, você pode fazer todas essas outras coisas bem, mas, se suprimentos o vê como uma *commodity* e adquire seu produto ou serviço nesses termos, será necessário muito esforço da parte de todos para conseguir que o departamento de suprimentos repense onde e por que eles escolheram tratar você desse modo. Pela minha experiência, a maioria das empresas tem um problema nesse aspecto. Vamos começar pela maneira como o departamento de compras seleciona fornecedores e negocia com eles com base na matriz de quatro caixas de Kraljic. A Matriz Kraljic (ver Figura 12.6) é um processo de pensamento bem-conceituado, introduzido em 1983 no artigo da *Harvard Business Review* intitulado *"Purchasing must become supply management"* ["Compras deve se tornar gestão de suprimentos"].[6] Embora o conceito tenha sido modificado desde então (para uma matriz de nove ou de 36 caixas), e a implementação dela por profissionais de compras tenha evoluído ao longo dos anos, o pensamento e as ações resultantes ainda seguem essa ideia. Com muita frequência, existe uma discrepância entre como nós percebemos e como os compradores percebem o que estamos vendendo, levando ambos os lados a se perguntar por que razão não conseguem se comunicar.

Um fator-chave que impulsiona Compras é ampliar a gestão sobre os gastos (eles controlam uma alta porcentagem dos dólares que a empresa gasta em aquisições) e comprar de menos fornecedores (para aumentar a alavancagem e reduzir os custos transacionais). Quando participo de uma conferência da Strategic Account Management Association (SAMA.org), e pergunto a altos gestores de contas estratégicas globais: "Onde você vê sua empresa nessa matriz?", em geral obtenho o seguinte feedback.

Há comentários como: "Não somos a oferta pequena, *incômoda* e sem importância, na qual os custos transacionais são o diferencial mais importante". No entanto, eu digo, para fornecedores nessa área, a facilidade de uso e a eficiência em realizar o pedido são as características

| **FIGURA 12.6** | Matriz Kraljic[7] |

Risco/contribuição do negócio	**Segurança** Reduzir risco Continuidade Conformidade	**Estratégicos** Parceria Valorizar engenharia Negociar
	Incômodo Ignorar Automatizar Agrupar	**Alavancar** Alavancar Explorar Mudar

Gasto

FONTE: Adaptado de Kraljic (1983).

e o critério de decisão mais importante para a aquisição, com o preço unitário assumindo muita importância. Ao pensar no tamanho, precisamos ver em que porcentagem estamos dentro do gasto total do cliente. Em geral, os fornecedores concentram a maior parte de seus esforços em gasto direto de material, já que é nisso que vai a maior parte do dinheiro. Quando as empresas classificam os fornecedores pelo gasto, tendem (é claro) a colocar materiais diretos (todos os insumos que entram na elaboração de seu produto básico – aço, por exemplo) no lado direito da matriz, porque pequenas economias em um número muito grande dão a impressão de ter efeito maior no lucro da empresa. Como veremos, o gasto com uma categoria de suprimento provavelmente não é o principal indicador de onde os esforços devem ser focados ou das maiores economias e benefícios concretos podem ser realizados. Embora o eixo *y* represente a contribuição comercial, se você não consegue quantificar essa contribuição, o departamento de suprimentos irá supor que todas as ofertas são iguais e irá empurrá-lo para os dois quadrantes inferiores.

A maioria de nós tampouco está no quadrante superior esquerdo, pelo menos não a longo prazo. Esse quadrante é onde fica o fornecedor que não responde por uma porcentagem enorme do gasto total do cliente, mas que tem um produto ou serviço que não pode ser facilmente substituído. Lembre-se: a facilidade de substituição se baseia numa suposição do cliente, não nossa. Se você tem uma patente, um produto ou serviço de que eles necessitam, ou dispõe de acesso exclusivo a um produto químico ou matéria-prima, ou se a demanda supera a oferta num mercado, você está nessa posição. Mas, em geral, essa não é uma posição realista a longo prazo. Se o que você vende tem uma especificação ISO, os concorrentes terão mais ou menos o mesmo porte e a mesma oferta, e o risco percebido será muito baixo ou zero. Lembro de Rob Maguire dizendo que as pessoas não têm clareza sobre o que é um padrão ISO: "É um padrão de conformidade… não um padrão de desempenho". Sim, ambos os produtos são do mesmo tamanho, cabem no mesmo orifício, e assim por diante; porém, isso não significa que produzam os mesmos resultados ou tenham desempenho equivalente.

Nós, fornecedores, queremos pensar que somos estratégicos – que se o cliente realmente trabalhar conosco poderemos oferecer muito valor, economia, benefícios, redução de risco e inovação. Conversando com profissionais de suprimentos em várias conferências globais ao longo da última década, descobri que eles não colocam nenhum ou então apenas um punhado de fornecedores no quadrante superior direito como *estratégicos*. No entanto, depois que eu argumento com que frequência isso constitui um erro – que muitos fornecedores poderiam realmente ajudar as empresas deles a serem mais lucrativas fazendo as coisas de um jeito diferente – a resposta padrão é: "Então por que eles não vêm até nós e demonstram e documentam como fariam isso, e qual seria o impacto?". As funções de vendas e de suprimentos precisam assumir a responsabilidade por estar colocando os fornecedores no quadrante errado e, portanto, por não obterem os resultados possíveis ou desejados.

As segmentações acima são a espinha dorsal de uma organização e de uma cultura de venda por valor; no entanto, se o cliente ainda percebe que o dólar gasto com você não é significativo (o eixo x na matriz Kraljic de quatro caixas) e você não é estratégico o suficiente para aplicar tempo e esforço para tratá-los como parceiros e demonstrar o valor que poderia trazer, muito do descrito acima não irá ajudar. Quando você entra em contato com a pessoa ou time de suprimentos de seu cliente e eles estão agregando volume, ameaçando com ofertas de preço baixo de concorrentes, pensando em fazer uso de um leilão reverso, empregando algum tipo de precificação de *benchmark* que mostre que em alguma situação, em algum momento, o preço de seu produto era menor, pedindo que você explique sua composição de custos para chegar ao preço final, então você deve concluir que seu cliente o vê em uma das duas caixas inferiores e que irá pôr foco em alavancá-lo. A maioria das pessoas esquece que o rótulo do eixo x representa a contribuição financeira e foca, em vez disso, os dólares gastos. Esse é um grande problema que vendas precisa resolver. Nossa empresa fez disso um foco, e temos pessoas cuja tarefa é fazer os clientes compreenderem que mesmo que o gasto relativo em dólares seja baixo (em comparação com gastos diretos como os realizados com matérias-primas), o impacto pode ser enorme. Acho que o eixo x deve medir os dólares em oportunidade financeira (o dinheiro poupado usando o TCO existente, ou os ganhos financeiros do valor total de propriedade). Por exemplo, o risco de suprimento pode ser baixo, porque existem outros *players* globais e os produtos têm uma especificação ISO. O gasto em dólares é relativo. Clientes podem comprar US$ 10 milhões em componentes industriais para manter suas fábricas funcionando, mas quando seu gasto total é de US$ 5 bilhões, alguns podem supor que essa "cota do suprimento" deveria ser tratada como não crítica ou como uma compra de alavancagem incômoda (0,2%... sequer perto de 1% do gasto total). No entanto, quando um cliente vê como é possível criar valor reduzindo os custos da máquina operante (menos energia, água, lubrificante, peças de reposição, trabalho, e/ ou aumentos em produção por máquina, taxa de transferência ou qualidade) e que nosso impacto poderia valer US$ 128 milhões em economias, ele nos moveu imediatamente para o quadrante *estratégico*.

Para ajudar o mercado a evoluir, você precisa realizar alguma pesquisa, trabalhar como uma empresa de consultoria que converse sobre os resultados em que você pode exercer impacto e em que grau. Não se restrinja a discutir os aspectos técnicos de seu dispositivo. Nós precisamos que os departamentos de suprimentos ao redor do mundo desafiem seus pressupostos. Dedicamos muito tempo a conferências para profissionais de suprimentos e acadêmicos apresentando nossas visões e metodologia. Isso tem se revelado bastante útil para movimentar nosso mercado, a fim de que mude a maneira de medir e escolher fornecedores,

Desenvolvendo e apresentando propostas de valor vendedoras para os clientes e os mais avançados já estão na geração de valor concreto. Uma ótima referência e estudo que eu utilizo é a da Manufacturers Alliance for Productivity and Innovation (2012),[8] um *think tank* americano que representa os fabricantes industriais. Um estudo feito por eles com representantes de suprimentos das empresas-membro descobriu que aquelas que tinham uma maneira estruturada de comprar com base no melhor valor eram 35% mais lucrativas que as empresas que não tinham uma metodologia estruturada para medir e compreender valor.

MANTER O PROGRAMA VIVO E FLORESCENDO

Como tenho mostrado ao falar dos focos e requisitos necessários, uma ferramenta de quantificação de valor precisa ser fruto da estratégia de criar, comunicar, quantificar e ser pago por valor; no entanto, há numerosas outras questões que precisam ser tratadas: "Um tolo com uma ferramenta ainda é um tolo". Para que a quantificação do valor se torne o foco de uma empresa, para que vire um mantra, uma parte do que a empresa é e também a razão de sua existência, são necessários outros apoios. A seguir, algumas sugestões.

Quem conduzirá o programa interna e externamente? Um programa que não conte com uma pessoa para impulsioná-lo está destinado a fracassar. Como Barker e Liozu (2013)[9] observaram, toda vez que é colocada a um grupo de pessoas de negócios a questão "Quem está encarregado de valor em sua empresa?", alguém inevitavelmente grita: "Todos!". Será? Se todos são donos, ninguém é dono. Adam Smith demonstrou que a *divis*ão e especialização do trabalho eram a causa central da riqueza das nações; elas são também a causa central do sucesso numa empresa. Nem todo mundo pode ser bom em tudo (p. 104; em itálico no original).

Surge a seguinte questão: a capacidade de quantificar o valor de novos produtos e serviços é parte do processo de desenvolvimento de seu novo produto, de modo que, quando uma nova "solução" é apresentada ao mercado, você pode quantificar seu impacto financeiro nos clientes?

O marketing externo deve reforçar isso consistentemente como parte de sua imagem de marca. Não sou fã de ouvir o quanto uma empresa é antiga, ou o quanto ela é grande, ou quantas pessoas emprega. O que há nisso para o cliente que o leve a comprar a oferta de sua empresa? Gaste mais tempo em "qual é o benefício" e menos tempo em como é alcançado (este "como" pode ser discutido em reuniões cara a cara). Um *slogan* proposto por mim é "Tornando a indústria mais lucrativa". Posso empregar as pessoas mais inteligentes, ser a pessoa que tem maior conhecimento, ser detentor de mais patentes e ter os melhores produtos... essas são apenas coisas que eu posso aplicar ao negócio do cliente, e o resultado será torná-lo mais lucrativo. Então diga qual é o resultado; não faça o cliente supor quais serão esses benefícios para ele. Apresentações em feiras, revistas, folhetos e discursos na empresa devem ter todos uma "seção" dedicada, na qual sua empresa possa resumir o valor concreto que ela entrega.

A jornada de valor é infindável; sempre haverá um concorrente quase tão bom quanto você, pronto a copiar sua última inovação. Para ficar fora do jogo de *commodity* e tornar você e seus clientes mais lucrativos, demonstre e documente quando, onde, por que e como você pode afetar o quanto de dinheiro eles ganham. Não se trata de um jogo de soma zero se você consegue quantificar seu valor; e então você será remunerado com uma porção equitativa desse valor.

REFERÊNCIAS

[1] Hinterhuber, A e Snelgrove, T (2016) *Value First then Price: Quantifying value in business to business markets from both a buyer and seller's perspective*, Routledge, Londres, p. 75-90.

[2] Monitor Pricing Group (2011), citado in Bertini, M (2011) Profiting when customers choose value over price, *London Business School Review.*

[3] CEB (2012) CEB identifies anatomy of the new high performer, 20 de dezembro, *PRNewswire/CEB.*

[4] Snelgrove, TC (2016) Conferência anual do Center for Advanced Procurement Studies, junho, Oxford, Reino Unido.

[5] SKF (2014) *Lowest price ≠ lowest cost: buying on total benefit of ownership boosts profitability by bringing sustainable savings to the bottom line.* Documento SKF. Disponível em: http://cdn2.hubspot.net/hubfs/332479/SKF_TCO_TBO_White_Paper.pdf?t=1441284795161 [último acesso em 14 de outubro de 2015].

[6] Kraljic, P (1983) Purchasing must become supply chain management, *Harvard Business Review,* 61 (5), p 109-17.

[7] Ibid.

[8] Manufacturers Alliance for Productivity and Innovation (2012), *Approaches towards Purchasing on Total Cost of Ownership*, A MAPI Council Survey, Arlington, VA.

[9] Barker, RJ e Lizou, SM (2013) Who is in charge of value? The emerging role of chief value officer. In A Hinterhuber e S Liozu (eds.), *Innovation in Pricing: Contemporary theories and best practices*, Routledge, Nova York, p. 99-118.

BIOGRAFIA DO AUTOR

O autor deste capítulo, Todd Snelgrove, apoia agora outras empresas em vários setores na implementação de programas, processos e ferramentas para desenvolver e quantificar propostas de valor que os clientes se disponham a adotar e pelas quais tenham condições de pagar. Contato: todd@expertsinvalue.com ou www.expertsinvalue.com

[...] **sempre haverá** um **concorrente** quase tão bom quanto você, pronto a copiar sua última inovação. [...]**demonstre** e **documente quando, onde, por que** e **como** você pode afetar o quanto de **dinheiro** eles **ganham**.

CAPÍTULO 13

CÉLULAS DE VALOR: COMO MAXIMIZAR A CRIAÇÃO DE VALOR EM CADEIAS DE SUPRIMENTOS

MARK DAVIES, diretor administrativo da Segment Pulse Limited
e professor visitante da Escola de Administração de Cranfield

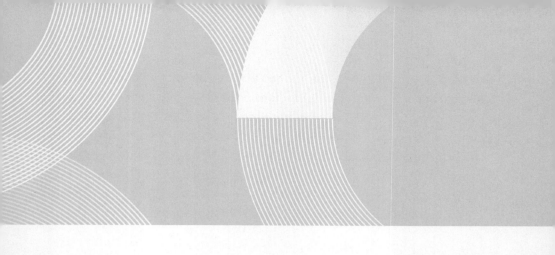

Somos muito gratos por essa valiosa contribuição de Mark Davies, diretor administrativo da Segment Pulse Limited, professor visitante da Escola de Administração de Cranfield e autor de *Infinite Value: Accelerating Profitable Growth Through Value-based Selling* (2017, Bloomsbury Business, um selo da Bloomsbury Publishing Plc).

SOBRE O QUE TRATA ESTE CAPÍTULO?

Muitas empresas fabricantes de equipamento original [*original equipment manufacturer,* OEM] precisam levar seus produtos e serviços a clientes usuários finais de mercados cada vez mais globalizados. Como solução eficaz em termos de custo, adotam cadeias de suprimento como um meio de resolver esse desafio, trabalhando (frequentemente) com uma gama de empresas menores para estender seu alcance logístico, comercial, técnico e operacional.

Essas cadeias de suprimentos, mesmo que eficazes em custo e flexíveis, podem causar problemas. Com uma falta de compreensão do valor e da proposta de valor do cliente, pode haver um deslocamento da ênfase, passando de criar valor para o cliente usuário final para uma luta para conseguir negócios com base em transações e custo. Para os fornecedores de OEM, isso pode significar que a cadeia de suprimentos destrói valor, em vez de fomentá-lo.

Este capítulo busca discutir uma cadeia de suprimentos complexa contando uma história. O autor trabalhou num setor e assumiu os pontos de vista do cliente usuário final, do fornecedor de OEM e de vários outros *players* da cadeia de suprimentos. Ao longo de um período de 20 anos, Mark Davies mudou seu ponto de vista: de início, era gestor de engenharia numa empresa farmacêutica, e concomitantemente trabalhou como consultor e pesquisador para fornecedores que buscam criar e desenvolver fortes propostas de valor ao cliente. Mark conta sua história, e depois oferece uma maneira prática de pensar, a fim de propiciar que fornecedores de OEM construam cadeias de suprimentos que atuem como "células de valor" – propiciando uma vantagem competitiva a todos os *players* da cadeia de suprimentos.

INTRODUÇÃO

A maioria das organizações *business-to-business* atende seus clientes fornecendo produtos e serviços por meio de uma série de empresas intermediárias. Isso se deve a uma combinação de razões, mas principalmente para ter uma distribuição eficaz em termos de custos, que possa alcançar e servir mercados em uma escala ampla e variada. Essas cadeias de suprimentos são complexas, multifacetadas e, com frequência, constituídas por grupos de setores e organizações especializadas – todos buscando desenvolver seu futuro em direção ao sucesso e à lucratividade.

Compreender como as cadeias de suprimentos funcionam é uma aptidão crucial para qualquer empresa que esteja desenvolvendo uma estratégia eficaz. No entanto, é comum que as empresas não tenham uma boa compreensão ou até que negligenciem totalmente considerar a importância crucial de uma cadeia de suprimentos efetiva. Duas razões podem contribuir para essa falta de foco. Primeiro, as cadeias de suprimentos são complicadas e é necessário considerável esforço para compreendê-las. São poucas as empresas que podem dizer que têm controle total dos terceiros que formam parte da cadeia de suprimentos que utilizam ao redor do mundo, e, é claro, o ponto é exatamente esse. Com o controle vem o custo – e é justamente por isso que as empresas acabam tendo uma cadeia de suprimentos de terceiros "frouxa". Em segundo lugar, o conceito de valor e a maneira pela qual o valor é criado e demonstrado entre fornecedores e clientes costuma ser mal compreendido. Na cadeia de suprimentos, essas interações e intercâmbios de valor (por meio de produtos, serviços e soluções) são numerosos e ocorrem com alta frequência.

Para empresas que querem maximizar o potencial de valor que são capazes de oferecer ao cliente designado inicialmente como "usuário final", a vida pode ser frustrante e difícil. Já é bem difícil para fornecedores evitar discussões sobre preço (se estão envolvidos em negociações com departamentos de suprimentos) e tentar conseguir uma taxa geral mais alta com base nos reais benefícios e valor que oferecem. Quando têm que lidar com várias camadas de intermediários, embora haja óbvios benefícios essenciais e logísticos, o impacto do valor para o usuário final pode se tornar confuso, deslocado ou significativamente diminuído.

No caso de muitas das empresas para as quais trabalho dando assistência para desenvolver propostas de valor inovadoras e novas maneiras de gerir *key accounts* vendendo com base em valor, é sempre prudente fazer a esses clientes uma pergunta pertinente: quanto de seu negócio vai diretamente para o usuário-alvo final e quanto vai por meio de terceiros?

Normalmente, há uma faixa de 20% a 60% para a maioria dos setores por meio da qual a cadeia de suprimentos responde por vendas e entrega de sua oferta. Já trabalhei com empresas nas quais essa porcentagem é mais elevada ainda, e em algumas ocasiões 100% do negócio flui via terceiros. É vital considerar como a cadeia de suprimentos opera na entrega (e na destruição) de sua proposta de valor ao usuário final – e, no entanto, todos sabem que é algo complicado.

Para explicar com um pouco mais de detalhe como a cadeia de suprimentos permite ou impede a criação de valor, vou narrar uma história na qual estive envolvido num período de mais de 20 anos, a partir de três pontos de vista diferentes. A história analisa a perspectiva de diferentes *players* da cadeia de suprimentos: o cliente usuário final, o fornecedor de OEM e as empresas de cadeia de suprimentos que operam entre esses dois.

Ao revisar a dinâmica e o pensamento de uma cadeia de suprimentos do ponto de vista do fornecedor, de um cliente e dos *players* dentro da cadeia, junto com meus próprios modelos de negócios baseados em valor, espero ser capaz de fornecer um modelo simples que possa ser usado para analisar e compreender de que maneira podemos fazer a cadeia de suprimentos criar valor mais efetivamente para empresas de marketing de negócios que buscam vender seus produtos e serviços.

A HISTÓRIA DA CADEIA DE SUPRIMENTOS

Minha história começa em 1995. Eu era diretor de engenharia de uma empresa terceirizada de produtos farmacêuticos. Tínhamos um processo exclusivo, especializado e patenteado, e atendíamos nossos clientes manufaturando produtos únicos na forma de dosagem oral. Éramos parte da cadeia de suprimentos, fornecendo para empresas farmacêuticas éticas (Merck, Pfizer, GSK etc.) produtos embalados. Foi uma época muito estimulante. Nossa empresa-matriz, americana, reconheceu que havia significativo potencial no processo e concordou em fazer um investimento multimilionário em dólares em nosso local no Reino Unido. Isso exigia novos edifícios, equipamento para propósitos especiais e instalações de apoio.

Nessa época, meados da década de 1990, a Food and Drug Administration (FDA) dos Estados Unidos se interessava muito pelas instalações de manufatura. Estavam atentos ao design, às especificações dos processos e às importantes instalações de apoio, e queriam ver evidência de sistemas de validação aprovados e da realização de registros de manutenção e calibração. Se tais coisas não estivessem em ordem, os auditores da FDA podiam abortar processos de auditoria e reter a concessão de licenças de fabricação e suprimento. De repente, o humilde departamento de engenharia se tornou uma atividade bem mais crucial, e seus movimentos passaram a ficar sob os holofotes da alta gestão, de auditores do cliente e de órgãos reguladores. Construir uma nova instalação passou a ser algo estimulante, mas também muito desafiador.

De especial interesse era a seleção dos sistemas que iriam constantemente monitorar e controlar os processos ambientais, os serviços públicos, a segurança e os processos-chave. Conhecidos como sistema de gestão de energia em prédios [*building energy management system*, BEMS], iriam funcionar como o cérebro de nossa nova fábrica. Selecionar um sistema confiável e bem-desenvolvido seria crítico para a futura aprovação da nova instalação. Como responsável na organização pelo design e pela operação da instalação, eu tinha real interesse no sistema que escolheríamos adotar. Na realidade, era mais que mero interesse. Era uma responsabilidade crucial e uma obrigação profissional.

A fim de selecionar o provedor do BEMS e a empresa que desenvolveria o design e supervisionaria a instalação, precisei trabalhar com a principal organização de design e construção que havíamos selecionado. Eles então me encaminharam ao empreiteiro de serviços mecânicos e elétricos que haviam subcontratado para supervisionar os controles do edifício. Na construção de edifícios e instalações, essa abordagem por "pacotes de trabalho" e terceirização das principais atividades é normal. Ela permite abrir concorrências, divide a exposição a riscos se um empreiteiro vai à falência (é melhor que a falha seja de um pequeno empreiteiro do que de um grande) e permite ao empreiteiro principal ter acesso a uma expertise de imensa amplitude e profundidade no mercado, à medida que convida empresas a apresentarem suas propostas à concorrência. Minha instalação tinha cerca de 32 pacotes de trabalho – o BEMS era apenas um deles. Era difícil descobrir quem era o encarregado da avaliação do sistema dentro da minha própria equipe de projeto, e mais difícil ainda compreender como influenciar a seleção final!

A Figura 13.1 mostra um mapa simplificado da cadeia de suprimentos, ilustrando como o provedor de BEMS me forneceria seus produtos como cliente (usuário final). Existem três passos/organizações entre nós, cada um agregando valor e tentando criar valor conforme é contratado e incentivado, mas também trabalhando com um relacionamento que é estreito, isto é, de fornecedor e cliente. Como cliente usuário final, tive que fazer algum esforço real para ser capaz de me envolver na seleção e influência de design do BEMS. Para 80% da instalação como um todo, isso foi ótimo – fiquei feliz de poder discutir conceitos e designs com o principal empreiteiro de design e construção. Para coisas como paredes, drenos e trabalhos com aço, eles eram os especialistas e era melhor deixar a cargo deles a gestão desses itens de "commodities" para que alcançassem a melhor especificação e o melhor desempenho pelo melhor preço (afinal, por essa razão é que haviam sido escolhidos como principais contratantes). A seleção do BEMS foi absolutamente crucial e como última pessoa responsável por seu uso correto, eu precisava estar envolvido e ser mais responsabilizável.

FIGURA 13.1 — Mapeando a cadeia de suprimentos

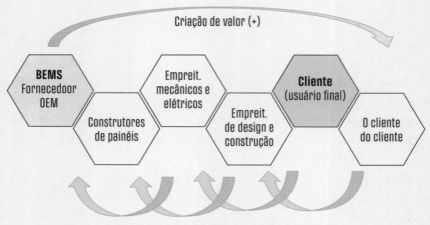

FONTE: Usado com gentil permissão de Bloomsbury Business, um selo da Bloomsbury Publishing plc.

O ponto de partida foi selecionar o provedor do hardware para o BEMS. Isso foi feito por meio de uma série de entrevistas discutindo um briefing de alto nível que desenvolvemos. Com foco nos padrões do setor farmacêutico, no modelo de software e na capacidade de discutir a importância da maneira como os sistemas eram desenvolvidos (já que teríamos de validar as instalações durante a encomenda final do teste a que seriam submetidas). De início, pusemos foco nos três líderes de mercado e, após algumas semanas de intensas discussões, selecionamos o provedor de BEMS.

O estágio seguinte foi inicialmente devolvido aos empreiteiros mecânicos e elétricos, já que eles precisavam selecionar um construtor de painéis. Isso foi conduzido, é claro, seguindo o processo usual de seleção por abertura de licitação. Como usuários finais, estávamos também envolvidos com essa atividade, focando mais o desempenho técnico do que o preço. Isso criou uma tensão: os mecanismos contratuais comuns para essa atividade aparentemente não incluem o usuário final. Tivemos que concordar em aprovar custos e taxas adicionais, que interviriam à medida que estávamos nos desviando da abordagem exata "centrada em custos" preferida pelas equipes de licitação e seleção. Essa atividade por meio da qual o cliente final se envolveu no processo de seleção tanto do hardware quanto das equipes de instalação era incomum, mas foi seguida. A construção geral foi em frente como planejado, o comissionamento e validação do local aconteceu e recebemos aprovação da FDA e operamos um local comercialmente bem-sucedido, que entrou em funcionamento "no prazo" e dentro do orçamento.

A segunda parte da história acontece cerca de 15 anos após esse evento. Meu papel era como consultor e pesquisador. Fui encarregado pelo provedor do BEMS para examinar a cadeia de suprimentos e avaliar o que as várias empresas dentro dela queriam (eles pretendiam desenvolver programas de treinamento comerciais/de vendas).

Entrevistei seis das empresas de construção de painéis e dois empreiteiros. Eram todas empresas muito profissionais e altamente bem-sucedidas, mas houve uma conclusão predominante que extraí das discussões: *ninguém dentro da cadeia de suprimentos estava pensando ou agindo além da organização que haviam sido diretamente contratados para servir.* Isso queria dizer que o quadro mais amplo e o cálculo do "valor em uso" total dentro dessa cadeia de suprimentos havia sido fracionado e se perdera. Para os *players* dentro da cadeia de suprimentos, o real valor só podia ser obtido recebendo produtos que fossem mais baratos no preço (pois isso reduziria seu custo geral e aumentaria seu lucro).

Não há nada intrinsecamente errado nisso. Mas para o fornecedor de OEM, significa que eles estarão sempre em uma posição por meio da qual desenvolvem um produto de alta qualidade a longo prazo que pode não ter seu valor plenamente realizado por meio de pagamento do cliente usuário final. O valor estava sendo sufocado pela cadeia de suprimentos para o fornecedor de OEM, já que trabalhava como um processo para poupar custos para os empreiteiros dentro dela, que operavam em contratos de construção de curto prazo.

Conheci um diretor de vendas muito experiente do fornecedor OEM e discuti com ele os achados. Também contei minha história de construir um edifício (atuando como um cliente usuário final que trabalhava pela cadeia de suprimentos). Aparentemente, a maneira segundo a qual eu me comportara era muito incomum, quase nunca acontecia assim. Na realidade, clientes usuários finais cada vez mais terceirizavam a operação de suas construções para empresas de gestão de instalações, portanto não só a construção e a especificação de equipamento estavam divididas entre o fornecedor OEM e o cliente usuário final, como a operação vitalícia (onde o valor real poderia ser realizado!) também estava fraturada.

Minha reflexão sobre essa situação me fez realmente levar em conta as cadeias de suprimentos e ver como elas criam (e destroem) valor. Essa história destaca questões que são comuns a várias empresas de vários setores. Este capítulo busca discutir o funcionamento de cadeias de suprimentos e ajudar fornecedores de OEM a compreender e gerir a criação de valor de modo mais eficaz.

VALOR EM MARKETING DE NEGÓCIOS

Qualquer conversa sobre vendas em marketing de negócios deve pôr foco no valor criado para o cliente. A falha em compreender as necessidades do cliente e da sua descrição da oferta no contexto dessas necessidades tem o potencial de deslocar a discussão de um possível "valor que você pode criar" para o "preço a ser pago". Como reza a famosa declaração de Warren Buffett, "Preço é o que você paga, valor é o que você obtém".

FIGURA 13.2 A equação do valor

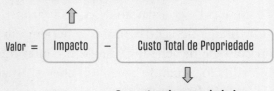

FONTE: Usado com gentil permissão de Bloomsbury Business, um selo da Bloomsbury Publishing plc.

No entanto, muitas organizações (e especialmente pessoal de vendas) terão discussões com clientes e outros parceiros da cadeia de suprimentos sem de fato compreender o que o cliente valoriza. Em vez disso, preocupam-se mais em tentar empurrar o que quer que tenham para vender: seus produtos e marcas. Claro que isso é a base do que eles irão fornecer, mas deve ser sempre discutido como meios de oferecer real valor ao cliente.

Cadeias de suprimentos, como as da Figura 13.2, são relacionamentos comprar-vender. Na minha história do BEMS, o valor foi fraturado para o fornecedor do BEMS por essas discussões separadas. A fim de compreender o valor de modo mais preciso, vale a pena discutir o que é o valor. A Figura 13.2 é a equação do valor. Ele pode ser declarado como uma fonte de impacto sobre o negócio dos clientes, menos o custo total de propriedade.

O impacto do valor vem de cinco áreas:

➤ **Receita bruta** - agregar valor ao negócio do cliente, ajudando-o a aumentar suas vendas e conduzir o resultado final de sua conta de lucros e perdas.

➤ **Resultado final** - agregar valor ao negócio do cliente reduzindo os custos de operação na maneira com que ele faz negócios (custos variáveis) e/ou reduzindo custos fixos. Lidar com o valor do resultado final põe foco na maneira de o cliente conduzir seu negócio e ajuda a preservar o desempenho da receita bruta para obter lucros finais mais consistentes.

➤ **Reputação e continuidade da empresa** - esses são aspectos da empresa que não fazem parte da essência do que é informado (isto é, vendas, custos, ativos fixos e variáveis etc.). Embora sejam intangíveis, têm enormes implicações para qualquer empresa. Fatores como saúde, segurança e proteção, questões ambientais e qualidade são cruciais para a reputação da empresa e sua capacidade de continuar operando.

➤ **Estratégia, organizacional e consultiva** - as empresas hoje têm ritmo rápido e mudam a toda hora. Os clientes precisam reagir a novas normas macroeconômicas, avanços tecnológicos e mudanças na concorrência.

Fornecedores podem oferecer valor significativo com conselhos e apoio para ajudá-los a lidar com condições difíceis e mutáveis.

➤ **Atender às necessidades do consumidor** - com frequência, o cliente final é um consumidor. Se você considerar o exemplo do meu BEMS, o consumidor seria um paciente que toma os comprimidos que nós manufaturamos. Trata-se de compreender como os consumidores se comportam e o que eles valorizam, pois assim é realmente possível fornecer uma forte compreensão de valor na cadeia de suprimentos como um todo, pois, se o consumidor para de comprar, o dinheiro para de fluir na fonte!

Do outro lado da equação está o custo total de propriedade para o cliente. Não é só o preço de compra, mas também o custo de manter o produto e serviço e continuar a trabalhar com você como fornecedor. Se esse número é maior do que o impacto que você proporciona, você não está fornecendo valor (e o cliente irá ou comprar de outros fornecedores ou tentar vencê-lo no preço).

Procure sempre vender e negociar com base na criação de valor. Falhar em discutir valor pode levar a uma barganha "focada no preço".

A Figura 13.3 mostra os principais elementos de uma proposta de valor (esta é uma declaração de alto nível que pode ser compartilhada com o cliente para dar vida à equação de valor). Propostas de valor devem sempre ser uma declaração simples de como a condição de negócios do cliente melhorará no futuro. Use as cinco fontes do valor para descrever isso.

➤ Para apoiá-lo, é preciso haver descrições da oferta. O que você fornecerá para tornar essa condição futura possível? Por que você deveria ser visto como alguém com credibilidade?

➤ O apoio final é uma apreciação/estimativa do valor. Você deve fornecer uma justificativa financeira para descrever o retorno do investimento, a relação custo-benefício e as principais medições que podem ser usadas para rastrear e confirmar que você está entregando suas "promessas de valor".

▶ Essencialmente, a proposta de valor do cliente é um resumo executivo estimulante de um modelo de negócios proposto que irá ocorrer entre duas partes que comerciam. Na sua cadeia de suprimentos, haverá múltiplas propostas de valor. A questão para você é: "O que cada proposta de valor descreve, e o que isso faz para a minha marca?".

A Figura 13.4 tenta mapear o potencial de valor. Quando uma empresa defende sua posição sem uma discussão de valor, ela inevitavelmente afunda numa conversa sobre preço. O valor se torna finito (você só pode baixar seu preço; pode acabar chegando a zero).

FIGURA 13.3 Os três principais componentes de uma proposta de valor

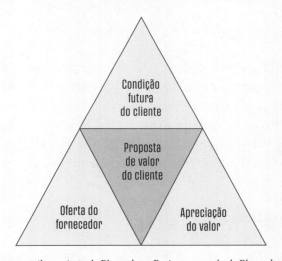

FONTE: Usado com gentil permissão da Bloomsbury Business, um selo da Bloomsbury Publishing plc.

Por outro lado, se você descreve valor em termos do que é realmente importante para o cliente, ele pode ser infinito. Na minha história do BEMS, eu teria pagado duas ou três vezes os honorários que finalmente combinamos se um fornecedor tivesse me garantido um sistema plenamente validado que atenderia aos padrões da FDA. Pense nisso da seguinte maneira. Se o sistema de £ 100 mil falhasse e interrompesse o projeto todo durante dois meses, estaria atrasando um projeto de £ 20 milhões. Também impediria minha unidade de gerar lucros e possivelmente quebraria contratos de fornecimento. Isso poderia redundar numa

FIGURA 13.4 Valor finito ou infinito?

FONTE: Usado com gentil permissão da Bloomsbury Business, um selo da Bloomsbury Publishing plc.

cifra multimilionária em dólares (ou talvez até numa possível quebra de confiança total com a empresa matriz). No entanto, ninguém na cadeia de suprimentos conversou comigo nesses termos. As discussões eram todas a respeito de honorários e contratos. Deveriam ter sido feitas discussões sobre valor, a respeito de reputação da empresa, continuidade, risco e proteção da minha marca (e do meu emprego!).

FIGURA 13.5 A tensão no canal

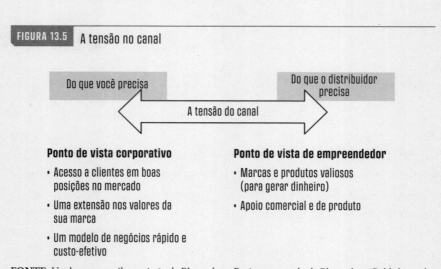

FONTE: Usado com gentil permissão da Bloomsbury Business, um selo da Bloomsbury Publishing plc.

ALIVIANDO AS TENSÕES DE VALOR NA CADEIA DE SUPRIMENTOS

Em *Infinite Value*,[1] livro que escrevi e que trata dos princípios da venda baseada em valor e da organização de apoio, discuto várias tensões que surgem quando as empresas procuram negociar com o cliente em uma base de "valor" de prazo mais estendido. Surgem tensões com esse modelo de negócios mais complexo: vendas que previamente poderiam ter sido medidas por trimestre precisam ser rastreadas a partir de outro horizonte de tempo – possivelmente ao longo de um período de anos. A oferta essencial também muda potencialmente de produtos para produtos *e* serviços (ou mesmo para soluções totalmente integradas).

Existe tensão também no interior dos canais da cadeia de suprimentos. Em uma grande empresa, buscando uma extensão de seu alcance, o uso de uma cadeia de suprimentos é visto como uma opção eficaz em termos de custos. A Figura 13.5 mostra os fatores que causam uma possível tensão, com a empresa do fornecedor buscando eficiência e também uma cadeia de suprimentos mais barata, mas a empresa que reside no interior da cadeia de suprimentos é mais provável que seja uma empreendedora PME (pequena a média empresa). Um bom ponto de partida ao examinar a empresa parceira na cadeia de suprimentos é considerar exatamente quem eles são.

FIGURA 13.6 Relacionamentos de canal com terceiros

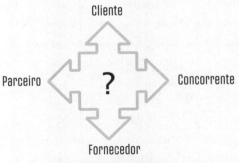

FONTE: Usado com gentil permissão da Bloomsbury Business, um selo da Bloomsbury Publishing plc:

A Figura 13.6 coloca essa questão. Muitas empresas examinam os membros da cadeia de suprimentos e tentam descobrir qual é seu papel e seu relacionamento. Se eles pagam suas contas, podem ser vistos como clientes. Se fornecem peças ou recursos, podem ser um fornecedor; se também entregam um produto competitivo ao mercado, podem até ser considerados concorrentes. Parcerias serão gestos vazios com empresas da cadeia de suprimentos se ambos não tiverem clareza e compreensão mútua do que um significa para o outro. Pergunte-se em relação a cada *player*:

> *Quem você é exatamente para minha empresa, e como cria (ou destrói) o valor que eu levo ao mercado?*

Em termos práticos, é útil também ampliar sua compreensão daquilo que cada membro da cadeia de suprimentos faz. Pense além da única opção de ser "uma extensão logística ao seu alcance". A Figura 13.6 mostra como cada membro da cadeia de suprimentos também fornece apoio comercial, técnico e, potencialmente, operacional. Se é esse o caso, você de fato precisa trabalhar muito próximo a eles a fim de desenvolver uma compreensão clara dos conceitos de valor, de venda baseada em valor e especificamente das oportunidades de valor que são intrínsecas em suas marcas e oferta. Se você não fizer esse investimento, parceiros de canal reverterão para o mais baixo denominador comum dos negócios – o preço –, e isso destruirá valor.

A Figura 13.7 é um esquema útil ao se considerar a amplitude das potenciais atividades que a cadeia de suprimentos pode fornecer. Elas oferecem, é claro, uma extensão e rede de distribuição/logística para as empresas, propiciando entrega local de produtos. Também oferecem uma extensão que é eficaz em custos para funções de vendas comerciais, e, junto com isso, apoio técnico. A valorização que promovem da base de clientes nas áreas em que operam e o conhecimento local que detêm costumam indicar que podem fornecer um serviço mais aprimorado do que o fornecedor OEM poderia oferecer.

Parceiros de canal dentro da cadeia de suprimentos podem também oferecer atividades operacionais. Tenho visto empresas da cadeia de suprimentos que oferecem montagem, processamento, centros de reparos, serviços de embalagem e orientação local (no caso de empresas de serviços profissionais).

FIGURA 13.7 O papel dos parceiros de canal

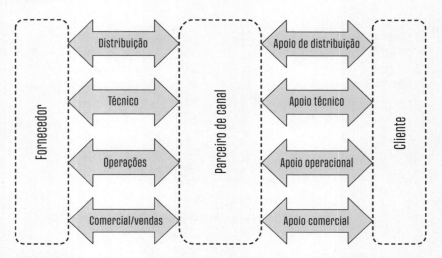

FONTE: Usado com gentil permissão da Bloomsbury Business, um selo da Bloomsbury Publishing plc.

Essa amplitude, profundidade e qualidade da oferta podem posicionar parceiros de canal como clientes, concorrentes e parceiros. Não é incomum que empresas se dirijam a membros de sua cadeia de suprimentos e façam a pergunta: *"Quem é você, e o que você faz?"*.

DEZ PASSOS PARA CONSTRUIR A CAPACIDADE DA CADEIA DE SUPRIMENTOS

Para ajudar no desenvolvimento de uma cadeia de suprimentos, apresentamos o processo a seguir, de dez passos. Ele se divide em três partes – estratégia, desenvolvimento e operação –, e, embora seja de alto nível, oferece um modelo útil para desenvolver a cadeia de suprimentos, especialmente quando você procura estender e maximizar o alcance de seu potencial de valor para os clientes usuários finais.

FIGURA 13.8 — Dez passos para construir a capacidade da cadeia de suprimentos

1. Compreenda o que você precisa
2. Segmente e classifique

3. Inicie um diálogo
4. Acerte parcerias
5. Selecione seu time
6. Desenvolva modelos de valor

7. Treine, faça *coaching* e se desenvolva
8. Monte estratégias conjuntas
9. Compartilhe melhores práticas - os alunos do parceiro de canal
10. Reflita

FONTE: Usado com gentil permissão da Bloomsbury Business, um selo da Bloomsbury Publishing plc.

Passo 1: compreenda o que você precisa

Faça a si mesmo as seguintes perguntas para focar sua cadeia de suprimentos:

- Quais são os clientes finais que precisamos acessar?

- Onde estão localizados?

- Temos o alcance/a capacidade comercial, técnica, operacional e logística para atender esses clientes?

- Do que eles precisam do relacionamento conosco?

- Do que nós precisamos?

- Que comportamento precisamos de nossos parceiros de canal? Temos isso hoje?

- Quais são as lacunas na nossa posição atual, em relação ao lugar que precisamos chegar?

Passo 2: segmente e classifique

É preciso construir um modelo de segmentação. Classificar parceiros de canal em termos do impacto que eles podem ter ao alcançar seus clientes-alvo, assim como a intenção que vocês compartilham ao trabalhar em parceria, são critérios básicos importantes para identificar parceiros. Monte o modelo de segmentação de parceiros de canal e aloque critérios para posicionar os parceiros em cada segmento.

Esse exercício de segmentação lhe dará um primeiro quadro, indicando como o negócio de canal pode ser construído e os nomes de parceiros em cada região/país.

Passo 3: inicie um diálogo

A palavra-chave em tudo isso é "parceria". Construir uma estratégia e compreensão comum com os parceiros de canal cruciais e estratégicos requer, em particular, discussão. Você os seleciona porque eles parecem ter a escala e adequação que se encaixa em suas necessidades. Precisa haver uma adequação mútua para que eles trabalhem com você. Essa na realidade é uma conversa que precisa acontecer – você precisa buscar concordância e compromisso para que seja possível trabalhar junto.

Nas situações em que o parceiro de canal não vê valor na colaboração, você pode ter que reconsiderar se deve ser apontado como estratégico.

Passo 4: acerte parcerias

Todas as parcerias devem ser acertadas. Isso será uma combinação de concordância quanto ao nível de serviço e (possivelmente) de contratos legais mais formalizados. Deve ser acertado e ter a concordância de ambas as partes. Conseguir esse equilíbrio, entre uma visão de um novo relacionamento e um contrato formal, obviamente é muito difícil. Tente ficar mais no lado da parceria e ser menos formal.

Passo 5: selecione seu time (para gerir os parceiros da cadeia de suprimentos)

Os gestores e times de apoio que trabalham com cada parceiro de canal devem ser selecionados com cuidado. É possível traçar um perfil de competência de um gestor de canal, e o recrutamento então será feito tendo como referência esse perfil. Monte sua organização em torno de cada tipo de canal – reconheça que gerir um parceiro de canal estratégico exige um foco mais dedicado do que um canal associado. Estabeleça linhas gerais, por exemplo: um gestor de canal equivalente em tempo integral [*full-time equivalent,* FTE] pode cuidar de não mais do que dois parceiros de canal estratégicos, enquanto um FTE dá conta de dez parceiros de canal associados. Diretrizes simples ajudam a construir a estrutura e definir nomes para cada cargo.

Também é uma boa ideia desenvolver contatos principais e times de apoio para cada organização de parceiro de canal. É necessário que haja um relacionamento consistente e forte, que evolua com o tempo. Nomear times de ambos os lados do relacionamento é algo que ajuda muito.

Passo 6: desenvolva modelos de valor

Modelos de valor são os componentes que serão criados e compartilhados com o parceiro de canal para permitir que se faça a transição para um modelo de negócios centrado em valor. Devem ser considerados e depois desenvolvidos como uma série de padrões de capacidade que possam ser compartilhados. Ao construí-los, uma boa ideia é pensar: *"Se eu estivesse encarregado desse negócio de canal, com o que precisaria contar para desenvolver as novas maneiras de trabalhar exigidas?".*

Passo 7: treine, faça *coaching* e se desenvolva

Implementar os novos princípios baseados em valor significa trabalhar com cada parceiro de canal e implementar maneiras de transferir os novos modelos de negócios. Isso pode assumir a forma de:

➤ Uma série definida de comum acordo de módulos de treinamento (diretos e baseados na web);

➤ Treinamento via módulos online;

➤ Introdução de ferramentas de planejamento e maneiras combinadas de criação conjunta de valor para o cliente;

➤ Oferecer oficinas para ajudar com estratégia, segmentação e desenvolvimento de plano de negócios;

➤ *Coaching* de liderança.

Todas essas são atividades que exigem alto investimento e consomem tempo. É crucial trabalhar com associados de canal estratégicos selecionados que estejam comprometidos com as novas maneiras de trabalhar e que irão investir em fazer a transição. Pense nisso: se não for você a compartilhar suas visões e seus conhecimentos relacionados a negócios baseados em valor com parceiros da sua cadeia de suprimentos, de que outro jeito eles poderiam aprender e se desenvolver?

Passo 8: monte estratégias conjuntas

Compreender o cliente usuário final e fazê-lo comprar mais produtos e serviços com honorários e condições mais favoráveis é algo que cria real valor. Só se consegue fazer isso se você trabalha com seus parceiros de canal para estabelecer uma compreensão melhor dos clientes que eles têm (especialmente se estiverem atendendo seus clientes-alvo cruciais). Um planejamento conjunto trabalhando com o time do parceiro de canal (considere aspectos comerciais, técnicos, operacionais e de cadeia de suprimentos) levará a planos mais consistentes e a melhores resultados de negócios para todas as partes.

Passo 9: compartilhe melhores práticas (os alunos do parceiro de canal)

Manter vivo um negócio com base em valor com parceiros de canal exige esforço e reenergização constantes. Embora realizar uma série de programas e oficinas de treinamento aumente a consciência e revigore o entusiasmo, isso logo sai da agenda se não for realimentado e forem fornecidos lembretes para propiciar discussões e compartilhamento das histórias sobre as melhores práticas.

Organizações de ex-alunos funcionam muito bem para isso. Monte um clube ou grupo, e depois que os parceiros tiverem sido selecionados e passarem por estágios iniciais de treinamento e desenvolvimento, poderão assistir a conferências e participar de webinários online etc.

Células de valor: como maximizar a criação de valor em cadeias de suprimentos

Essas iniciativas motivam bastante e são apreciadas por seus parceiros de canal (muitas vezes funcionam como um impulso motivacional para que se filiem ao clube).

Passo 10: reflita

Situações de mercado mudam, e sempre existe a possibilidade de que seu pensamento inicial ao montar a estratégia de canal não seja totalmente correto. A revisão constante de sua estratégia, a segmentação e seleção de parceiros de canal e os resultados destacarão as áreas em que você precisa colocar foco no futuro. Esteja preparado para repetir o ciclo de montar estratégia, desenvolver e operar.

DEZ DICAS PARA AJUDÁ-LO A CRIAR VALOR NA SUA CADEIA DE SUPRIMENTOS

O material a seguir é oferecido como orientação quando você está procurando fornecer seus produtos e serviços. É baseado em reflexão sobre esse estudo de caso do BEMS, e em outros exemplos nos quais me envolvi diretamente como conselheiro e consultor.

1. Tenha uma filosofia de "célula de valor"

É fácil ficar sentado e olhar para o usuário final como seu cliente, esperando que, sozinhos, seus produtos e marcas sejam suficientes para impulsionar o crescimento. Esse pode ser o caso nos estágios iniciais de novos produtos, mas, quando eles são copiados e equiparados por ofertas concorrentes, esse potencial de valor diminui. A cadeia de suprimentos pode ser uma fonte de vantagem competitiva, mas precisa ser desenvolvida estrategicamente e com cuidado. Tenha uma filosofia de célula de valor, junto com sua capacidade de vender valor.

2. Mapeie sua cadeia de suprimentos

A Figura 13.1 mostrou um modelo simples de cadeia de suprimentos para a minha história do BEMS. Na realidade, a cadeia de suprimentos pode ser mais complexa. Isso não deve impedi-lo de modelar todos os seus principais *players* na cadeia de suprimentos. Inclua os que fornecem

274   PROPOSTAS DE VALOR

ao seu negócio, assim como os concorrentes. Embora o mapa da cadeia de suprimentos possa acabar parecendo complexo e confuso, pelo menos você terá um quadro do campo de batalha em que está operando.

A Tabela 13.1 mostra uma análise da história da cadeia de suprimentos do BEMS – modelada como um exemplo. A tabela é construída com quatro colunas no alto que representam os três elementos de uma proposta de valor, mais um comentário sobre o que está acontecendo no geral. As fileiras verticais mostram as várias organizações que compõem a cadeia de suprimentos.

É uma técnica bem simples, mas permite que você modele o que está acontecendo em cada estágio e mostra os principais aspectos comerciais em cada relacionamento. A partir da análise da Tabela 13.1, podemos ver que, embora os construtores de painéis, o empreiteiro de Serviços de Mecânica e Eletricidade (M&E) e o empreiteiro de design e construção ofereçam qualidade e expertise técnica, a natureza de como estão comercialmente conectados à cadeia de suprimentos os leva a realizar atividades contratuais/de redução de honorários. Isso pode causar erosão à proposta de valor inicial que é pretendida pelo fornecedor OEM para o usuário final. A não ser que haja intervenção para se discutir e focar o valor total em uso, a cadeia de suprimentos pode destruir valor (e o fornecedor OEM obterá honorários gerais mais baixos).

Essas tabelas de análise da cadeia de suprimentos podem capturar um alto volume de informações, mas dividir as informações da proposta de valor, como nesse exemplo, começa a fornecer uma compreensão das razões pelas quais as decisões comerciais são tomadas.

3. Coloque-se no lugar deles

Quando a cadeia de suprimentos se "fragmenta" e duas a três empresas começam a trabalhar umas com as outras isoladamente, pode ser frustrante observar essas dinâmicas e ver a maneira pela qual a cadeia de suprimentos vai destruindo seu valor. Para compreender melhor essa dinâmica, reserve um tempo para conversar com gestores em cada empresa e tentar entender por que eles estão tomando determinadas decisões comerciais. Talvez você se surpreenda, mas pelo menos começará a compreender como eles pensam e por que se comportam dessa maneira.

Células de valor: como maximizar a criação de valor em cadeias de suprimentos

TABELA 13.1 Análise da proposta de valor da cadeia de suprimentos

	VALOR (CONDIÇÃO FUTURA)	DESCRIÇÃO DA OFERTA	APRECIAÇÃO DO VALOR	DESCRIÇÃO DA ATIVIDADE
Fornecedor OEM (BEMS)	Oferece produtos, e serviços confiáveis economizam energia (pode ser validado segundo padrões FDA)	Marca forte Alto gasto de P&D Melhor hardware e software disponível.	Especificação Desempenho Marca	Designer e fabricante de sistemas BEMS de alto nível. Tecnologia líder de mercado
Construtores de painéis	Técnicos desenvolvem sistemas para atender a especificações contratuais	Construir e instalar painéis de controle no prazo e dentro do orçamento	Qualidade Custo	Desafio: trabalhar sob um contrato estrito baseado em custo de um empreiteiro M&E
Empreiteiro M&E	Design, construção e instalação de sistemas utilitários complexos em edifícios – conforme termos de contrato.	Designers e empreiteiros especializados desenvolvem sistemas utilitários DETALHADOS para a instalação. Movido por economia de custos.	Gestão de projeto Custo Tempo	Desafio: trabalhar sob um contrato estrito baseado em custo de um empreiteiro de design e construção
Empreiteiro de design e construção	Design e construção de uma instalação no prazo e dentro do custo	Foco em especificar um edifício complexo: construção e entrega dentro de cronograma rigoroso	Gestão de projeto Custo Tempo	Desafio: trabalhar sob um contrato rigoroso baseado em custo de um empreiteiro M&E
Cliente (usuário final)	Exige-se padrão FDA e instalação de manufatura farmacêutica aprovada	Primeira instalação do tipo no mundo. Deve ser construída segundo padrões farmacêuticos	Desempenho Qualidade Padrões e confiabilidade	Precisa que a instalação seja VALIDADA e esteja pronta para usar na data estipulada

FONTE: Usado com gentil permissão da Bloomsbury Business, um selo da Bloomsbury Publishing plc.

4. Descreva a proposta de valor entre cada parte

Quando tiver essas conversas, pergunte diretamente ou (se isso for difícil) faça suposições a respeito de qual é a proposta de valor da empresa para o cliente direto deles. Falam sobre valor de uma maneira correta, ou simplesmente falam a respeito de uma "opção mais barata"? Investir esse tempo para modelar a proposta de valor para cada estágio pode realmente introduzir uma compreensão a respeito da dinâmica geral da sua cadeia de suprimentos. A Tabela 13.1 pode ser útil nesse sentido.

5. Pergunte à cadeia de suprimentos o que eles pensam a seu respeito

Evite dar a impressão de que adota uma posição de superioridade nas conversas que tiver com os parceiros da cadeia de suprimentos. Assumir uma postura mais igualitária leva a discussões mais abertas e a um feedback melhor. Peça às pessoas com as quais você conversa um feedback a respeito de sua empresa. Você é um bom fornecedor? Elas obtêm um aconselhamento efetivo técnico/comercial e de mercado? O que você poderia fazer para tornar a vida delas melhor (e ajudá-las a ganhar mais dinheiro!)?

6. Pregue valor

Muitas empresas maiores dedicam tempo a compreender o conceito de valor e a avaliar como conduzir vendas com base em valor, como fazer a gestão de contas e a precificação. Muitas empresas dentro da cadeia de suprimentos são menores, mais empreendedoras. Elas podem nunca ter pensado no que consiste o valor ou no que significa para elas. Conversar sobre valor e oferecer sessões de treinamento costuma ser algo realmente apreciado. Mantenha essa obsessão. Converse muito sobre valor e invista tempo trabalhando com sua cadeia de suprimentos para compreender e passar a trabalhar desse outro jeito.

7. Realize seminários sobre valor

Para realmente colocar seu dinheiro no que defende, uma grande ideia é realizar regularmente conferências, seminários e oficinas. Faça disso uma discussão de mão dupla que incentive os membros da cadeia de suprimentos a apresentarem e comentarem exemplos de situações em que tenham criado e entregue propostas de valor ao mercado. Essas conferências devem ser manejadas com cuidado (sempre há a necessidade de observar as leis da concorrência) – mas desde que você inclua isso, elas permitirão colher benefícios significativos e gerar discussões muito estimulantes.

◢ 8. Mude a conversa

Quando você quiser discutir grandes oportunidades de valor, precisa mudar a conversa. Isso significa falar com pessoas de postos cada vez mais elevados na hierarquia. Quando eu atuava como cliente usuário final na minha história do BEMS, era diretor sênior e fazia parte do time de liderança. Estava aberto a discutir meus desafios e as coisas de que precisava e valorizava. Imagine os benefícios que você ganharia se pudesse ter essas conversas com 10-20 altos executivos percorrendo toda a sua cadeia de suprimentos. Isso lhe permitiria coletar informações incrivelmente poderosas, mas você precisaria ter conversas realmente de impacto, abertas e de riqueza recíproca com algumas pessoas desafiadoras, do alto escalão.

◢ 9. Olhe para trás

O conceito de ser "centrado no cliente" costuma ser retratado como essencial para um negócio proativo. É verdade: você de fato precisa ter foco no cliente. Mas deve também ver seus fornecedores como parceiros e como fontes de colaboração em valor. Seja "centrado em valor" e procure ajudar todo mundo na sua cadeia de suprimentos, especialmente seus fornecedores (afinal, seria muito hipócrita não se comportar assim, não é?).

◢ 10. Criação conjunta de valor (colaborar e prosperar)

Muitas empresas procuram colaborar ao mesmo tempo que buscam novos produtos e serviços para competir em mercados globais agressivos. Empresas com frequência buscam novos parceiros ou mesmo concorrentes para trabalhar junto. O tempo inteiro, porém, você pode ter um conjunto de parceiros bem-predispostos e altamente capazes trabalhando com você: sua cadeia de suprimentos. Você precisa simplesmente encarar a cadeia de suprimentos como uma fonte de significativa vantagem competitiva ao focar a criação de valor "de ponta a ponta".

REFERÊNCIAS

[1] Davies, M (2017) *Infinite Value: Accelerating profitable growth through value-based selling*. Bloomsbury Publishing, Londres.

CAPÍTULO 14

ANÁLISE FINANCEIRA, FERRAMENTAS DE QUANTIFICAÇÃO DE VALOR E *DASHBOARDS* FINANCEIROS

Este livro não é sobre análise financeira, mas é importante considerarmos ROI [retorno sobre o investimento], IRR [taxa interna de retorno], NPV [valor presente líquido] e retorno [*payback*], a fim de transmitirmos credibilidade à empresa compradora e deixar seu diretor financeiro numa posição confortável. Há muitos modelos disponíveis, alguns deles gratuitos, e é importante que você esteja afinado com seu departamento financeiro, para assegurar que os modelos que está desenvolvendo resistem ao escrutínio externo.

No processo de proposta de valor de seis passos, mencionado antes neste livro, no passo 4 falamos em categorizar o valor que pode ser alcançado para o fornecedor. Aqui, no box a seguir, mostramos que os três fatores a serem considerados são: valor agregado, que normalmente são os ganhos de receita, evitar custos e reduzir custos. Muito do foco é colocado na redução de custos, porque esse costuma ser, dos três fatores, o mais fácil de identificar e de lidar.

VOCÊ TEM MODELOS DE PROPOSTA DE VALOR NOS QUAIS O POTENCIAL CLIENTE ACREDITA?

Os cálculos financeiros devem se basear em três fatores:

1. valor agregado (funcional, isto é, ganhos de receita);
2. evitar custos;
3. reduzir custos.

> Um quarto fator é o relacionado a benefícios intangíveis, como reputação, confiança e redução de risco (mais difíceis de quantificar). Nesse sentido, é importante contar com um *branding* poderoso. Mas a segmentação de mercado é a chave para esse elemento crucial de diferenciação.

O segundo box é um exemplo no qual trabalhamos e que trata da introdução de um software de agendamento de tarefas para um time de manutenção. Identificamos as economias de custo, que foram de £ 250 mil por ano. Identificamos os custos evitados pelo fato de não ser necessário comprar uma nova frota de veículos, o que gerou economia de £ 80 mil, e por fim fomos capazes de identificar que, por terem reduzido custos, eles se tornaram bem mais competitivos no mercado externo e foram capazes de ganhar dois novos contratos no valor de £ 1 milhão de receita.

PROPOSTA DE VALOR PARA SOFTWARE DE AGENDAMENTO DE TAREFAS DE TIME DE MANUTENÇÃO

1 Redução de custos - o número de pessoas na equipe foi reduzido de 30 para 22 e o número de tarefas aumentou em 30%, mesmo com 8 membros a menos. Além disso, houve corte nos custos de viagem. Economia de £ 250 mil ao ano.

2 Custos evitados - rearranjo na frota de vans e venda das mais velhas, que geravam mais custos de manutenção. Evitou-se comprar vans, já que havia menos pessoas. £ 80 mil por ano de economia.

3 Aumento de receita - eles entraram com maior confiança em concorrências para contratos adicionais no exterior, já que a base de custos estava sob controle, deixando-os mais competitivos. Ganharam dois novos contratos no valor de £ 1.000.000.

Vamos agora voltar e examinar a questão de ROI, IRR, NPV e do retorno. Usando planilhas, esses números são fáceis de calcular, mas é importante que os fornecedores entendam o que se quer dizer e se certifiquem dos fatores que estão conduzindo o negócio do cliente. Alguns clientes estão interessados apenas no retorno. Eles questionam: o investimento produz um retorno em menos de 12 meses? Outros clientes examinam o ROI (*return on investment*) e esperam que seja no mínimo de 100%. Para que o ROI seja 100%, é preciso que cada libra investida no projeto gere £ 2.

> *As definições a seguir foram adaptadas de um artigo com a gentil permissão de Tom Pisello na TechTarget – The ROI Guy, CEO and Founder at Aliean Inc. Ver: Blog.alinean.com[1]*

Cada uma dessas cifras – retorno, retorno descontado, NPV, ROI e IRR – tentam sintetizar num único indicador um conjunto de fluxos de caixa de um projeto. Mas, como o painel de instrumentos de seu carro, uma cifra isolada não consegue contar toda a história do investimento. Cada uma tem o seu propósito específico e seus pontos fortes e fracos.

◢ Payback

O *payback* é uma das maneiras mais comuns de se avaliar o valor de um projeto. O retorno é calculado pegando o investimento cumulativo em dinheiro no projeto e comparando-o com os benefícios cumulativos, geralmente mês a mês numa linha do tempo. A maioria dos projetos tem um significativo investimento inicial, e então, ao longo do tempo, esse investimento é recuperado após a sua implementação pelos benefícios. No final, os benefícios alcançam e excedem o investimento exigido, tanto o inicial quanto o contínuo. A duração desde o investimento inicial até o ponto em que os benefícios cumulativos excedem os custos é o período de retorno. A maioria dos times gosta de ver o retorno em 12 meses ou menos, e alguns são até mais exigentes. Assim, uma das questões de se usar isso

Análise financeira, ferramentas de quantificação de valor e *dashboards* financeiros

como a única determinação de que o projeto vale a pena é deixar o time focado apenas em projetos que ofereçam retorno rápido, sem levar em conta investimentos de longo prazo ou mais estratégicos. No lado positivo, o retorno costuma ser uma boa medida de avaliação do risco, no sentido de que projetos com períodos de retorno mais longos são tipicamente mais arriscados – sensíveis a custos além do previsto e a atrasos em conseguir os valores planejados dentro do horizonte de análise.

◢ Retorno descontado

O retorno descontado leva em consideração o valor de tempo do dinheiro. Quando se investe hoje num projeto, esse investimento precisa no futuro retornar mais, pois £ 1 hoje vale mais do que £ 1 no futuro, já que vivemos num mundo inflacionário. Precisamos também considerar que essa £ 1 poderia ter sido investida em outra coisa, especialmente em veículos de investimento de menor risco, de modo que um investimento de £ 1 deve competir não só com a inflação, mas com outras oportunidades. Assim, para alcançar de fato o ponto de equilíbrio, £ 1 hoje precisa dar mais retorno daqui a um ano, e mais ainda dois, três e quatro anos à frente (como juros compostos).

Com um período de retorno descontado, os custos e benefícios do projeto são descontados conforme ocorrem, para levar em conta a oportunidade perdida de investir o dinheiro em outra parte (geralmente igualada ao custo de capital da empresa) e adicionalmente por uma medida relativa do risco do projeto (o custo de capital + uma taxa de desconto gerada por risco). Para projetos com longos períodos de retorno, os períodos de retorno descontados são mais precisos na determinação do retorno real, mas, para projetos mais curtos, um período de retorno não descontado é normalmente um indicador suficientemente bom. Assim como ocorre com períodos de retorno regular, tomar decisões de investimento com base apenas neles pode orientar o time em direção a projetos de retorno rápido, sem considerar a quantidade final do benefício – que é mais bem medida usando o NPV.

ROI e ROI ajustado ao risco

Servem para calcular os benefícios líquidos (benefícios totais menos custos totais) de um projeto, divididos proporcionalmente pelos custos totais, para ajudar a destacar a magnitude dos retornos potenciais versus os custos. Um ROI de 150% significa que £ 1 investida no projeto renderá de volta ao investidor £ 1 de seu investimento original mais £ 1,50 em ganhos. O ROI ajustado ao risco é a taxa que se recomenda usar, e é calculado usando o valor de tempo do dinheiro para descontar os benefícios e custos ao longo do tempo. O ROI ajustado ao risco fornece uma taxa mais conservadora, já que os benefícios costumam ser maiores que os custos nos anos anteriores, portanto há descontos nos benefícios e a taxa é menor. As empresas geralmente esperam um ROI que vai de pelo menos 100% a não mais de 400% (embora possa ser mais alto). A fórmula do ROI é ótima para comparar custos e benefícios proporcionais, nas não destaca bem os prazos dos retornos – e nisso o período de retorno é mais apropriado.

NPV [valor presente líquido]

O NPV é uma fórmula que calcula todos os benefícios líquidos de um projeto (benefícios menos custos), ajustando todos os resultados em termos do dinheiro de hoje. Isso difere de calcular os benefícios líquidos de um projeto num período de três anos sem descontar, pois benefícios cumulativos sem desconto exageram o valor geral do projeto, especialmente quando este tem alto investimento inicial ou em um ano, e os benefícios só incidem anos depois (quando o desconto do valor de tempo do dinheiro reduz o valor geral desses benefícios). O valor presente líquido [*net present value,* NPV] é ótimo para calcular os benefícios líquidos ao longo de um horizonte de investimento, de modo que diferentes projetos possam ser comparados com o valor que retornam à empresa, mas essa métrica sozinha não destaca quanto tempo leva para se alcançar os benefícios (como faz o período de retorno). E tampouco destaca a proporção dos custos em relação aos benefícios líquidos, que é onde a fórmula do ROI brilha.

Análise financeira, ferramentas de quantificação de valor e *dashboards* financeiros   **285**

◢ IRR [taxa interna de retorno]

O IRR é uma das melhores métricas para comparar projetos. A taxa interna de retorno [*internal rate of return*, IRR] é essencialmente a taxa de juros que o projeto pode gerar para a empresa, e é calculada como o valor do desconto que, quando aplicado à fórmula do NPV, leva a fórmula do NPV a zero. Como o IRR calcula o retorno do fluxo de caixa para cada projeto, os investimentos em projetos podem ser facilmente comparados com outros veículos de investimento e com taxas mínimas de investimento (retornos versus riscos) estabelecidas pelo CFO [diretor financeiro]. Mas o IRR não é um bom indicador da magnitude do investimento necessário, do valor do benefício ou do retorno, portanto os retornos podem ser altos, mas o investimento também é alto, os benefícios não significativos e/ou o retorno (risco) alto demais.

MODELO DE CADEIA DE VALOR

Como você pode ver, nenhuma métrica destaca todos os pontos fortes, pontos fracos e riscos de um dado investimento, especialmente quando comparamos várias opções. Recomendamos que, ao avaliar projetos, você use vários desses indicadores juntos – incluindo o ROI ajustado ao risco, o período de retorno, o NPV e o IRR – junto com investimento exigido, pontuação de risco e pontuação do alinhamento do negócio.

Vamos voltar ao modelo da cadeia de valor já discutido anteriormente e aos números financeiros que podem ser desenvolvidos (ver Tabela 14.1). Esses podem então ser categorizados em ganhos de receita, em evitar custos e em reduzir custos.

As Figuras 14.1 e 14.2 mostram dois exemplos de modelos financeiros e diferentes maneiras de apresentar os resultados.

Na Figura 14.1, os números são apresentados num painel simples. Na Figura 14.2, podemos ver que a SKF construiu modelos muitos sofisticados, que produzirão propostas detalhadas para o cliente automaticamente. Seu time de vendas precisará ser treinado quanto ao significado exato desses resultados, para que eles possam ter discussões sensatas com o cliente.

TABELA 14.1 Resumo da oficina sobre propostas de valor financeiramente quantificadas

Fragilidades e oportunidades da cadeia de valor do cliente para o fornecedor agregar valor		Pontos fracos do cliente	Descreva em palavras a oportunidade para nós (fornecedor)	Importância ou impacto para o cliente (alto/médio/baixo)	Valor agregado ($ € £)	Reduzir custo ($ € £)	Evitar custo ($ € £)	Benefícios intangíveis ($ € £)
CADEIA DE VALOR	Recebimento							
	Operações							
	Expedição							
	Marketing e vendas							
	Serviços ao cliente							
EMPRESA CADEIA DE VALOR INFRAESTRUTURA	Financeiro							
	Compras							
	Desenvolvimento de tecnologia							
	Gestão de RH							
	Outros (ex.: CSR)							
				Subtotal:				

TOTAL: $ € £

Análise financeira, ferramentas de quantificação de valor e *dashboards* financeiros

FIGURA 14.1 — Modelos financeiros

Fluxos de caixa dos projetos

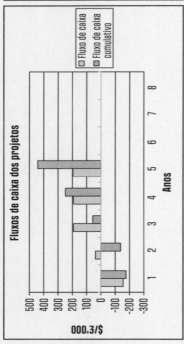

Resumo dos resultados

Total de economia de custos/receita	$'000	845
Gastos totais do projeto	$'000	-403
Economia/receita líquida do projeto	$'000	442
ROI [*return on investment* após 5 anos]		109,7%
NPV [*net present value*] com taxa de desconto de:	$'000	241 12,0%
IRR [*internal rate of return*]		56,3%
Ano de retorno		Ano 3

Análise de custos de implementação do projeto

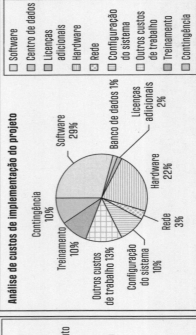

Análise de economia de custos/receita do projeto

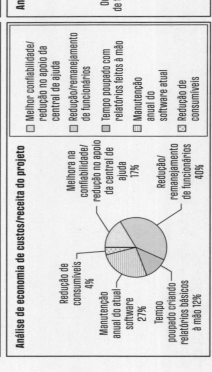

FIGURA 14.2 — Exemplo para a SKF

GASTE MINUTOS. ECONOMIZE MILHARES.

SKF SOLUÇÕES DOCUMENTADAS

SKF Y-units linha de alimentos (Marathon)

O mercado de alimentos e bebidas tem enorme potencial de crescimento, sendo um dos maiores segmentos do setor de manufatura e distribuição na economia. O próprio mercado de comida processada cresce quase 10% ao ano, e cresceu nessa taxa nos últimos 25 anos. A razão de tal crescimento? Um aumento da renda per capita, mudanças no estilo de vida e inovações tecnológicas exigidas pelas tendências de segurança alimentar mundiais. A SKF decidiu aplicar seu know-how, padrões de qualidade e resultados de pesquisas de materiais e tecnologias para criar uma ampla gama de soluções de alta qualidade nesse mercado exigente. O resultado é uma linha de produtos que combina alta resistência, tecnologia avançada e vida útil estendida.

Valor documentado	
Descrição	**Descrição**
Valor agregado sobre MTBR (8,00 meses)	$ 37.657,45
ROI esperado sobre MTBR	390,23%
Break even do fluxo de caixa	2,43 meses
Percentual necessário de aumento do *break even* MTBR	142,79%
Aumento necessário do *break even* MTBR em meses	1,43 mês

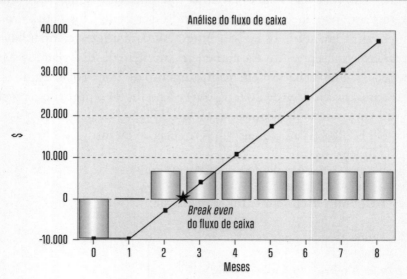

Análise financeira, ferramentas de quantificação de valor e *dashboards* financeiros

DEFININDO OS NÚMEROS PARA MELHORAR VENDAS E MARKETING E A CONSTRUÇÃO DE CENÁRIOS

Já discutimos a fórmula de vendas e o impacto que pequenas melhoras em adotar um processo de proposta de valor quantificada podem ter na receita.

Há cinco fatores que impactam o quanto você vende. Isso está em função de:

1 número de *leads*;

2 taxa de fechamento;

3 frequência de compra;

4 porte médio do negócio;

5 ciclo de vendas.

O marketing tem maior influência no item 1 e o time de vendas tem maior influência nos itens 2 a 5 (ver Figura 14.3).

Apenas 5% das empresas têm propostas de valor financeiramente quantificadas (McKinsey), e desenvolvê-las diferencia sua empresa. Ainda que você não tenha nenhuma diferenciação, quantificar financeiramente os benefícios, mesmo sendo eles benefícios-padrão, dará uma vantagem sobre os concorrentes. Ajudará a fazer campanhas de marketing mais produtivas e aumentar o número de *leads* gerados. Mais negócios serão fechados (em geral, aumento de 2% a 10%) e ajudará a reduzir os descontos (de 20% a 30%) e a melhorar o porte do negócio. E reduzirá o ciclo de vendas em 10% a 25%.[2]

Há benefícios adicionais, mais difíceis de quantificar:

➤ evitar as decisões de não comprar ou de protelar compras;

➤ melhorar relacionamentos com clientes;

➤ indicações de clientes satisfeitos;

➤ relacionamentos sustentados.

FIGURA 14.3 — Fórmula de venda e processo de vendas

| Fórmula de vendas | (1) Número de *leads* × (2) Taxa de conversão (%) × (3) Frequência de compra × (4) *Ticket* médio do negócio (£) / (5) Ciclo de venda (meses) |

FONTE: Baseado na Equação da Velocidade de Vendas, reproduzido com a gentil permissão de Donal Daly, presidente executivo da Altify (ex-The TAS Group).

Se pegarmos a fórmula de vendas da Figura 14.3 e aplicarmos alguns números-padrão para o setor de software, veremos o impacto na Tabela 14.2 e na Figura 14.4.

Esse modelo gera normalmente vendas de £ 1.000.000 por mês.

Podemos então considerar uma melhora de 5% para todos os fatores na Tabela 14.3 e vemos a receita aumentar 28% por mês, como mostra a Figura 14.5.

TABELA 14.2 — Fórmula de vendas

FÓRMULA DE VENDAS - CINCO FATORES	SITUAÇÃO ATUAL
1 Número de *leads* por mês	125
2 Taxa de conversão	20%
3 Frequência de compra	1
4 *Ticket* médio do negócio	£ 120.000
5 Ciclo de vendas em meses	3 meses

FIGURA 14.4 — Situação atual da fórmula de vendas

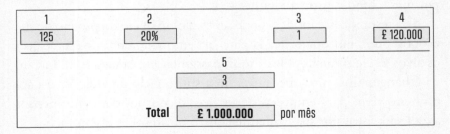

TABELA 14.3	Fórmula de vendas com 5% de melhora	
FÓRMULA DE VENDAS - CINCO FATORES	**SITUAÇÃO ATUAL**	**MELHORA DE 5% EM TODOS OS FATORES**
1 Número de *leads* por mês	125	131,25
2 Taxa de conversão	20%	21%
3 Frequência de compra	1	1,05
4 *Ticket* médio do negócio	£ 120.000	£ 126.000
5 Ciclo de venda em meses	3 meses	2,85 meses

FIGURA 14.5 Fórmula de vendas com 5% de melhora

Aumento de **5%**

1	2	3	4
131, 25	21%	1,05	£ 126.000

5
2,85

Total £ 1.279.480 por mês

Aumento de 28%

Ao analisarmos esses números com os times de vendas e de marketing, chegamos às melhoras específicas para os cinco fatores, como mostra a Tabela 14.4. A empresa vê que isso é pouco em comparação com o setor em algumas áreas e as metas são mostradas abaixo.

Ao calcular as melhoras específicas para todos os cinco fatores mostrados na Tabela 14.4, vemos que o aumento da receita é de 35% por mês, como mostra a Figura 14.6.

Em resumo, esse modelo pode ser usado no início do projeto de sua proposta de valor quantificada para sua empresa, a fim de estabelecer os alvos a serem melhorados. Aqui, passamos a bola para Alan Crean, da Changepoint, um especialista no assunto ciclo de vida "cota para dinheiro vivo" para empresas de serviços e consultoria, com imensos agradecimentos por sua brilhante contribuição sobre esse tópico.

FIGURA 14.6 Fórmula de vendas com melhoras específicas

FÓRMULA DE VENDAS - CINCO FATORES	SITUAÇÃO ATUAL	MELHORA DE 5% EM TODOS OS FATORES	MELHORAS ESPECÍFICAS
1 Número de *leads* por mês	125	131,25	137,5 (10%)
2 Taxa de conversão	20%	21%	21% (5%)
3 Frequência de compra	1	1,05	1 (0%)
4 *Ticket* médio do negócio	£ 120.000	£ 126.000	£ 126.000 (5%)
5 Ciclo de venda em meses	3 meses	2,85 meses	2,7 meses (10%)

FIGURA 14.7 Fórmula de vendas com melhoras específicas

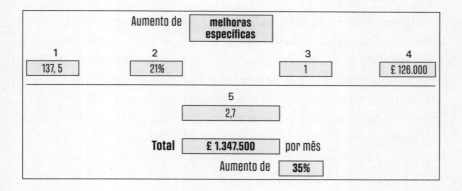

UMA CONTRIBUIÇÃO DE ROI DO SETOR

Contribuição de Alan Crean, executivo da Unidade de Negócios da Changepoint PSC e PPM na EMEA [Europa, Oriente Médio e África] – um aplicativo para automação de serviços profissionais [professional services automation, PSA] concebido para projetos baseados em custo.

É o seu ROI também

O ROI tem dois aspectos. Existe o ROI para o cliente que compra a oferta; e existe o ROI da sua empresa por obter o negócio.

◢ O ROI do esforço de vendas

Seu tempo como gestor de conta requer um ROI. Assim, uma rápida olhada nas informações a seguir lhe dará uma visão de onde seu tempo é mais bem aplicado. Esses dados são particulares do setor de serviços profissionais, mas os números para os outros setores são similares. A partir dos resultados mostrados na Figura 14.7, devemos encorajar os clientes existentes a indicarem outros potenciais clientes e identificarem os clientes com problemas que exigem solução.

◢ Apresente um ROI nos termos daquilo que eles não têm, e não do que eles podem obter – use cenários baseados em médias e/ou porcentagens

Abaixo temos um caso real de negócios que foi apresentado a um cliente em potencial. Foi entregue a um grupo que já sabia que queria uma solução, portanto não era o caso de darmos um tiro no próprio pé apresentando um caso de negócios inacreditável sobre ROI, especialmente porque eles teriam nos comprometido com isso. A fim de compreender como o modelo financeiro é construído, vamos discutir os fatores-chave na Tabela 14.5, com base nas vendas da empresa de $ 142.680.000 por ano e 580 pessoas bilhetáveis (que podem ser cobradas).

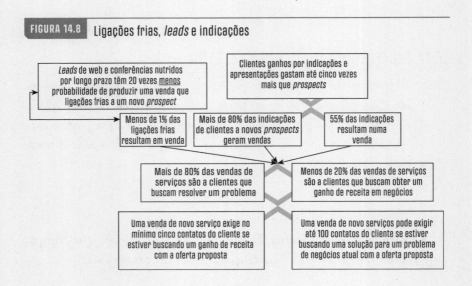

FIGURA 14.8 Ligações frias, *leads* e indicações

Os custos do pessoal de suporte e gestão geralmente correspondem a cerca de 22%, os custos de pessoal bilhetável são em média de 58%, enquanto os custos de processo equivalem a 12%, os de propriedade a 5% e os ativos gerais a 3%. Note que dissemos *geralmente*. É fácil incluir uma palavra que mostra que você sabe o suficiente para defender um ponto, mesmo sem saber todos os números em detalhes exatos. A regra aqui é simples: nunca, em hipótese alguma, discuta com um contador.

TABELA 14.4 Estimativa de ganhos de receita e redução de custos

TABELA DE RESUMO	GANHOS DE RECEITA	REDUÇÃO DE CUSTOS
Equipe bilhetável	$ 1.230.000	$ 650.000
Grupo da administração		$ 45.000
Gestão		$ 180.000
Cobrança do cliente		$ 81.905
Custos de papel e consumíveis		$ 10.000
Aumento no *backlog*	$ 998.760	
Dias cancelados	$ 2.271.000	
Taxa de realização	$ 1.426.800	

No entanto, se consideramos que a equipe bilhetável é quem ganha a receita, e que a média é de 164 dias bilhetáveis por ano (63% de 261), um aumento de 1% corresponde a 820 dias bilhetáveis adicionais em um ano.

Ganho de receita: 820 dias @ $ 1.500 por dia = $ 1.230.000

A regra aqui é que você pode usar a palavra *média*, mas apenas se tiver lido, experimentado e compreendido o suficiente para levar em conta números gerais a respeito de seu setor. Esteja preparado para dizer a eles de onde tirou o número médio, mas o bom é que isso é defensável, seja de um setor ou dos *benchmarks* de outro cliente.

Mas a maneira de olhar isso pelo prisma da contabilidade financeira é que agora você precisa de 1% menos de pessoal para entregar esse trabalho. 820 dias em 164 dias úteis por ano correspondem a menos cinco pessoas. Um custo por empregado a uma taxa de realização diária de $ 1.500 seria de cerca de $ 130.000 por ano.

Economia de custo: 5 x $ 130.000 = $ 650.000

Usamos o mesmo conjunto de dados duas vezes aqui. Esse é um mecanismo de proteção. Portanto, dissemos que você poderia tanto aumentar a receita até $ 1.230.000 como diminuir o custo até $ 650.000. Ambos são verdadeiros, mas você só pode ter um ou outro, e a natureza humana faz com que mentalmente ambos sejam contados.

Agora vamos examinar o grupo da administração, que é de quase 100 ao longo de todo o negócio. O custo médio do salário é de $ 45.000 e eles trabalham 40 horas por semana. Portanto, dando um custo por hora para as 45 semanas de trabalho de um ano, eles na realidade trabalham a $ 25 a hora. Se pudermos torná-los 1% mais eficientes ao longo das 1.800 horas que cada um trabalha, isso seria equivalente a devolver à empresa um salário integral de $ 45.000.

Economia de custo: $ 45.000

Nunca, em hipótese alguma, vá além de 1% em ganhos de eficiência em pessoal. Para começar, isso nunca é uniformemente distribuído no grupo e, em segundo lugar, não constitui um verdadeiro benefício ou economia aos olhos de um CEO da diretoria financeira.

Há 120 membros do pessoal em nível de gestão. Isso teria um custo médio de $ 150.000 ao longo do negócio. Usando a mesma métrica do pessoal administrativo, daria uma economia de $ 180.000.

Economia de custo: $ 180.000

De novo, a regra de 1%. Ela é defensável, é sempre vista como um mínimo, é fácil de entender e foca o benefício, sem ter que se comprometer com um número. Agora, vamos considerar a cobrança de clientes. A empresa tem uma receita anual de $ 142.680.000 e uma média de "vendas diárias pendentes" de 67 dias. Portanto, em qualquer ponto do tempo, teria pedidos pendentes no valor de $ 5.487.692. Como não podemos fracionar um dia, estamos buscando uma redução de apenas um dia nessa área.

Portanto, se a empresa puder passar para uma média de 66 dias, isso irá corresponder a um adicional de $ 81.905 no banco.

Economia de custo: $ 81.905

Conseguir "ser pago mais rapidamente" é ótimo, mas falha no teste de ROI. A razão é simples: dinheiro no banco não tem mais valor que dinheiro devido quando se trata do balanço. Portanto, tudo o que eu fiz foi mover dinheiro de uma coluna a outra, nada mudou fundamentalmente, e o CFO vai saber disso.

Se você considera que também acontece uma redução de 1% no volume de papel, água da rede e produtos de limpeza utilizados, isso impacta igualmente o resultado final – e os especialistas do setor proclamam que teria um efeito de $ 10.000 num negócio desse porte.

Economia de custo: $ 10.000

É sempre bom incluir um número de alguém mais, mas nunca um número grande – a pessoa na qual um CIO [diretor de informações] confia menos do que numa pessoa de vendas é o analista que lhe diz o quanto todos os outros são melhores, mais rápidos e mais eficientes do que ele.

Essa empresa está faturando $ 35.670.000 por trimestre em receitas. Como empresa média, entra em cada novo trimestre com 70% disso já em *backlog*. Um aumento de 1% no *backlog* produziria um adicional de $ 998.760 por ano em vendas.

Ganho de receita: $ 998.760

De novo, temos o número de 1% para evitar assumir qualquer coisa que dê a impressão de termos uma obrigação de alcançar uma cifra. Não é que você não queira que o cliente obtenha esse valor; é apenas que não quer se comprometer com um valor, já que isso causaria alguns

Análise financeira, ferramentas de quantificação de valor e *dashboards* financeiros

problemas de reconhecimento da receita. E não há nada que impeça mais você de conseguir sua comissão mais rapidamente do que um questionamento quanto a reconhecer uma receita.

Como empresa média, eles também estão dando como perdidos alguns dias por ano de projetos entregues com atraso e de trabalho realizado sem cobertura comercial. Esse número médio do setor é apontado como sendo de 4%, o que daria 10,44 dias por consultor bilhetável. Se usarmos uma redução de 1%, que dá 2,61 dias por consultor bilhetável (580), poderemos gerar 1.514 dias a $ 1.500 por dia, o que dá $ 2.271.000 em dias não cobrados por ano.

Ganho de receita: $ 2.271.000

Usamos média e usamos 1%. Não o fizemos para evitar um problema, e, sim, para enfatizar que o problema de alcançar essa economia é mais do cliente do que meu. Podemos dar a eles uma ótima ferramenta ou sistema, mas não podemos torná-los bons gestores de sua empresa.

E depois há a taxa de realização – isto é, a quantia líquida de fato faturada para cada consultor. Se você consegue aumentar isso em 1% (meros $ 15 por dia), aumentará as receitas da empresa em $ 1.426.800 por ano.

Ganho de receita: $ 1.426.800

De novo, 1%, para tornar isso algo a ser discutido, mais que um fato.

Em resumo, trata-se, portanto, de uma questão de decidir quais dos números colocados sobre a mesa merecem mais crédito e categorizá-los, seja em ganhos de receita, seja em economias de custos, mas não como ambos. O fornecedor irá então identificar a solução exigida e os custos apropriados e construirá o modelo financeiro. Esse fornecedor então produz modelos muito sofisticados e apresenta os resultados na Figura 14.8, com base nos dados do potencial cliente.

FIGURA 14.9 Modelos financeiros - *dashboard*

DVP = Dias de Vendas Pendentes
SOW = Declaração de Trabalho [*Statement of Work*]

COLOCANDO EM PRÁTICA

Complete a Tabela 14.1 e complete a fórmula de vendas para a sua empresa – na Tabela 14.2 e na Tabela 14.3. Trabalhe com seu time de finanças para produzir um modelo convincente de ROI.

REFERÊNCIAS

[1] http://blog.alinean.com/2010/08/return-on-investment-roi-defined.html.

[2] Para referências que justifiquem as porcentagens citadas, ver Michael Nick (2018). *Why do you need ROI in your sales process?* 22 de fevereiro. Disponível em: http://www.roi4sales.com/roi/what-is-the-roi-on-roi-anyway/ [último acesso em 22 de junho de 2018].

O ROI tem dois aspectos. Existe o ROI para o **cliente** que **compra a oferta**; e existe o ROI da sua **empresa** por **obter o negócio**.

CAPÍTULO 15

RESUMO DO PROCESSO DA PROPOSTA DE VALOR

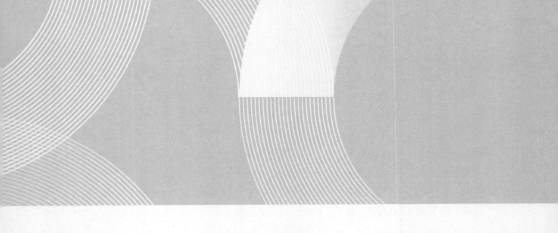

Em capítulos anteriores, discutimos os vários passos do processo de proposta de valor, que são mostrados a seguir na Figura 15.1, e vamos nos referir aos capítulos correspondentes para cada um dos seis passos.

FIGURA 15.1 Processo da proposta de valor

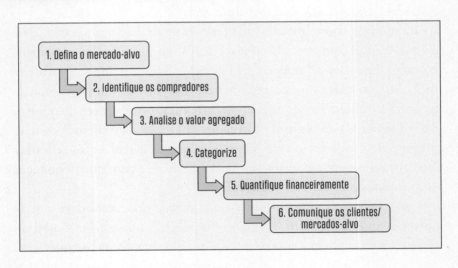

PASSO 1: DEFINA O MERCADO-ALVO

No Capítulo 2, iniciamos a jornada para definir o mercado-alvo e discutimos um pouco a segmentação de mercado, que é a base do crescimento lucrativo. Examinamos a tabela do mercado do produto, que permite pensar sobre o nível em que você descreve as propostas de valor. Contém um exercício muito útil para gerar segmentos de mercado, aplicado e testado em grande número de empresas *business-to-business* (B2B).

O Capítulo 4 dá uma visão geral do processo e por onde começar, e amarra esse processo de proposta de valor ao planejamento estratégico de marketing e ao planejamento de gestão de *key accounts*. O capítulo tem outras seções sobre definir o mercado-alvo e refere-se de novo a essa utilíssima tabela de mercado de produto. Além disso, levamos você a percorrer os passos do mapa do mercado, que, de novo, tem sido extensivamente utilizado e ajuda empresas a definir a maneira como o mercado funciona, dos fornecedores aos distribuidores, varejistas e usuários finais.

PASSO 2: IDENTIFIQUE OS COMPRADORES

O Capítulo 5, intitulado "Por que é crucial entender como são tomadas as principais decisões de compra", tem duas partes. A primeira trata de como grandes clientes compram e a segunda de como outros clientes compram. Isso lhe dá um ótimo insight sobre a maneira como as *key accounts* tomam decisões de compra e também sobre o processo geralmente usado pelo mercado de massas para comprar. É importante entender que as propostas de valor precisam ser direcionadas a segmentos de mercado formados por grupos de clientes com as mesmas necessidades, ou similares. Também desenvolvemos reflexões em torno de quem são os tomadores de decisões e com que frequência essas pessoas precisam ser contatadas.

No Capítulo 6, vimos as *key accounts* para as quais você deve desenvolver propostas de valor. É importante decidir quais delas são estratégicas e gastar nosso tempo e esforço mais nessas contas estratégicas, nas quais sabemos que há oportunidades de vender mais produtos e serviços, do que nas *key accounts* impulsionadas basicamente por preço.

Uma vez identificadas as *key accounts*, o Capítulo 7 ajuda o leitor a identificar também clientes B2B de porte médio por seu potencial de sucesso, com base num questionário desenvolvido na Escola de Administração de Cranfield.

PASSO 3: ANALISE O VALOR AGREGADO

O Capítulo 8 nos ajuda a compreender as necessidades das contas selecionadas e a desenvolver mais a identificação da parte da análise de valor agregado que pode ser tratada na base do cliente. Na Figura 8.8, damos mais detalhes sobre o conceito de cadeia de valor, que é fundamental para desenvolver propostas de valor quantificadas. Desenvolvemos mais o processo da cadeia de valor e como ele pode ser dividido em seções quantificadas. As ferramentas no Capítulo 10 permitirão que você quantifique a análise da cadeia de valor.

O Capítulo 10 nos ajuda a refletir sobre o desenvolvimento de propostas de valor para segmentos de mercado, e somos também apresentados a um estudo de caso muito útil. No Capítulo 10 somos conduzidos pelo processo de colocar números àquilo que vemos como oportunidades na Tabela 10.3.

PASSO 4: CATEGORIZE

O Capítulo 3 discute o que é exatamente uma proposta de valor financeiramente quantificada e explica em detalhes os três componentes de uma proposta de valor. Além disso, exemplos de um provedor de software, a SKF, e de uma empresa de rótulos são destacados para categorizar os benefícios.

Depois de completar as tabelas no Capítulo 10, estamos então em condições de enquadrar essas economias nas três categorias a seguir:

1 aumentar receitas;

2 evitar custos;

3 economizar custos.

Fazemos essa categorização porque fica mais fácil para o cliente compreender os agrupamentos que estabelecemos, e então resta o processo simples de representar os números no modelo financeiro.

PASSO 5: QUANTIFIQUE FINANCEIRAMENTE

Os resultados financeiros decorrem de quantificar essas três categorias – aumentar receita, evitar custos e economizar custos. Somos então capazes de começar a construir o modelo com base em qualquer despesa de compra adicional na qual o cliente precise incorrer. Esses modelos nos permitem demonstrar facilmente o período de retorno, o retorno sobre investimento, o valor líquido presente e, finalmente, a taxa interna de retorno.

Os resultados financeiros, como vimos no Capítulo 14, podem facilmente ser colocados numa planilha. É importante, porém, cuidar para que seu próprio departamento financeiro trabalhe com você nesses modelos, para garantir que os números sejam sensatos e confiáveis.

Também é possível para novos projetos estabelecer o tempo de conclusão, já que às vezes são necessários vários meses para implementar os métodos de trabalho do novo sistema. Também vale a pena calcular o custo potencial da espera, isto é: qual é o custo mensal que seu cliente experimenta como resultado de não comprar seu produto ou serviço? Na nossa experiência, esse certamente é o foco dos pensamentos do cliente e os ajudará a acelerar o processo de tomada de decisões.

PASSO 6: COMUNIQUE AOS CLIENTES/MERCADOS-ALVO

Mencionamos os sites de internet no Capítulo 1 e a necessidade de revisitá-los e de cuidar de desenvolvê-los em melhores bases. É importante que os sites fiquem a cargo do departamento de marketing e não sejam montados pelos desenvolvedores do site. Eles não entendem de marketing, e o departamento de marketing precisa dar uma contribuição significativa para o design.

Ao longo dos anos, vimos vários modelos financeiros e também desenvolvemos várias calculadoras de retorno sobre o investimento em sites. As lições que aprendemos é que elas podem ser extremamente perigosas, porque, em primeiro lugar, às vezes passam informações demais ao seu concorrente, e, em segundo lugar, costumam ser usadas de modo inapropriado por clientes. Apresentam resultados enganosos e não é sempre que produzem uma resposta confiável quando não incluem a contribuição do fornecedor. A recomendação é que você deve certamente comunicar que propostas de valor quantificadas estão disponíveis para clientes-alvo e mercados-alvo. Costuma ser melhor montar um documento técnico ou um estudo de caso em vez de permitir que o próprio cliente faça o cálculo. Mencionamos várias vezes a SKF; se você for ao site deles,[1] verá que é dada uma explicação bem detalhada do programa de soluções documentadas, com excelentes exemplos. A SKF solicita que clientes potenciais falem com ela para que um gestor de conta experiente possa construir um modelo apropriado e convincente para eles.

RESUMO

Em resumo, tratamos dos seis passos do processo de uma proposta de valor. Alguns passos foram vistos com detalhamento muito maior que outros, já que alguns passos são bastante diretos e simples. Fornecedores mais experientes terão modelos disponíveis, e neles percorrem um conjunto de questões-padrão bem ponderadas a fim de definir e validar informações do cliente. Isso então gerará um modelo convincente.

Os fornecedores muito sofisticados terão então modelos que geram automaticamente uma proposta e até irão fazer o download dos pontos pertinentes, especialmente gráficos e o resumo, para apresentações em PowerPoint. Esses modelos podem demandar certo tempo para ser produzidos, mas sabemos pelo líder de mercado nessa área que é enorme o potencial de benefícios quando se faz esse trabalho. No Capítulo 12, Todd Snelgrove discute o que a SKF desenvolveu; ela tem mais de 77 mil casos de valor ao cliente aprovados, o que equivale a US$ 7 bilhões em valor.

Muito obrigado por ter lido este livro e desejamos a você muito sucesso!

REFERÊNCIAS

[1] http://www.skf.com/uk/knowledge-centre/engineering-tools/skfdocumentsolutionsprogram.html.

ÍNDICE REMISSIVO

33M 49, 50, 120

A

abordagem centrada em valor 278
abordagem por pacote de trabalho 259
acordo de serviço de manutenção integrada
[*integrated maintenance service*, IMS],
241
alavancagem de fornecedores 247, 248
ambiente 150-151
análise da cadeia de valor 67, 69, 82, 85,
157, 161, 205, 305, 151, 178
análise da cadeia de valor interna 151,
157, 178
análise da concorrência 192
análise das cinco forças 204, 206
análise das forças impulsionadoras
do setor 154
análise de *key account* 149, 150
análise competitiva 151, 178, 189,
190
análise da cadeia de valor interna do
cliente 151, 157, 178
análise das forças impulsionadoras do
setor 154
análise dos objetivos do cliente 151,
154, 178
análise SWOT 79, 81, 175, 186,
195, 196
histórico de vendas do cliente 151,
171
processo de compra do cliente 90,
151, 163, 178, 205
resumo do relatório anual do cliente e

análise financeira 151, 154-156
análise do portfólio de aplicações 176
análise dos objetivos do cliente 151, 154, 178
análise financeira 151, 155, 157, 178, 206,
281
do cliente 151, 155, 157
melhorar vendas e marketing
290-293
métodos 282-286
modelo de cadeia de valor 286-289
ROI 283-284, 216, 294-300
análise STEEP 152, 206
análise SWOT (pontos fortes, pontos
fracos, oportunidades, ameaças) 79, 80,
81, 82, 84, 85, 175, 186, 195, 196
Anderson, James 232, 233
aptidões de gestão, falta de 121, 122
assentos de empresa aérea 87, 89
atividades de suporte 71, 121
atividades primárias 67, 74-75, 122,
157-158
ativos intangíveis 42, 44, 46
ativos tangíveis 43, 44
atual gasto em marketing 145
avaliação da marca 46

B

balanço patrimonial 43, 157,
benefícios intangíveis 159, 206, 207,
282
boa vontade 43, 44
Bradford, Edmund 204
brand equity (valor da marca) 46, 69
Buffett, Warren 262

C

cadeia de suprimentos 66, 72, 73, 101, 255, 256, 257, 258, 259, 260, 261, 263, 264, 265, 266, 267, 268, 269, 270, 271, 273, 274, 275, 276, 277, 278, 279
    aliviar tensões de valor na 266-269
    capacidade de construir cadeia de suprimentos 269-274
    dicas para criação de valor 274-279
    manufatura no setor farmacêutico 258, 260
    mapeamento da 274, 275
cadeia de valor 99-100
    benefícios de custo 65, 66
    quantificando valor para todos os *stakeholders* da 222-223, 225
    veículos comerciais 216-217
caminhões Bedford 213
caminhões DAF 213, 214, 222
caminhões Ford 213, 214
caminhões Leyland 213
caminhões Mercedes-Benz 213
caminhões Scania 213, 214, 222
caminhões Volvo 213, 214, 222
Canada Dry 24, 190
capacidade de pagar por valor 231-232
    capacidade de vender valor 233-238
capacidades 186-190
categorização 85, 83, 84, 303, 307
cenários 293-300
cerveja 53
ciclo de vendas 35, 36, 66, 100, 101, 235, 290, 291
    contato inicial no 99, 100
ciclo de vida produto/mercado 49, 191, 192, 104
clareza 181, 201, 224, 232, 248, 268
classes de compra 262-263
classificação
    análise competitiva 190
    capacidade da cadeia de suprimentos 270
    key accounts 114-117, 123-133
cliente 233, 246-250

cliente racional 41-43
cliente
    análise da cadeia de valor interna 157
    análise financeira 151, 155, 157, 178, 206, 281
    condição futura 264, 276
    decisões e processo de compra ver compras contatos/relacionamentos 169-171
    estrutura 96-100
    fatores de atratividade 126, 127
    histórico de vendas com 151, 171, 178
    identidade 95-96
    mapeamento 102, 107
    não existência do cliente racional 41-44
    poder 153
    propostas de valor atraentes para clientes 227-252
    resumo do relatório anual 151, 155, 178
    tamanho da carteira 125
clientes de status 130, 1314
clientes estrela 130, 131, 135
clientes simplificados 130, 131, 135
coaching 200, 240, 270, 272, 273
Coca-Cola 42, 46
cocriação de valor 70
colaboração 271, 278
compartilhar melhores práticas 270, 273
compra estratégica 105
comprador buscando valor 104, 105
compradores profissionais 98, 100
compras 92-108
    análise de *key accounts* e processo de compra 107, 151-171
    disposição e capacidade de pagar por valor 231-232
    identidade do cliente 95-96
    identificando o comprador 84, 85, 86, 97-99, 168-169, 231, 302
compras não estratégicas 183-186
comunicação
    canais *23*, 28, *49*, 72, 73, *104*, *106*, 112, *140*, 153, 195, 197, 211, 267

com clientes/mercados-alvo 80, 84, 85, 86
  interna antes de externa 224
conferências sobre valor 277
confiança, quebra de 122, 266
construir capacidade na cadeia de suprimentos 269-273
consumo de combustível 214, 217, 218, 219
contabilidade aberta 119
contas estratégicas 114, 246
continuidade 191, 247, 263, 266
contratos do governo 101
contribuição emocional 65, 71, 77
  marcas 45-47
  segmentação de mercado 47-60
Corporate Executive Board 234
corte de custos 33, 46
Crean, Alan 292, 293
criação de valor 67, 70, 104, 254, 260, 262, 279
  em cadeias de suprimentos 274-278
criando vantagem 36-37, 176-177, 201
cultura
cultura de negócios 245, 233
cultura do cliente 246, 233
custo 163
  custo real de compras 183, 185
  custo total de propriedade 104, 217, 235, 236, 237, 263, 262, 264
  de manter estoque 181, 18
  economias anuais contínuas 243-244
  valor percebido 228, 229, 230, 241
custo total de propriedade 104, 217, 235, 236, 237, 262, 263, 264

D

dashboard (painéis) financeiros 286, 288, 299
dashboards (painéis) financeiros 280
Davies, Mark 255, 256
decisão de entrar no negócio 192
definindo o mercado-alvo 80, 82, 83, 84, 85, 86
depto. de aquisições 42, 72, 158, 161, 231,

236, 246
  Matriz Kraljic 246, 247, 248
desempenho do motorista 217
desenvolvimento de tecnologia 67, 72
desintegrando o KAM 121-122
DHL 98, 112
diálogo 118, 160, 197, 198, 270, 271
Diesel, Rudolph 214
diferenciação 30, 38, 47, 49, 104, 142, 153, 159, 204, 212, 214, 224, 282, 290
  caminhões MAN 216-223
  fontes de, na cadeia de valor 159
direção de colheita do negócio 192-194
direção de manutenção do negócio 192
direção de melhora do negócio 192
direção de sair do negócio 193
direções de negócios 191, 192
direitos de propriedade intelectual 44
disposição de pagar por valor 231-232
disposição de vender valor 233, 239-250
divisão do trabalho 251

E

economia contínua de custos anuais 244-245
economia no preço de aquisição 243
empresa aeroespacial 183, *184, 185*
empresa de embalagens 161
empresa de rótulos 75, 76
  empresas 233, 246
equação do valor 262-263
escândalo da carne de cavalo 33
escolas particulares 198, 199, 203
especialização 250
estimar valor 264, 265
estoque, custo de manutenção 181, 182
estratégia 262-263
estratégia do concorrente 173, 192
  complexidade do produto 163
estratégias competitivas 69, 157, 186, 187, 189, 193
estratégias conjuntas 273, 270
Evans, Des 212
evitar custos 37, 65, 71, 74, 100, 159, 160,

281, 286, 287

evitar desvantagem 37, 176, 177, 208

executivos seniores 278

experiência contínua de venda por valor 230, 239–240

experiência de venda por valor 240

experiência, venda de valor 233, 239-240

F

fases da compra 165-166

fatia de mercado 188, 190, 212, 225, 229

fatores cruciais de sucesso (CSFs) 128, 174, *175*, 186, 195, *196*, 199, 216

fatores de atratividade *105*, 124, 126, 127, 129, *131*, *133*, *134*, *150*, 200

fatores de higiene 57

ferramentas de vendas baseadas em valor 236, <ET>, 233

ferramentas de vendas, baseadas em valor 233, 235-238

fluxo de caixa descontado 47

Food and Drug Administration (FDA) 258

força de vendas 32, 72, 190, 227, 230, 236, 238, 239

fórmula de vendas 290, 291, 292, 293
  melhorando vendas e marketing 290-293

formulário de análise do cliente 90, 99

fornecedores como incômodo 247

fornecedores de segurança 247-248

fornecedores estratégicos 104, 247, 248

fornecedores preferidos 104

Frank, Malcolm 29

frequência de compra 290, 291, 292, 293

frequência de compras 290-294

G

ganhos de receita *ver* valor agregado 45, 65, 68, 69, 71, 106, 119, 121, 124, 130, 184, 220, 281

gestão de frota 221

gestão de *key account* (KAM) desintegração 121–122
  integrado 29, 72, 115, 116, 117, 119, 123, 134, 150

interdependente 115, 116, 117, 118, 123, 134, 150

matriz de planejamento estratégico (SPM) 124, 125, 129, 130, 131, 132, 133, 135, 136, 139, 146

planejamento 80, 81, 82

gestão de recursos humanos 67, 71, 121, 158, *160*

Gestetner 27

Gillette 43

globalização 93

Grupo Thompson 133, 135

grupos etários 48

grupos socioeconômicos 48

H

Heavy Truck Study 222

I

IBM 27

identificação do comprador 84, 83, 84, 97–99, 168-169, 303, 304
  impacto no ROI 183

infraestrutura da empresa 67, 71

K

KAM básico 115, 150

KAM cooperativo 115, 150

KAM exploratório 150

KAM integrado 117, 119, 150

KAM interdependente 117, 150

key accounts 87, 90, 111-136, 271
  abordagem realista dos relacionamentos 123-134
  classificação 114-116, 124-125
  estratégicas 111-114, 130, 131, 132, 135, 305
  propostas de valor para 204, 205, 206
  seleção preliminar 113

Kodak 27

L

leads, número de 35, 36, 290, 291, 292, 293

Lei de Pareto 54, 55

Lei do Quadrado de Lanchester 190
    liderança 191, 189-250
logística 181-183
logística de expedição 68, 73, 158, 160
logística de recebimento 68, 72, 158, 159
logo 45
lucratividade do produto 32
lucro, impacto do preço no 31-35
    lucratividade 32, 36, 41, 70, 124, 135, 211, 216, 218, 222, 256

M

maiores clientes
decisões de compra 93-108
propostas de valor para 204, 205, 207
MAN Truck and Bus UK 210, 212, 214, 224
vantagem diferencial 27, 30, 211, 215, 223
mercados-alvo 27, 30, 79, 80, 84, 85, 86, 211, 214, 223
mapa de gastos 102, 103
mapas de mercado 87, 88, 83, 106, 305
marcas 44-47
marketing 67, 74, 123, 159, 160
    capacidade 145
    mapa do domínio do marketing 24-25
    melhorar vendas e 290-293
matriz de planejamento estratégico (SPM) 124, 125, 129, 130, 131, 132, 133, 135, 136, 139, 146
Matriz Kraljic 246, 247, 248
médias, cenários baseados em 294
médico 52
melhores práticas, compartilhamento 270, 273
mercado convencional de médias empresas 23, 49, 106, 112, 140
    potencial de sucesso 139
mercado de papel A4 59
mercado de papel A4 59
mercado de veículos comerciais 211-225
    fornecedores de *commodities* 104, 183-186
mercado-alvo

chave 27-28
comunicações com 84, 85, 86, 303, 306
definição 82-90, 303-304
veículos comerciais 212, 213, 224
modelo de cadeia de valor 286
modelos de valor 270, 272
motivadores 57, 60
motor a diesel 214

N

necessidades do consumidor *ver* necessidades
necessidades
    atender necessidades do consumidor 262-263
    capacidade da cadeia de suprimentos 270
negócio de marca 45
Nelson, Horatio 189
Nestlé 42, 43
níveis de importância 172, 173
níveis de relacionamento 172
Nokia 27, 96
novas compras 167
novidade, produto 163
novos participantes 153
número de *leads* 35, 36, 290, 291, 292, 293

O

oferta do fornecedor 264, 265
opções de compra por valor 233, 241-244
    filosofia de célula de valor 274
operações 68 , 72, 101, 116, 117, 119, 120, 121, 151, 157, 159, 161, 168, 176, 177, 178, 207, 208, 269, 287
organizações de ex-alunos 273

P

padrão de pedidos do cliente 181, 182
padrões de operação 224
pagar por desempenho 242
parcerias 267-268

ÍNDICE REMISSIVO

acerto de 270, 271

pensões 27

Pepsi 42

planejamento estratégico de marketing 24, 79, 80, 84

poder do fornecedor 103

porcentagens, cenários baseados em 293-300

porte médio do negócio 290

Porter, Michael
    análise da cadeia de valor 67, 69, 82, 85, 151, 157, 161, 178, 205
    análise das cinco forças 204, 206

portfólio do cliente 23, 48, 49, 112, 140

posição competitiva favorável 191

posição competitiva forte 192

posição competitiva fraca 135

Post-it 49

potencial de sucesso 139

potencial de valor 263-265

preço
    economia no preço de aquisição *vs* economia de custos anual 243-244
    impacto no lucro 31-35

pregue valor 277

processo da proposta de valor (*continuação*)
    análise SWOT 79, 80, 81, 84, 175, 186, 195, 196
    identificação de compradores 84, 85, 86, 96-99, 168-169, 303, 304
    quantificação financeira 84, 85, 86, 204, 206, 207, 303, 305-306
    visão geral 79, 80

processo da proposta de valor 78, 80, 82, 86
    análise de valor agregado 82, 83, 84, 303, 304-305
    categorização 84, 85, 86, 303, 305
    comunicação com clientes/mercados-alvo 84, 85, 86, 303, 306
    definindo mercados-alvo 83-91, 303-302
    no contexto do processo de planejamento de marketing e *key accounts* 84, 85, 86

processo de parceria de negócios 149, *151, 178*

processo de venda por valor 233, 234-235

Procter & Gamble (P&G) 43

produto
    complexidade 164
    custo 165
    desenvolvimento 120, 159
    faixa 57-58
    novidade 163

profissionais de compras 93, 98, 100, 246

profissionais de compras 93, 98, 100, 246

prontidão da empresa para mudar 223
    comparação competitiva 151, 171–175
    classificações de posição competitiva 191

proposta de valor 65-77
    componentes 65-66, 70-77, 263, 264
    contribuição emocional *ver* contribuição emocional

Q

quadrante de alto potencial 37, 176, 177, 201

quadrante de suporte 37, 176, 208

quadrante estratégico 150, 176, 247, 248, 249

quadrante operacional chave 37, 176, 208

quantificação financeira 84, 85, 83, 204, 205,207, 303, 305-306

quebra de confiança 122, 266

querer vender valor 240

questionário da competência da estratégia de marketing 139–144

R

Rappaport, Alfred 68, 69, 77

recessão global de 2007/2008 93

recompra direta 99, 167

recompras modificadas 168

redes sociais 113

redução de custos 65, 71, 236, 281, 282, 295
    cálculos financeiros 281

reflexão 270, 273

regra de 1% 296

relacionamentos de canal 267

remuneração de vendas 233, 240

renda bruta 262

reputação 28, 41, 43, 45, 77, 128, 142, 200, 214, 262, 263, 266, 282

reputação e continuidade do negócio, 262-263

resultado final 31, 162, *217*, 218, 222, 235, 244, *262*, 263, 297,

resumo do relatório anual do cliente *151*, 155, *178*, 204, 206

retorno 283-284

    descontado 283-284

retorno descontado 283, 284

retorno sobre o investimento (ROI) 74, 75, 183, 232, 236, 237, 281, 283, 285, 286, 288, 289, 292, 293, 294, 297

    ajustado ao risco 285, 286

    cenários baseados em médias e/ou porcentagens 294

    do esforço de vendas 294

    impacto da logística no 183

risco e diferentes tipos de compra 183, 185

ROI ajustado ao risco 285, 286

Rowntree 42, 43

S

Schweppes 190

segmentação baseada em necessidades 49-61

segmentação de mercado 47, 48, 50, 52, 54, 56, 57, 65, 71, 77, 108, 112, 139, 140, 146, 282

    baseada em necessidades 48, 50, 53, 54, 61, 65, 71

    desfazendo mitos populares 48

segmentação

    mercado *ver* segmentação de mercado capacidade da cadeia de suprimentos 270

segmentos 139-146, 151, 305

    montando propostas de valor para 195-204

segmentos de mercado de suprimentos para escritório 49–51

segmentos de mercado *ver* segmentos

seleção de time 270, 271

seminários sobre valor 277

seminários sobre valor 277

seminários, conferências, oficinas sobre valor 277

serviço pós-venda 50, 73, 120

serviços financeiros 133, 159

serviço

    atividade primária 67, 72, 160, 161

    nível e faixa de produto na segmentação de mercado 57-60

    veículos comerciais 212, 213, 224

Setor farmacêutico, manufatura 258-262

Shell 45, 46

sistema de gestão de energia em prédios (BEMS) 258, 259, 260, 261, 263, 264, 265, 274, 275, *276*, 278

sites 28, 38, 73

SKF 74, 75, 88, 104, 227, 228, 234, 236, 237, 238, 239, 240, 241, 242, 245, 251, 226, 286, 289

    comunicação com clientes/mercados-alvo 306

    cultura da empresa 246

    modelo de cadeia de valor 217, 220

    Programa de Soluções Documentadas 21, 74, 227, 236

    reduzir custos e evitar custos 73-75

    remuneração de vendas e opções de compra por valor 240-241

Smith, Adam 62, 134, 250

Snelgrove, Todd 227, 307

software de agendamento de tarefas de time de manutenção 282

stakeholders 45, 211, 222, 225

substitutos 153

supermercados 33, 46

suporte à distribuição 267-268

suporte a operações 267-268

suporte comercial 267-268

suporte técnico 267-268

ÍNDICE REMISSIVO

T

tabela produto-mercado 87

tabela SBU de produto-mercado 55, 56

taxa de retorno interna [*internal rate of return*, IRR] 286, 288

taxas de fechamento 35, 290-293

tempo ativo 216, 220

tensões na cadeia de suprimentos 266-269

testes de degustação 43

tipo de médico 52

Trafalgar, Batalha de 189

treinamento de venda por valor, inicial 233, 238

treinamento inicial de venda por valor 238, 233

treinamento

    capacidade da cadeia de suprimentos 270

    treinamento inicial de venda por valor 233, 238

Trucknology Generation 215

U

Unidades de tomada de decisões (DMU) 89, 90, 99, 163, 164, 166, 167, 168, 171

US Food and Drug Administration (FDA) 258, 261, 265, 276

V

valor 66-69

    conceitualização 233

    no marketing de negócios 262-266

    percebido 228-231

    valor do cliente 46, 67, 69, 70, 82, 205, 217, 224, 255, 265, 287

valor agregado 45, 65, 68, 69, 71, *75*, 106, 119, 121, 124, 130, *184*, *206*, *207*, 220, 281, *287*, *289*, 305

    análise 51, 52, 53, 231, 232–33

    cálculos financeiros 281

    definição do contador 69

valor agregado ao acionista [*shareholder value added*, SVA] 37, 39, 68, 69, 151, 153, 155, 176, 177, 178, 208

valor do cliente [*customer equity*] 69

valor do cliente 46, 67, 69, 70, 82, 205, 217, 224, 255, 265, 287

valor econômico agregado (EVA) 68

valor em uso 70, 100, 159, 261

valor finito 266

valor infinito 266

valor percebido 228, 229, 230, 241

valor presente líquido [*net present value*, NPV] 47, 281, 283, 284, 285, 286, 288

valor vitalício 224

velocidade de vendas 35-37

vendas 67, 73, 122, 159, 160

    histórico 132, 133, 151, 171, 178, 184, 199, 212

ver também análise de *key accounts*

Este livro foi composto com tipografia Adobe Garamond Pro e impresso em papel Off-White 80 g/m² na Formato Artes Gráficas.